AF453371

DICTIONNAIRE GÉNERAL DES JEUX.

IMPRIMERIE DE D'URTUBIE WORMS ET Cie,
Rue Saint-Pierre-Montmartre, 17.

DICTIONNAIRE GÉNERAL DES JEUX.

IMPRIMERIE DE D'URTUBIE WORMS ET Cie ,
Rue Saint-Pierre-Montmartre, 17.

DICTIONNAIRE GÉNÉRAL

DES

JEUX DE SOCIÉTÉ,

JEUX DE COMMERCE, JEUX DE PÉNITENCE,

JEUX DE JARDINS, JEUX DE CARTES, JEUX PRÉPARÉS ET COMPOSÉS,

JEUX DE HASARD, ETC.,

AVEC LES RÈGLES ÉTABLIES PAR LES ACADÉMICIENS ET LES JOUEURS LES PLUS CÉLÈBRES,

De l'Écarté, du Boston, du Piquet, du Reversis, de la Bouillotte, du Whist, de l'Impériale, du Vingt-et-un, du Trente-et-quarante, de la Roulette, du Brelan, du Billard, des Échecs, du Trictrac, des Dames, du jeu de Siam, etc., etc., etc.

PAR A. RIGA.

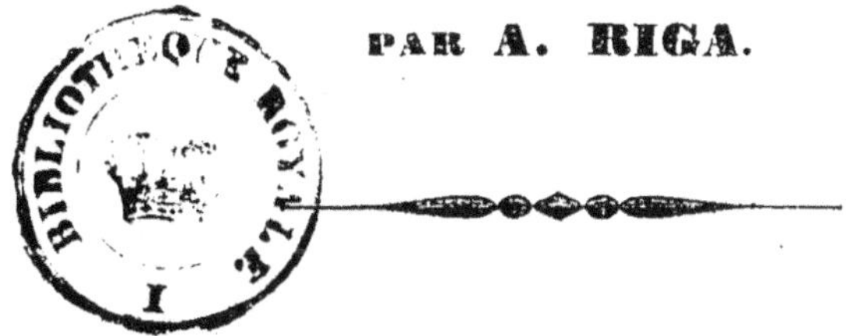

PARIS.

AU BUREAU CENTRAL DES DICTIONNAIRES,

RUE DES FILLES-SAINT-THOMAS, 5;

DANS LES DÉPARTEMENS,

CHEZ TOUS LES DIRECTEURS-CORRESPONDANTS ET SOUS-CORRESPONDANTS DE LA SOCIÉTÉ DES DICTIONNAIRES ;

Et chez tous les libraires de France et de l'étranger,

—

1837.

DICTIONNAIRE GÉNÉRAL

DES

JEUX DE SOCIÉTÉ,

JEUX DE CARTES, DE HASARD, ETC.

LIVRE PREMIER.

Jeux de Société.

JEUX DE SALON.

ALPHABET (L'), ou l'Amant aimé par A, par B, par C, par D, etc.

Ce jeu est facile, si l'on se borne, en le jouant, à dire simplement : « J'aime mon amant par A, parce qu'il est aimable, adorable, affable, » etc. ; mais si l'on ajoute son nom, le présent qu'on lui fait, le lieu où on le loge, le fruit dont on le nourrit et les fleurs ou les vêtemens dont on le pare, alors le jeu devient plus difficile.

On peut jouer successivement sur toutes les lettres de l'alphabet ; chacun parle à son tour, en évitant soigneusement les fautes d'orthographe et les répétitions qui exigeraient des gages.

Les dames doivent dire : « J'aime mon amant ; » et les cavaliers, « J'aime mon amante. »

Il est permis de dire : « Je n'aime pas mon amant ou mon amante, » pourvu qu'en lui donne des défauts et qu'on lui fasse des présens en conséquence.

Nous allons donner quelques exemples sur la manière de jouer ce jeu :

« J'aime mon amant par A, parce qu'il est aimant et qu'il se nomme Armand ; je lui donne un amandier pour qu'il se repose sous son ombre ; je le loge à Astracan ; je le nourris d'ananas ; et je lui forme un bouquet d'amaranthe. »

J'aime mon amante par A, parce qu'elle est agaçante et qu'elle se nomme Agathe ; je lui donne une agrafe d'améthiste pour lui rappeler mon amour ;

je la place dans mon ame et l'entretiens de mon ardeur ; enfin j'offre à ses appas un bouquet d'angélique.

S il'on veut ensuite parler des choses désagréables, l'on dit : «Je n'aime pas mon amant par C, parce qu'il se nomme Claude, et qu'il est colère : je lui donne un cheval pour qu'il s'éloigne au plus vite de moi ; je l'exile en Californie, le nourris de chameau, et l'habille de corde et de chanvre. »

«Je n'aime pas ma maîtresse par D, parce qu'elle a le nom Dorothée, qu'elle est déplaisante et dédaigneuse : je l'envoie au diable ; je la fais dindonnière, etc., etc. »

On suit cette marche pour toutes les lettres de l'alphabet ; néanmoins il en est de si difficiles qu'on est contraint de les passer ; telles sont le K, l'X et l'Y.

AMBASSADEURS (Jeu des). On élit un roi, ou l'on tire la royauté au sort. Celui sur qui le sort tombe est conduit en grande pompe dans un appartement où l'on a dressé d'avance un trône à bascule ; ce roi y fait choix de deux ministres destinés à être « les soutiens de son trône ;» c'est-à-dire que la bascule sur laquelle il se place est maintenue par le poids de leurs excellences, qui prennent adroitement la precaution de s'asseoir a vant sa majesté, qui doit siége rentre eux.

A peine le nouveau monarque est-il installé, que des ambassadeurs font demander une audience ; ce bon roi la leur accorde immédiatement, et ils sont introduits. Les joueurs qui remplissent ce rôle sont vêtus grotesquement et portent des bonnets très-élevés ; ils s'approchent gravement ; parvenus au pied du trône, ils s'inclinent avec respect, et au même instant sa majesté se voit mouillée des pieds à la tête par l'eau contenue dans les énormes bonnets de ces ambassadeurs. Les ministres, indignés d'une pareille audace, se lèvent en même temps, et le pauvre sire prend un bain complet dans un baquet placé sous son trône et artistement masqué par quelque draperie.

AMPHIGOURI (Jeu de l'). C'est un jeu où une seule personne fait presque tous les frais ; les autres ne font que lui fournir des matériaux qu'elle arrange à son gré. Chaque membre de la société choisit un métier ou un commerce quelconque, et doit répondre sur-le-champ au maître du jeu qui l'interroge, le nom d'une chose appartenant à sa profession ; celui qui hésite ou qui nomme deux fois la même chose, donne un gage. Pour bien comprendre ce jeu, il est nécessaire de le voir en action ; ainsi nous allons mettre en scène les acteurs qui doivent y faire leur rôle.

> Chastellux, directeur du jeu.
> Julie, marchande de modes.
> Jérôme, pâtissier.
> Marguerite, fruitière.
> Jacques, soldat.
> Valentin, libraire.

Chastellux. Il me prend envie de vous faire un conte ; mais comme j'ai la mémoire courte, ayez soin de me souffler lorsque je m'arrêterai en fixant les yeux sur l'un de vous. Faites attention, je vous prie. (Il commence en ayant soin de ne regarder personne.)

On frappe ce matin à ma porte, je me lève, je prends ma... (Il regarde Marguerite.)

Marguerite. Carotte.

Chastellux. Et j'ouvre ; c'était mon ami Saint-Maurice qui accourait tout ému. Il portait sa... (Il regarde Jérôme.)

Jérôme. Tourte aux boulettes.

A la main. Mon Dieu ! lui dis-je, que vous est-il donc arrivé? Est-ce que vous auriez reçu un... (Regardant Julie.)

Julie. Bonnet.

Non, c'est un cartel. Il faut absolument que vous me serviez de... (Regardant Valentin.)

Valentin. Brochure.

Je le veux bien ; mais avant, expliquez-moi comment cela est arrivé. Est-ce qu'on vous aurait fait une... (Il regarde Jacques.)

Jacques. Cartouche.

C'est une chose affreuse, me dit-il, imaginez-vous que je sortais du.. (Il regarde Jacques.)

Jacques. Corps-de-garde.

Après avoir dansé une contredanse avec une fort jolie... (Il regarde Marguerite.)

Marguerite. Citrouille.

J'avais chaud ; j'entre dans un café et je demande une... (Il regarde Julie.)

Julie. Une épingle.

Pour me rafraîchir ; on me l'apporte. Tout-à-coup, je vois entrer une espèce de... (Il regarde Jérôme.)

Jérôme. Pâté au lièvre.

Avec un plumet au chapeau, qui me regarde d'un air de...(Regardant Valentin).

Valentin. Poème épique.

Je n'aime pas ces airs-là ; cependant je gardais le... (Il regarde Marguerite.)

Marguerite. Panais.

Lorsqu'il s'approche de moi, et me marche sur le... (Il regarde Julie.)

Julie. Corsage.

Moi, qui suis très vif, je lui donne un terrible... (Regardant Jérôme.)

Jérôme. Morceau de galette.

C'est le mot. Le monde s'amasse ; on nous sépare ; le rendez-vous est donné, et nous devons nous battre à coups de... (Il regarde Valentin.)

Valentin. Dictionnaire.

Ainsi, prends ton... (Regardant Marguerite.)

Marguerite. Ognon.

Envoyons chercher un... (Regardant Jacques).

Jacques. Sergent-de-ville.

Et partons, il en est temps.

Avec un peu d'imagination on peut aisément étendre ce conte, et amuser une société pendant quelques heures.

CHAMBRE A LOUER. Ce jeu est facile à jouer. Lorsque les joueurs sont assis en rond sur des chaises très-rapprochées, et que l'un d'eux est resté debout au milieu du cercle, tout le monde crie : «Chambre à louer!» On se lève alors, on se presse, on se précipite ; la personne debout cherche une place, tous les joueurs cherchent également, et celui qui reste donne un gage. A peine a-t-il payé que le tumulte recommence.

MARÉCHAL, MARÉCHAL SAIS-TU BIEN FERRER? La personne qui commence le cercle s'adresse à son voisin de droite en lui présentant un canif, ou un couteau fermé, ou tout autre objet semblable ; et, après qu'elle a légèrement frappé sous son pied, le voisin prend l'objet : mais si, par malheur, il n'a pas observé qu'on lui a donné l'objet d'une main après avoir frappé de l'autre, et qu'il le tende à son tour de la même main dont il s'est servi pour frapper sa semelle, il est assuré de donner un gage. Comme ce changement de main est peu apparent, les tours se multiplient sans s'en apercevoir.

AVOCAT (Jeu de l'). Chacun doit à ce jeu se choisir un conseil, et il est convenu que personne ne prendra la parole pour soi : c'est à l'avocat de défendre les intérêts du client qui l'a choisi. Les dames prennent les messieurs pour leur avocat, et les messieurs donnent cette qualité aux dames.

Cela bien entendu, une des personnes de la société entame une histoire en forme d'accusation, où elle fait paraître adroitement le nom d'un des joueurs. Dès que celui-ci est nommé, son avocat doit prendre la parole et continuer sur le même ton ; s'il l'oublie, il donne un gage. Si la personne nommée ne laisse pas le temps à son avocat de répondre, ils paient tous les deux. Or, il est bien rare qu'il n'en soit pas ainsi, parce que l'habitude, l'attrait de la narration portent, d'une prt le client à parler quand on l'interpelle, et de l'autre, que l'avocat oublie qu'il doit parler quand on ne s'occupe pas de lui. Plus l'histoire est vraisemblable, plus elle est animée, plus ces distractions se multiplient ; néanmoins de simples interrogations, des questions communes, pourvu qu'on les adresse brusquement, suffisent pour faire rire et donner des gages. Ce sera la ressource des personnes peu habituées à ce jeu ; elles s'y feront ensuite par degrés. Un moyen immanquable de troubler avocats et cliens, de leur faire prendre la parole les uns pour les autres, et de produire la plus plaisante confusion, c'est d'interpeller à la fois et rapidement tous les joueurs.

BOITE D'AMOURETTE. Ce jeu est seulement inventé pour donner des gages. On le joue souvent dans les sociétés à défaut des jeux de mémoire ou d'esprit.

La personne qui commence présente une petite boîte, ou autre chose, à son voisin de droite et lui dit :

« Je vous vends ma boîte d'amourette qui contient trois mots : *aimer, embrasser et congédier.* »

Le voisin répond :

« Qui aimez-vous ? qui embrassez-vous ? qui congédiez-vous ? »

Le joueur qui a donné la boîte nomme à chaque question une des personnes de la société qu'il « aime, embrasse ou congédie.» La personne qu'il embrasse, l'embrasse effectivement, et celle qu'il congédie donne un gage. On peut aimer, embrasser, ou congédier plusieurs, et même toutes les personnes de la société ; mais cela n'est permis qu'une fois durant le jeu.

CAPUCIN EN VOYAGE (Le). Ce jeu n'est pas difficile ; l'attention y fait tout. Celui qui fait le capucin raconte un voyage qu'il a fait pour la quête de son couvent ; et avant de commencer son récit, il faut qu'il donne un nom à chacun des joueurs, de manière que chacun s'appelle *Besace, Bourdon, Sandale, Cordon,* ou tout autre partie de son habillement ; et chaque fois qu'il parle dans son récit d'un de ces différens articles, la personne qui en porte le nom est obligée de le répéter aussitôt, avec la différence que, quand le capucin ne le dit qu'une fois, on est obligé de le répéter deux, et que quand li le prononce deux fois de suite, on ne le répète qu'une. Lorsqu'il il nomme le « couvent,» tous les joueurs doivent ajouter le nom de « Saint-François » à celui du vêtement ou de l'ustensile qui leur est échu en partage ; c'est-à-dire, « cordon de Saint-François, sandale de Saint-François, etc. Quand le capucin dit : « Mes frères,» ils doivent tous répondre simplement : « Saint-François ; » lorsqu'il nomme « Saint-François, » tous reprennent : « Nous, frères indignes.» A chaque erreur, ils donnent un gage.

Le conteur doit embrouiller son récit avec art, afin de surprendre et d'embarrasser ses auditeurs, soit en les appelant tous ensemble par les mots : « le Couvent, Mes frères, Saint-François ; » soit en prononçant presque sans relâche les noms d'ustensiles ou de vêtemens qu'ils ont adoptés.

CAPUCIN MORT (jeu du). Ce jeu que l'on peut ranger parmi les jeux d'attrape, peut amuser un instant ; mais il ne faut pas le prolonger.

Un des joueurs s'étend par terre tout de son long, en contrefaisant le mort. Toutes les dames tournent autour de lui, en disant tout haut : « Frère Pancrace, êtes-vous mort ? » Le mort ne répond rien, et ne fait aucun mouvement. Alors les cavaliers, l'un après l'autre, viennent en procession se coucher sur lui, mettre leurs mains derrière son dos , et lui parler à l'oreille, semblables au prophète qui ressuscite un mort. Vient enfin le tour de celui qu'on cherche à attraper ; mais à peine est-il étendu sur le capucin mort, que celui-ci se réveillant, lui serre les bras et les jambes, et tandis qu'il le tient bien ferme dans cette posture, tout le monde fond sur lui, et lui donne une correction amicale.

CERISES (les). Ce jeu d'attrape ne peut guère se jouer que dans la saison où l'on recueille ce fruit. Il est amusant e. parfois piquant.

Les personnes qui composent la société prennent chacun un nom de fruit, comme abricot, pêche, prune, poire, pomme, etc. On met sur la table une corbeille de cerises à longues queues. Alors celui qui mène le jeu, dit :

« Qui veut des cerises? »

Chacun répond à son tour,

« C'est moi, » et en prend une.

On s'assied, excepté le maître du jeu, qui reste debout au milieu de la société, et il dit : « Je voudrais bien troquer ma cerise pour une prune, ayant un cadeau à faire à mon tailleur, » ou tel autre fruit qu'il lui plaît de nommer. La personne qui a pris le nom de « prune, » doit répondre tout de suite :« C'est moi qui ai une prune. »—«Hé bien, réplique le questionneur, donnez-moi votre prune, je vous donnerai ma cerise.»—«Par où la voulez-vous? réplique la personne questionnée, par la tête ou par la queue ? » Supposez que le questionneur réponde : « Par la tête. » Alors la personne a plusieurs manières d'obéir ; c'est de mettre la queue de la cerise dans sa bouche, et d'en laisser prendre le fruit, ou de la placer dans ses cheveux, ou dans son soulier, ou sous un chandelier, etc. On a encore une manière de répondre à la demande « par la tête ; » c'est de jeter la cerise à la tête du demandeur. Alors confus et humilié, il dit : « La prune n'est pas mûre. » Il donne un gage, et recommence la question, en nommant un autre fruit qu'il choisit, ce qui amène souvent les mêmes suites.

Quelquefois, au lieu de demander « par la tête, » le questionneur demande « par la queue. » Alors la personne interpelée lui présente la queue, en tenant la cerise dans ses doigts, et la lui laisse prendre entièrement. Par ce moyen, il se trouve débarrassé, et donne ou feint de donner sa cerise à celui qui prend sa place.

Si, au lieu de la tenir dans ses doigts, la personne interrogée la met dans sa bouche, l'autre saisit la queue, mais inutilement, le fruit se détache, et tandis que le répondant l'avale, le questionneur n'en emporte que la queue ; ce qui le rend dupe et débiteur d'un gage. Sa seule ressource est d'offrir sa cerise à un autre, qu'il tâche d'attraper de même.

CHARADES EN ACTION (Jeu des). On conçoit aisément qu'il s'agit dans ce jeu d'exprimer, par diverses actions, les parties et le tout d'un mot : on ne se trompe point, c'est effectivement ce qu'il faut faire ; voyons maintenant comment on doit le faire.

La société commence par se partager en autant de dames que de messieurs de chaque côté. Une moitié demeure dans le salon pour juger et deviner la charade que l'autre moitié doit représenter : celle-ci passe dans un appartement voisin, où l'on convient du mot de la charade et des rôles de chacun. Comme il arrive fort souvent que l'on cherche long-temps le mot, que chacun propose ensuite le sien, que l'on parle ensemble sans entendre, et que par ces vains débats, où la politesse a bien de la peine à cacher l'impatience, on fait languir les spectateurs restés dans le salon, il sera bon d'avoir une liste de mots tracée à l'avance, et que chacun pourra consulter.

Pour l'intelligence de ce jeu charmant, nous allons donner ici une charade en action qu'un de nos amis, M. Dumersan, fit jouer il y a environ vingt ans au Vaudeville.

Les personnages sont au nombre de sept :

M. *Saint-Gilles*, mademoiselle *Palmyre*, mademoiselle *Crépon*, mademoiselle *Laurent*, M. *Durval*, M. *Crépon* et madame *Gerbonnet*.

Ceux qui doivent deviner sont Monsieur et Madame Laurent, Monsieur, Madame et Mademoiselle Nicolas. Les spectateurs doivent se tenir un peu à l'écart.

PANTOMIME DE LA PREMIÈRE SYLLABE.

M. Durval paraît en marchand d'esclaves.

Mademoiselle Crépon, en esclave circassienne.

M. Crépon, en vieux seigneur persan.

On sait que les costumes sont ajustés avec tout ce qui se trouve dans la maison. M. Durval a un châle sur ses épaules et un bonnet de papier à la mode des Perses.

M. Crépon a une robe de chambre à fleurs et une barbe de papier, etc.

Dans la pièce, l'orchestre joue différens airs qui indiquent la pantomime. On peut y suppléer, dans un salon, au moyen d'un piano, d'un violon ou de tout autre instrument.

AIR : J'arrive ici de Rome.

Le marchand d'esclaves promène la Circassienne pour la vendre.

AIR : J'arrive à pied de province.

Le vieux seigneur persan passe, s'arrête et examine la Circassienne ; le marchand découvre le voile de l'esclave.

AIR : Que de grace, que de majesté.

Le Persan s'extasie sur sa beauté. Le marchand fait prendre à l'esclave différentes attitudes, et lui ordonne de danser.

AIR : de la danse du châle.

La Circassienne exécute cette danse et développe mille graces aux yeux du seigneur persan qui en est épris et veut l'acheter.

AIR : Un bandeau couvre les yeux.

Le seigneur persan offre une somme au marchand ; le marchand répond: «Pas assez,» et toujours il répond « pas assez » aux différentes sommes que le Persan offre et indique avec ses doigts.

M. DURVAL.

Pas assez, voilà notre premier.

Mlle NICOLAS, réfléchissant,

Pas assez !

M. NICOLAS.

Pas assez !... ça veut dire davantage.

Mlle NICOLAS.

Mais, mon papa, davantage fait quatre syllabes. Songez donc qu'il n'en faut qu'une pour faire le premier.

M. NICOLAS.

En ce cas, arrangez-vous, je ne devine pas.

M. DURVAL.

A présent, nous allons faire le second.

TOUS LES SPECTATEURS

Voyons le second.

—

PANTOMIME DE LA SECONDE SYLLABE.

AIR : Chantez, dansez, amusez-vous.

Le marchand amène une autre esclave, dont mademoiselle Laurent joue le rôle. Le Persan revient, l'examine, et lui demande si elle sait chanter ; le marchand répond qu'elle est grande musicienne, et fait signe à son esclave de chanter.

AIR : Vous voulez me faire chanter

Enfin, il donne le ton ; la jeune esclave, qui ne sait pas chanter, prend un ton différent. Le marchand lui redonne à plusieurs fois le ton, sans que celle-ci puisse le prendre.

AIR : N'en demandez pas davantage.

Le Persan s'en va, et le marchand en colère s'en retourne avec son esclave.

M. Durval, en s'en allant, dit à la société : voilà le second ; c'est M. de Saint-Gilles qui va faire le tout avec madame Gerbonnet, et sa nièce, mademoiselle Palmyre.

Les trois personnes sortent.

PANTOMIME DU TOUT.

Les mêmes personnages excepté M. SAINT-GILLES, Mme GERBONNET et Mlle PALMYRE.

Mlle NICOLAS.

AIR : Connaissez-vous la magie ?

Devinez-vous la charade ?

UNE DEMOISELLE.

Qui ? moi ? non !

TOUTES LES AUTRES.

Ni moi, ni moi, ni moi, ni moi.

M. NICOLAS.

Il faut pour cela, ma foi, être plus malin que moi.

LES AUTRES.

Devinez-vous la charade ?

M. DURVAL rentrant sans costume.

Place ? place ! voici le tout. Il arrange, au milieu des personnes assises, plusieurs pots de fleurs sur une seule ligne, et une fontaine qu'il place sur une chaise.

M. DURVAL.

Mesdames, cette fontaine est censée la fontaine d'Aréthuse, et les fleurs représentent la campagne de Sicile.

AIR : Jeunes amans, cueillez des fleurs.

Palmyre, vêtue en nymphe, paraît suivie de mademoiselle Crépon qui représente la nymphe Cyané. Palmyre erre dans la campagne ; charmée de la beauté des fleurs, elle s'amuse à les contempler et en cueille quelques-unes. La nymphe Cyané va se pencher sur la fontaine ; Palmyre, attirée par la soif, va pour se rafraîchir ; pendant qu'elle est ainsi occupée, M. de Saint-Gilles arrive avec un réchaud sur la tête et une grande fourche à la main, dans le costume de Pluton.

Air : Courez vite, prenez le patron.

Pluton, ou de Saint-Gilles, surprend Proserpine à la fontaine ; il en devient amoureux, et aussitôt il veut l'enlever. La nymphe Cyané veut s'y opposer ; Pluton la repousse et enlève Proserpine.

Mme GERBONNET, vêtue en Cérès, cherche sa fille.

Air : L'avez-vous vu, mon bien-aimé?

Cérès interroge la nymphe Cyané ; celle-ci lui répond que sa fille est enlevée. Cérès, au désespoir, prend deux flambeaux sur la cheminée ; et, s'en servant comme de deux torches, les cheveux épars, elle parcourt le salon en s'écriant : Ma fille! ma chère fille!

Dans la pièce du Vaudeville, au moment où madame Gerbonnet, en Cérès, va pour sortir et chercher sa fille, Madeleine, jeune fille au service de madame Gerbonnet, accourt, et annonce à tout le monde que M. de Saint-Gilles a sérieusement enlevé mademoiselle Palmyre. Cette nouvelle cause une agitation dans toute la société : madame Gerbonnet demande des conseils ; personne ne veut lui en donner : enfin tout s'arrange au mieux, et M. Gerbonnet, le maître de la maison, ramène la nièce, qu'il réhabilite dans l'esprit de la société, et avoue que son enlèvement est son ouvrage ; qu'il a voulu donner une leçon à sa femme, et lui ouvrir les yeux sur la conduite de certaines personnes qu'elle a admises trop facilement chez elle. Enfin, il annonce qu'il ramène Proserpine et Pluton.

Ah! voilà le mot de la charade ; le premier est Plus, le second est **Ton,** et le tout est Pluton.

Comme on le voit, M. Dumersan a été forcé d'altérer l'orthographe du mot *Pluton.*

CHEVALIER GENTIL (jeu du). On apprête une certaine quantité de cornets semblables à ceux dans lesquels on enveloppe du tabac ou du poivre. Ces cornets servent à changer des chevaliers gentils en des chevaliers cornards, et on en orne la tête de ceux ou celles qui se tromperont.

La société se dispose en cercle. Le chevalier gentil, c'est-à-dire celui ou celle qui fait jouer le jeu, commence en s'adressant à son plus proche voisin à droite. « Bonjour, chevalier gentil, toujours gentil ; moi, chevalier gentil, toujours gentil, je viens de la part du chevalier gentil (en montrant son voisin à gauche), toujours gentil, vous dire que son aigle a un bec d'or.

Le voisin du chevalier gentil reprend le même discours, et l'adresse à son tour à son voisin à droite. S'il se trompe, il reçoit une corne de papier ; si c'est un homme, on met la corne dans ses cheveux ; si c'est une femme, on la place dans les rubans ou parmi les fleurs dont sa coiffure est composée.

Ceux ou celles qui reçoivent une ou plusieurs cornes ne sont plus des chevaliers gentils, mais des chevaliers cornards à une, à deux, ou à trois cornes. Ainsi, au lieu de dire: « bonjour, chevalier gentil, on dit, bonjour, chevalier cornard à une corne ou à deux cornes, etc., et en parlant de soi ou d'un autre, on en use de même. »

Toute la difficulté consiste donc à ne point se tromper, et à dire à propropos : « chevalier gentil ou chevalier cornard à une ou à plusieurs cornes, » suivant que celui à qui ou de qui l'on parle a des cornes ou n'en a pas.

Quant à la suite du jeu, elle dépend communément de l'intelligence de celui qui l'a commencé ; il fait reprendre le discours autant de fois qu'il le juge à propos, en ajoutant à chaque fois une nouvelle qualité à l'aigle ; c'est-à-dire : des griffes d'airain, des yeux de diamant, un cœur d'acier, etc., etc. »

Le jeu fini, chacun donne autant de gages qu'il a reçu de cornes.

CHIROMANCIEN (le). Ce jeu n'est pas à la portée de tout le monde. Il demande de l'intelligence et de l'esprit.

Celui des joueurs qui remplit le rôle de Chiromancien, doit savoir tous les noms des lignes des mains, comme la vitale, la naturelle, la mensale, etc., avec leur signification ; il doit connaître aussi les noms (de planètes) des monts qui se trouvent dans la paume de la main avec leurs qualités astrologiques : ce qui n'est pas une petite affaire.

Il donne le nom d'une de ces lignes et celui d'une planète à chaque personne de la société, en lui apprenant quelle est l'influence qu'on leur attribue. Prenant ensuite la main d'une dame, il feint de lui tirer son horoscope : le joueur dont il prononce l'un des deux noms dans le discours qu'il fait à cette dame, doit répondre aussitôt en interprétant ce que le Chiromancien a dit. Admettons que ce dernier annonce à la dame dont il tient la main, que la ligne vitale est entière, il faut que celui qui porte le nom de cette ligne ajoute que c'est un signe de longévité, etc. Si le Chiromancien dit au contraire qu'elle est rompue, l'autre reprend que c'est le présage d'une existence de courte durée, etc., etc. Il en est de même pour les planètes. Lorsqu'on entend citer celle dont on porte le nom, il faut faire connaître l'influence favorable ou défavorable qui lui est attribuée.

Le joueur qui manque à une de ces règles, paie un gage.

L'emploi de Chiromancien prête beaucoup aux plaisanteries de tout genre ; et si celui qui en est chargé est habile et spirituel, il occupera agréablement la société, et surtout les dames.

CLÉ DU JARDIN DU ROI (la). Ce jeu, comme celui du Jardin de ma tante, consiste dans la répétition de quelques phrases hachées que l'on est obligé de répéter sans se tromper, et devant lesquelles on en place de nouvelles, qu'il faut également rapporter chacun à son tour, mot à mot et sans erreur, sous peine de déposer des gages.

L'orateur commence ainsi : « Je vous vends la Clé du Jardin du Roi.

— Je vous vends la corde qui tient à la Clé du Jardin du Roi.

— Je vous vends le rat qui a rongé la corde qui tient à la Clé du Jardin du Roi.

— Je vous vends le chat qui a mangé le rat qui a rongé la corde qui tient à la Clé du Jardin du Roi.

— Je vous vends le chien qui a étranglé le chat ;.... le bâton qui a assommé le chien ;... le feu qui a brûlé le bâton ;... l'eau qui a éteint le feu ; le seau qui a apporté l'eau ;... etc., etc.

COLIN-MAILLARD ASSIS (le). Pour le Colin-Maillard assis , ainsi que pour tous les jeux où l'on s'asseoit , on place une dame entre deux messieurs, et un monsieur entre deux dames. Si la personne que le sort a désignée pour être le Colin-Maillard est une femme, ce sera une femme qui lui bandera les yeux avec un mouchoir blanc, mais c'est presque toujours un monsieur qui s'offre volontairement pour être l'aveugle devin.

Le Colin-Maillard bien aveuglé, on le place au milieu du cercle, et on change rapidement de place pour mettre sa mémoire en défaut. Lorsqu'il n'entend plus faire de mouvement , il s'avance, et va s'asseoir sur les genoux de la première personne qu'il rencontre. Il va sans dire que la politesse exige qu'il ne s'appuie pas fortement , qu'il ne s'étende pas sur son siége, et une règle importante du jeu, c'est de ne pas toucher, même du bout du doigt, les vêtemens ni aucune partie du corps de son fauteuil animé ; il faut que le pauvre aveugle se contente de froisser, en les pressant doucement, les étoffes des vêtemens pour reconnaître le terrain. La hauteur des genoux qui le supportent , leur force ou leur faiblesse, la différence du maintien, lui font assez bien juger s'il est assis sur un monsieur ou sur une dame, et, dans le premier cas, il a la permission de se gêner moins. Il peut s'étendre un peu, se servir des coudes, de la tête ; en toute occasion, il peut se lever à demi, se rasseoir, se tourner, pousser des soupirs, des exclamations, toutes choses qui provoquent des éclats de rire étouffés, qui sont le plus sûr indice. Quand le Colin-Maillard a fait ses petites observations, il dit : « Je suis bien assis. — Sur qui ? » demande la personne la plus éloignée du point où il se trouve. — « Sur madame ou monsieur telle ou tel. » Le Colin-Maillard devine-t-il juste, on lui enlève son bandeau, et la personne devinée prend sa place. Comme il arrive quelquefois que le Colin-Maillard ignore le nom de quelques personnes de la société, il désigne de son mieux le joueur qu'il croit reconnaître ; mais il doit faire de manière à prouver qu'effectivement il l'a reconnu. Si le Colin-Maillard se trompe, la société frappe des mains pour l'avertir de son erreur, et il passe sur les genoux d'une autre personne, soit à droite, soit à gauche, soit près, soit loin du siége qu'il vient de quitter, car il est absolument libre sous ce rapport.

Quand le Colin-Maillard reste long-temps sans deviner, on change de place, de crainte qu'il ne se ressouvienne que telle personne sur laquelle il s'est assis d'abord, et qui s'est fait connaître en parlant pour lui dire qu'il se trompait, était à telle partie du cercle, telle distance de la cheminée, et entourée de telles et telles personnes. Afin de le dérouter encore plus, on se permet de petites malices ; les uns étendent sur leurs genoux les robes de leurs voisines, prennent un chapeau de dame, parce que le Colin-Maillard ne manque pas de jeter un peu la tête en arrière, et de les reconnaître aux cheveux. Les dames vêtues en soie, ou qui craignent que leurs garnitures de robes ne les trahissent, jettent leurs châles devant elles, comme un tablier, pour éviter le bruissement et déguiser la partie saillante de leurs vêtemens; elles croisent aussi les bras en arrière, de peur que le Colin-Maillard ne s'aperçoive qu'il n'y a pas là de manches de drap.

Malgré toutes ces précautions, l'aveugle devine assez fréquemment; s'il tardait trop, il faudrait adroitement le laisser deviner, car le jeu deviendrait fatigant pour le Colin-Maillard, et fastidieux pour la société.

COLIN-MAILLARD A LA BAGUETTE. Ce jeu, qui peut se jouer à la ville comme à la campagne, est de nature à beaucoup amuser une société.

Le *Colin-Maillard*, sur les yeux duquel on a eu soin d'appliquer un mouchoir ou un bandeau qui ne puisse donner lieu à la supercherie, se place debout au milieu de l'endroit qu'on a choisi pour se divertir, ayant à la main une baguette aussi longue qu'on puisse la trouver. Tous les joueurs se tenant par la main, font cercle autour de lui, et chantent, en dansant, un refrain de ronde. Quand le refrain est fini, on s'arrête, et le Colin-Maillard étendant sa baguette, la dirige au hasard vers une des personnes de la société; celle-ci est forcée de la prendre par le bout qu'on lui présente. Le Colin-Maillard fait alors trois cris que cette personne est obligée de répéter sur le même ton. Si elle n'a pas le talent de bien contrefaire sa voix, elle est facilement devinée, donne un gage, et prend la place du Colin-Maillard : sinon le jeu continue par un autre tour de ronde, et ainsi de suite.

COLIN-MAILLARD A LA SILHOUETTE (le). Le Colin-Maillard, à ce jeu, n'a pas les yeux bandés, mais il a besoin d'y apporter beaucoup de pénétration. On étend sur un paravent élevé un linge blanc et assez fin, de la même manière que pour faire voir la lanterne magique. Le Colin-Maillard est placé sur un tabouret assez bas pour que son ombre ne porte pas sur le linge qui est étendu sur le paravent. A quelque distance derrière lui, on met une seule bougie allumée sur un guéridon, et l'on éteint toutes les autres lumières.

Lorsque cet appareil est terminé, les personnes de la société forment une espèce de procession, et passent autour, à la file les unes des autres, entre le Colin-Maillard (à qui il est expressément défendu de tourner la tête), et la table où est posée la bougie: cela produit l'effet attendu; la lumière de la bougie étant interceptée par chacune des personnes qui viennent à passer devant elle, porte naturellement sur le linge blanc une suite d'ombres fort régulièrement dessinées.

A mesure que ces ombres passent devant lui, le Colin-Maillard est obligé de nommer, à haute voix, la personne à qui il imagine que ce portrait à la silhouette appartient, et les erreurs dans lesquelles il tombe, font naître parmi les joueurs des éclats de rire plus ou moins prolongés.

Il est nécessaire que chacun ait soin , en passant devant la lumière, de changer sa tournure, sa taille et sa démarche, au point de se rendre méconnaissable.

COQ-A-L'ANE (Les). Les joueurs se donnent réciproquement un mot, en évitant d'être entendus de la personne chargée de faire des questions.

Lorsque tous les mots sont donnés, on rappelle l'interrogateur ; celui-ci adresse à chacun une question particulière, à laquelle on doit répondre le mot qu'on a reçu, il en résulte parfois des quiproquos très plaisans.

Pour être habile à ce jeu, il suffit de savoir poser les questions de manière que toutes sortes de réponses puissent s'y rattacher.

Supposons que chaque joueur a reçu un mot, et que le conducteur du jeu pose alternativement ces questions :

« Quel est l'emblème de l'amour ? — Une allumette. — Qu'as-tu vu ce matin dans ton miroir ? — Un singe. — Que cachez-vous sous ce voile ? — Une rose. — A qui me compares-tu ? — A un manche à balai. — Qu'est-ce que l'amitié ? — Un roman.

CORBILLON (Je vous vends mon). Molière, fort peu amateur de la rime pour les dames, voulait qu'au jeu de corbillon, lorsqu'on lui dirait : Qu'y met-on ? Sa femme répondit : Tarte à la crème. C'est fort bien, sans doute ; mais madame aurait eu un gage à donner d'après les lois du corbillon. La société se forme en cercle, la personne placée à l'une des extrémités du cercle, prend un objet quelconque, comme un étui, un couteau, et le présente à son voisin, en disant : Je vous vends mon corbillon ; le voisin répond : Qui met-on ? et le vendeur reprend tout de suite, en nommant une chose qui rime en on, tels que marron, mouton, bonbon, etc. Rien n'est plus simple et même plus monotone que ce jeu.

CURÉ (Jeu du). Il y a un curé et un vicaire, et autant de professions qu'il y a de joueurs, et lorsque le curé a commencé et a dit à celui qu'il veut attaquer : « Je viens de chez vous, M. l'opticien ou madame la marchande de modes (ou tel autre métier) ; mais je ne vous ai point trouvé : où étiez-vous donc ? » La personne interrogée répond : « J'étais chez (celui qu'elle veut dire, soit coiffeur, tailleur, orfèvre, etc., pourvu qu'il y en ait au jeu.) »

La personne désignée, au lieu de répondre : « tu en as menti, » demande à celui qui l'a interrogée : « Pourquoi faire ? » et le premier doit répondre une chose convenable au métier cité. Par exemple, s'il a été chez le libraire, il répond que c'était pour avoir des livres ; le libraire s'excuse en disant : « Ma foi, j'étais chez le relieur, » qui lui demande de même : Pourquoi faire ? — « Pour faire raccommoder un livre. » On donne un gage lorsqu'on ne répond pas une chose concernant le métier de celui qu'on a nommé. Il en est de même pour la répétition d'un motif déjà allégué. On a aussi le droit d'aller chez le curé ; et à son interrogation : « Pourquoi » on répond : Pour «me marier,» ou autre chose relative à son ministère : et le curé est aussi obligé de faire une réponse conforme au métier de celui ou celle chez qui il dit avoir été.

ÉLÉMENS (Jeu des). Ce jeu demande de l'attention et de la mémoire.

On élit un roi du jeu, dans les mains duquel on place une pelote de fil, dont on laisse, développé et fixé par un nœud, un bout de longueur suffisante, pour qu'en le jetant il puisse atteindre celui qu'il lui plaît des autres joueurs, rangés autour de lui en demi-cercle, et retirer ensuite la pelote à lui.

Ce roi commençant le jeu, jette la pelote sur l'un des joueurs ou joueuses; en nommant les quatre élémens, ou seulement l'un d'eux. Admettons qu'il dise *air ;* la personne qui a reçu la pelote doit indiquer aussitôt un des êtres qui habitent cet élément : aigle par exemple ; mais si le roi s'est écrié: élémens! La même personne doit citer un quadrupède, un oiseau, un poisson. On doit rester muet au mot feu, l'homme ne connaissant point les êtres vivans qu'il peut contenir. Si l'on hésite ou si l'on cite un poisson pour un volatile, ou un volatile pour un quadrupède, on doit un gage. Il en est de même si l'on répète le nom d'un animal que quelqu'un a déjà désigné.

Après avoir répondu, celui qui tient la pelote la renvoie à son gré à l'un des joueurs.

On peut aussi, en commençant le jeu, adopter les noms de trois animaux habitant les trois élémens. Dans ce cas, la personne qui choisirait, par exemple, le colibri, la sardine et l'écureuil, n'aurait que l'un de ces noms à prononcer, selon l'élément qu'elle entendrait nommer.

La première manière est infiniment préférable ; elle est instructive et offre beaucoup plus de variété: c'est en jouant ainsi qu'un poète, connu par sa galanterie, adressa le madrigal suivant à une jeune personne qui lui avait inspiré un tendre sentiment. Cette demoiselle lui avait jeté plusieurs fois la pelote, en variant chaque fois le nom de l'élément : il avait toujours répondu « l'amour! » Cette répétition étant contraire aux règles du jeu, la jeune personne avait voulu le contraindre à donner des gages, en lui représentant que «l'amour» ne pouvait habiter les quatre élémens à la fois; pour toute réponse, il lui chanta le couplet suivant ·

> L'amour sur la terre réside ;
> L'amour habite dans les cieux;
> Dans l'onde il devient néréide,
> Et salamandre dans vos yeux.

ÉNIGMES (Jeu des). Un cavalier propose à une dame l'énigme suivante:

> Celui qui me produit, me fait toujours la guerre;
> Il me poursuit sur mer, il me poursuit sur terre;
> Il ne me donne pas un moment de repos :

> Plus je me vois de près, plus il me diminue ;
> J'amuse les enfans, je fais peur aux chevaux,
> Et par moi la peinture est au monde connue.

Si la dame ne peut l'expliquer ni la deviner, il a la permission de l'embrasser ou de lui infliger une pénitence.

La dame, de son côté, peut aussi lui proposer un énigme comme celle-ci :

> Je passe pour monarque au milieu de la cour ;
> Toujours un menu peuple autour de moi criaille ;
> Mes sujets sont de plume et mon trône est de paille,
> Et je suis toutefois le prophète du jour.

Si le cavalier ne peut la deviner, elle le condamne à ce qu'elle imagine ; ou bien, si l'on veut, l'un ou l'autre fait sa proposition, et si l'explication est bien donnée, celui qui la donne a droit sur l'autre comme étant le vainqueur.

On peut proposer aussi des charades et des logogryphes.

FEUILLE D'AMOUR (La). Ce jeu, qui exige de l'attention et de la mémoire, se joue de la manière suivante : Une personne de la société prend un jeu de piquet, distribue deux ou trois cartes à chacun, selon le nombre des joueurs, et met en réserve le talon, que lui seul est libre de consulter quand il lui plaît, puisqu'il ne prend point au jeu d'autre part que l'inspection nécessaire à sa conduite. Tous ceux qui ont reçu des cartes ont soin de les tenir cachées, pour ne point donner à leurs camarades prise sur eux.

La distribution finie, le maître du jeu dit à la personne la plus proche de lui : « As-tu lu la Feuille d'Amour ? — J'ai lu la Feuille d'Amour. — Qu'as-tu vu sur la Feuille d'Amour ? — J'ai vu.... »

Alors le répondant nomme la carte qu'il lui plaît, pourvu qu'elle soit différente de celles qu'il a dans sa main.

Le conducteur du jeu consulte son talon ; si la carte nommée s'y trouve, le répondant donne un gage ; si elle n'y est point, chacun des joueurs examine son jeu, et celui qui l'y trouve la dépose entre les mains du maître.

Si la personne que désigne la carte et celle qui l'avait sont de sexe différent, il en résulte un baiser donné entre eux ; sinon, tous deux doivent un gage : dans l'un et l'autre cas, le jeu continue ; c'est-à-dire que celui qui a répondu, interroge à son tour son voisin de droite, et qu'ils emploient la formule déjà donnée : « As-tu lu, etc., » et ainsi de suite, jusqu'à ce que toutes les cartes soient revenues au distributeur.

En nommant beaucoup de cartes, il est assez naturel qu'on en répète quelques-unes. Alors le joueur assez maladroit pour oublier celles déjà désignées, et se rencontrer avec un autre de son choix, est contraint de donner un gage. A cet effet, et pour éviter des recherches continuelles qui ne tendraient qu'à rendre le jeu interminable, le distributeur doit réunir soigneusement toutes celles nommées, les tenir cachées, afin de ne point donner l'éveil, et les consulter chaque fois qu'on en appelle une nouvelle.

Il est donc de rigueur que toute carte nommée qui se trouve dans ses mains coûte un gage à celui qui a fait cette faute par ignorance ou par oubli. A mesure que les cartes s'épuisent, les personnes qui n'en ont plus se retirent du jeu. Elles ne doivent donner aucun conseil, sous peine de payer l'amende.

JARDIN DE MA TANTE (Jeu du). Ce jeu demande une certaine suite dans les idées, et un peu de mémoire.

Lorsque la société est disposée en cercle, celui qui connaît et qui conduit le jeu propose aux autres joueurs de répéter, chacun, tour-à-tour, le discours qu'il va faire, en le coupant de phrase en phrase, et il est convenu que les personnes qui se tromperont ou qui mettront un mot l'un pour l'autre donneront un gage.

Le maître du jeu commence donc, et prononce distinctement ce qui suit :

« Je viens du jardin de ma tante ; peste ! le beau jardin que le jardin de ma tante ! Dans le jardin de ma tante il y a quatre coins. »

Le joueur qui est à droite répète mot à mot et sans qu'il lui soit permis de se reprendre : Je viens du jardin de ma tante, etc., etc. Si sa mémoire est infidèle, il donne un gage, et cède son tour à celui qui le suit.

Lorsque la phrase a fait le tour du cercle, la personne qui fait jouer reprend la phrase entière et ajoute :

— « Dans le premier coin il y a un jasmin : je vous aime sans fin. »

L'épreuve ayant été subie comme la première fois, elle reprend le tout et continue :

« Dans le second coin il y a une rose : Je voudrais bien vous embrasser, mais je n'ose. » — Et ensuite :

— « Dans le troisième coin il y a un muguet : dites-moi votre secret. »

En cet endroit du jeu, chacun se penche à l'oreille de son voisin, à gauche, et lui confie le secret qu'il veut.

Enfin la personne qui a commencé reprend sa phrase entière, et ajoute pour la finir : « Dans le quatrième coin il y a un pavot : ce que vous m'avez dit tout bas, répétez-le tout haut. »

C'est alors le moment critique et le plus amusant du jeu ; car il faut que chacun découvre le secret qu'il a confié ; ce qui embarrasse quelquefois ceux qui ne se sont pas méfiés du tour, et la société s'amuse également, et des secrets qui n'ont pas assez de sens ou qui présentent un sens ridicule ou comique, et des secrets qui n'ont que trop de sens.

MAIN CHAUDE (La). Ce jeu fort ancien et en même temps fort simple s'exécute de la manière suivante :

A défaut d'une personne de bonne volonté, le sort décide quelle est celle qui se chargera du rôle de pénitent. Si le sort tombe sur une demoiselle elle choisit un jeune homme pour confesseur, et réciproquement. Nous supposons que le hasard ait désigné un jeune homme pour pénitent. La confesseuse, choisie par lui, se place dans un fauteuil; le pénitent s'agenouille devant elle, et elle lui fait courber la tête sur ses genoux, de manière à l'empêcher de voir; dans cet état, il place une de ses mains sur son dos, et la présente ainsi aux joueurs, rangés en demi cercle autour de lui. Un de ces derniers frappe légèrement de sa main sur celle du pénitent : celui-ci se retourne vivement, et cherche à deviner, par la contenance des joueurs, quel est celui qui l'a frappé. Le tact lui est aussi d'un grand secours, la douceur de la peau décèle ordinairement les dames; mais laquelle? S'il ne le devine pas, il reprend sa première position, et il reçoit de nouveaux coups; mais s'il le devine, la personne nommée devient la pénitente à son tour, et fait choix d'un confesseur.

Le pénitent doit d'autant moins négliger d'user de cette faculté, qu'un confesseur sert à prévenir toute espèce de ruse, et que, s'il était d'accord avec les autres joueurs, il pourrait faire languir long-temps son pénitent en le trompant, et en lui persuadant qu'il ne devine jamais juste.

LA MAIN CHAUDE DOUBLE. Cette modification de la main chaude ordinaire en augmente l'agrément; elle se joue à deux : deux pénitens s'agenouillent l'un auprès de l'autre aux pieds de leurs confesseurs, et devinent mutuellement l'un pour l'autre. Quand le pénitent placé à droite est frappé, il s'adresse au pénitent de gauche, et lui dit: « Qui m'a frappé? » celui-ci nomme la personne qui lui vient en tête, ou se retourne vivement s'il préfère s'en rapporter à l'attitude des joueurs qu'au hasard. A peine s'est-il remis en place, ou a-t-il nommé quelqu'un, qu'on le frappe à son tour, et s'il n'a point deviné, son compagnon est chargé de deviner pour lui. Lorsque l'un des deux devine, celui pour lequel il a deviné est remplacé par la personne nommée.

MÉTIERS (Les). Jeu pantomime qui n'exige simplement que de l'attention, et qui a lieu de la manière suivante:

Chacun des joueurs adopte un métier qui s'exerce comme il suit ·

Le cordonnier coud son soulier:

Le peintre fait un portrait ;

La cuisinière goûte à une sauce ;

Le serrurier bat le fer sur l'enclume;

La fileuse fait tourner son rouet, etc., etc.

L'un des joueurs, chargé de conduire le jeu, prend le titre de maître. Après avoir adopté aussi un métier, le maître se tient debout au centre de la société; il commence, et tous les bras, toutes les jambes sont en mouvement. Quelques instans après, le maître change de métier, et il prend celui de l'un des joueurs; ce dernier doit, sous peine de donner un gage, faire les gestes du métier abandonné par le maître ; alors les autres joueurs cessent de gesticuler.

Il faut être très attentif aux démonstrations du maître, car il passe subitement d'un métier à un autre. Lorsqu'il reprend celui qu'il avait choisi d'abord, les autres joueurs reprennent aussi les leurs.

La moindre erreur, un faux mouvement, suffisent pour faire donner un gage ; celui qui néglige de cesser ou de reprendre à temps ses travaux paie également un gage.

Il est une autre manière de jouer aux métiers. Une personne de la société sort un instant de l'appartement ; pendant son absence, les autres joueurs choisissent chacun un métier, et ils en font les gestes tour-à-tour, en présence de la personne qui doit deviner les métiers adoptés ; le joueur qui laisse deviner le sien paie un gage, et il est tenu de remplacer celui qui l'a deviné. Dans le cas où ce dernier n'en devinerait aucun, il donne lui-même un gage, et sort une seconde, une troisième fois, etc., jusqu'à ce qu'il parvienne à en deviner un.

PANTOUFLE (La). Ce jeu d'exercice, connu autrefois sous le nom de *la savate*, peut s'exécuter sur le parquet d'un salon, ou sur la terre dans un jardin, ou sur la pelouse. Il est très fatigant pour celui qui cherche à attraper la *pantoufle*.

Pour l'agrément du jeu, il faut que les joueurs soient en nombre impair ; celui que le sort désigne pour le commencer se tient debout, hors des rangs, la pantoufle à la main ; les autres, en s'asseyant à terre, forment un cercle entremêlé de dames et de cavaliers, dont tous les pieds réunis sont le centre. Les jambes ne sont pas étendues à terre dans toute leur longueur, mais un peu retirées, au contraire ; de sorte que sous les jarrets il existe une galerie circulaire qui sert de promenade à la pantoufle. Lorsque les joueurs sont placés, celui qui est resté debout jette la pantoufle au milieu du cercle. Une main s'en saisit et la fait circuler à droite ou à gauche sous la galerie. C'est au *fureteur* d'avoir l'œil au guet pour en suivre les traces, car elle fait quelquefois bien du chemin avant qu'il la retrouve. De temps en temps, et quand on s'aperçoit qu'il est désorienté, quelqu'un de la compagnie tire la pantoufle de sa cachette, la fait trois fois résonner sur le plancher ; puis, tandis que le *fureteur* accourt à dessein de s'en emparer, il la glisse furtivement à ses voisins et voisines, qui, lorsqu'ils en trouvent le moment, répètent la même cérémonie. Quelquefois même on n'a le temps que de la rejeter dans le cercle, où le plus leste s'en saisit et la met à son tour en circulation.

Si le *fureteur* renonce de lui-même à une recherche très fatigante, en ce qu'il faut être toujours courbé, et voltiger à l'entour du cercle, il donne un gage, et reçoit de chacun des joueurs un coup de la pantoufle sur la partie du corps qu'il plaît au *frappeur* de choisir ; si, au contraire, il parvient à s'en rendre maître, il prend la place de celui qui s'est laissé surprendre, et celui-ci furète à son tour, après toutefois avoir donné un *gage*.

Avant de se mettre à ce jeu, les dames doivent assez connaître le moral des jeunes gens qu'elles veulent bien y admettre, pour être certaines que la décence et l'honnêteté n'y seront aucunement blessées.

PAPILLON (Le). Un papillon, des fleurs composant un parterre, des insectes de diverses sortes : voilà les personnages de ce jeu. Est-il nécessaire de dire que les dames sont les fleurs, et qu'elles se nomment à leur choix, rose, tulipe, lis, belle de nuit, balsamine, œillet, tubéreuse, etc. Les messieurs prennent le rôle des insectes : les uns sont la chenille, la fourmi, l'abeille, la guêpe; les autres, le puceron, la demoiselle, le cousin, le hanneton, etc. Quant au *papillon*, c'est le titre spécial de l'ordonnateur du jeu. Ce papillon, comme les ordonnateurs des autres jeux, s'assied au centre du cercle que forme la société, et commence en interpellant une fleur; celle-ci répond dès qu'on l'a nommée; et dès que le nom d'une des personnes de l'assemblée se rencontre dans sa réponse, elle est interrompue par cette dernière, et ainsi de suite. On voit que ce jeu a du rapport avec la *Boutique du cordonnier*, et quelques autres; mais les joueurs doivent répondre trois fois plus longuement; et ensuite il y a plusieurs conditions importantes qui le distinguent. Ces conditions sont au nombre de cinq.

La première veut que les dames nomment seulement les insectes, et les messieurs les fleurs.

Par la seconde, il est défendu de nommer une fleur ou insecte dont aucune personne de la société n'a pris le nom.

La troisième condition exige que, lorsqu'on parle du *jardinier*, toutes les dames tendent la main droite, pour figurer que la fleur ouvre son calice à l'eau rafraîchissante que le jardinier lui apporte : les messieurs, au contraire, se lèvent et reculent de deux pas, pour signifier que les insectes fuient sa présence.

La quatrième est celle-ci : Au mot *arrosoir*, c'est le tour des dames à se lever; comme les fleurs se redressent lorsque l'eau a étanché la soif qui faisait incliner leur tête, elles doivent aussi imiter ce dernier mouvement. Les messieurs, en entendant ce mot, mettent le genou en terre, par la raison que les insectes qu'ils représentent redoutent l'eau qui pourrait les submerger.

La cinquième condition est commune à tous les joueurs. Si l'on nomme le soleil, ils se lèvent pour témoigner qu'ils le saluent comme bienfaiteur universel.

Dans ces trois derniers cas, on ne reprend sa première position qu'après que la personne qui parle a nommé une fleur ou un insecte. On nomme le papillon à volonté. Il est superflu d'ajouter que si l'on oublie de répondre lorsqu'on est nommé, que l'on manque de faire les gestes et mouvemens convenus, et que l'on hésite dans ses réponses, on donne un gage à chaque faute. Il est inutile aussi de dire que ce jeu en produit beaucoup.

Quant à la manière de le jouer, il n'y a point de règles fixes; l'esprit, la finesse des joueurs, les inspirations du moment et des circonstances peuvent le varier à l'infini : des citations gracieuses, en harmonie avec les idées qu'excite le jeu, des observations délicates, des expressions flatteuses à demi-voilées, des rapprochemens ingénieux entre les joueurs et les objets qu'ils représentent, sont le langage de ce jeu.

PIGEON VOLE (Jeu de). Ce jeu un peu simple est bon pour se distraire une minute. Mettez votre doigt sur mon genou, et levez-le comme je lève le mien, lorsque je prononce le nom d'un animal emplumé.

— Pigeon vole..... serin vole..... oie vole.... bon ; vous levez bien le doigt. —Oie vole..... âne vole..... ah ! ah ! vous levez aussi le doigt pour un âne ? Donnez donc un gage, car vous saurez qu'un âne n'est point un animal emplumé.

PINCER SANS RIRE (Jeu de). Ce jeu, à ce que prétendent quelques savans, remonte au seizième siècle : quoique ancien, il n'en est pas moins niais, et propre, tout au plus, à amuser des écoliers. Il se joue de la manière suivante: Chacun de la société pince le nez ou le menton de son voisin à droite, s'il rit, il donne un gage. L'attrape du jeu consiste en ce que deux personnes de la compagnie se sont entendues pour avoir un bouchon brûlé dont elles se noircissent les doigts. Ceux dont elles pincent le nez ou le menton sont nécessairement barbouillés de taches noires, et prêtent d'autant plus à rire que l'un rit de l'autre.

PINCETTE (La). Peu de jeux ont subi autant de changemens que celui-ci; de très simple qu'il était d'abord, il est devenu des plus compliqués et des plus difficiles. Dans l'origine, on le jouait de la manière suivante :

On cachait, à l'insu d'une personne de la société, une fève, et l'on exigeait de cette personne qu'elle la trouvât sans autre indice que celui-ci ; lorsqu'elle s'approchait de l'endroit où cette fève était cachée, on criait : « Elle brûle ! elle brûle ! » en élevant la voix : on baissait graduellement le ton à mesure qu'elle s'en éloignait, et on gardait le silence si elle s'en écartait trop. Lorsque le chercheur se lassait, il disait : « J'ai assez mangé de fèves, ou, je jette ma langue aux chiens, » et il donnait un gage.

Dans la suite, on substitua une épingle à la fève ; et, s'étant aperçu que le jeu devenait fatigant pour ceux qui criaient : « Elle brûle ! elle brûle !» on s'avisa de prendre des pincettes, et d'en frapper les deux branches avec une clé, à peu près comme si l'on jouait du triangle ; les coups étaient plus ou moins pressés, selon que le chercheur se rapprochait plus ou moins de l'épingle : c'est de là que ce jeu prit le nom qu'il porte aujourd'hui. L'épingle, cachée sous quelque vase, et plus souvent encore attachée au fichu d'une jeune personne, piquait l'amour-propre des jeunes gens, et il était rare qu'elle ne fût point trouvée.

Les dames s'aperçurent bientôt de la facilité avec laquelle on découvrait l'épingle; elles résolurent de faire acheter les plaisirs de la victoire en la rendant plus difficile. Ce ne fut plus une épingle qu'elles cachèrent sous des vases, ou qu'elles attachèrent à leurs fichus, à peu près comme l'épine auprès de la rose, elles imaginèrent des conditions qui changèrent totalement le jeu. Il s'agissait de dénouer un ruban, de déranger un bouquet, de présenter une fleur à une dame, de lui baiser la main, etc., etc.; enfin il fallait exécuter une chose très compliquée, et concertée en l'absence de celui qui devait, sous peine de donner un gage, remplir quelqu'une de ces conditions.

Des gens de goût imaginèrent de substituer au son monotone de la pincette celui du violon ou du piano, beaucoup plus propre à donner l'essor à l'imagination. On rencontre peu de personnes qui emploient encore à ce jeu l'épingle et les pincettes; mais en revanche le violon et le piano y jouent un grand rôle. C'est le *dolce* ou le *forte*, l'*andante* ou l'*allegro* qui servent de guide à celui qui cherche à deviner l'intention de la société. Le virtuose chargé du soin de le conduire, soit qu'il fasse mouvoir les touches du piano, soit qu'il fasse vibrer les cordes du violon, doit suivre attentivement toutes les démarches, épier tous les mouvemens du chercheur et savoir passer du pianissimo à l'adagio, et du largo au fortissimo, pour lui indiquer qu'il s'éloigne ou qu'il se rapproche du but.

PROPOS INTERROMPU (Le), et LE MOT PLACÉ. Ce jeu est le véritable jeu d'enfant; nous ne nous y arrêtons qu'à cause du mot placé, auquel il a donné naissance, et qui est un jeu d'esprit.

La société se forme en cercle. Le premier qui commence dit à l'oreille de son voisin à droite : « A quoi sert..... un chat ? » Je suppose ce mot; mais on peut demander à quoi sert telle chose que l'on veut.

Le voisin répond juste. « Il sert.... à prendre des souris. » Ensuite il fait une semblable question en continuant à droite : « A quoi sert un miroir ? » Le fin du jeu consiste à opposer ainsi les choses les plus dissemblables.

Je suppose qu'on obtienne pour réponse : « Il sert..... à rendre notre image. » Voilà un véritable coq-à-l'âne; car lorsque le tour est fini, c'est-à-dire lorsque celui qui a commencé à interroger a été interrogé à son tour, et qu'il est question de découvrir les demandes et les réponses, en prenant la demande de gauche pour opposer à la réponse de droite, il résulte que quelqu'un de la société dit : « On me demande à quoi sert un chat, et l'on me répond qu'il sert à rendre notre image. »

On se dispose pour le mot placé comme pour le propos interrompu. Chacun donne tout bas à l'oreille de son voisin à droite un mot à son gré. On cherche toujours à donner un mot baroque et difficile à fondre dans le récit d'une aventure.

Lorsque chacun a son mot qu'il garde en secret, la personne qui, la première, a donné un mot à droite, se retourne et fait une question quelconque à celle qui se trouve sur sa gauche; celle-ci, obligée d'y répondre et de placer dans sa réponse le mot qu'elle a reçu, entame un discours dans un quel elle tâche de couler le plus adroitement qu'elle peut le mot qu'on lui a dit à l'oreille. On s'imagine assez dans quelle perplexité elle se trouve; car si son mot est deviné par la personne qui l'a interrogée et qui l'écoute attentivement, non-seulement elle donnera un gage, mais encore elle sentira son petit amour-propre humilié. Voyez, si c'est une jeune personne, comme elle rougit à l'approche du mot fatal! comme elle regarde autour d'elle! comme elle balbutie et le laisse tomber, pour ainsi dire, plus vite que les autres, comme elle se trouve contente lorsqu'elle en est débarrassée! On devine le mot; et son petit air boudeur, en donnant un gage, décèle qu'elle est piquée jusqu'au fond du cœur.

Il est presque impossible de donner des exemples satisfaisans pour ce jeu. Il y a beaucoup de choses à observer pour le jouer avec la perfection dont il est susceptible. D'abord, la personne qui, en répondant à une question, est obligée de placer le mot qu'on lui a dit à l'oreille, doit regarder quelle est la personne qui l'interroge, et lui répondre selon son âge, son sexe et ses talens ; si elle vient à bout de renfermer une allégorie gracieuse dans l'histoire qu'elle improvise, c'est une preuve de beaucoup d'esprit de sa part.

Souvent il y a beaucoup de finesse à ne placer le mot qu'à la fin de l'histoire; d'autres fois il est bon de le jeter en avant. On peut, si l'on veut, interrompre le fil de la réponse, et faire une digression qui contienne le mot. Dans tous les cas, les nomenclatures sont interdites; c'est-à-dire que si l'on a le mot *rose* à placer, on ne pourra pas faire un bouquet de jasmin, de tubéreuse, de violette, de rose, etc., ni dans le cas où on aurait le mot *ruban*, on ne pourra pas dire qu'on a vu sur la toilette d'une jolie femme des mouches, du rouge, des gazes, des rubans, etc.

PROVERBES PROPOSÉS (Les). Un des joueurs choisi par le sort se place au milieu du cercle et propose un proverbe à chaque personne de la société, qui doit, sans hésitation, apporter un fait pour montrer la vérité de l'adage populaire: si elle hésite, ou s'exprime d'une manière incohérente, si son récit n'est point en rapport direct avec le proverbe, elle donne un gage. Le tour du cercle s'achève de cette manière; au second tour, c'est au joueur du centre que chaque personne propose un proverbe, et il doit, sous peine de donner un gage, raconter une histoire qui en fasse l'application. On lui donne pour successeur le joueur qui se trouvait placé à la droite; le voisin de celui-ci lui succédera à son tour, et ainsi de suite jusqu'à ce que tous les joueurs aient tour à tour proposé des proverbes et les aient mis en action.

Supposons que le joueur du centre dise à l'une des personnes de la société : L'habitude est une seconde nature. Rien de si vrai, répondra-t-elle, car l'autre jour mon fermier, ayant mal aux yeux, est allé consulter un oculiste qu'il trouva à table mangeant bien et buvant encore mieux. — Monsieur, lui dit le paysan, que faut-il faire pour mes yeux ? — Vous abstenir de vin, répond le docteur. — Eh ! mais, monsieur, sauf respect, m'est avis que vos yeux ne sont guère mieux portans que les nôtres et vous buvez pas mal à sec. — Mon ordonnance n'en est pas moins bonne, mon ami; mais j'aime mieux boire que guérir. »

Le proverbe suivant fut donné à un autre joueur: « La familiarité engendre le mépris. J'y songeais, répond celui-ci; et notre jeu me rappelait le souvenir de la colère de mademoiselle d'Orléans, fille de Gaston de France, frère de Louis XIII, contre un de ses gentilshommes. Voici le fait : Un jour qu'elle s'amusait à des petits jeux, on joua aux proverbes; et suivant les gestes qu'on faisait, elle devinait quel proverbe on avait représenté. Après en avoir deviné plusieurs, Mademoiselle s'arrêta à considérer un de ses gentilshommes qui s'était mis à sauter, à rire, à gambader et à faire plusieurs autres extravagances. Mademoiselle l'ayant fait recommencer sans y rien comprendre, avoua qu'elle ne pouvait deviner, et demanda quel proverbe c'était là. —C'est, Mademoiselle, lui répondit-il, qu'il ne faut qu'un fou pour en amuser bien d'autres. Cette plaisanterie piqua la princesse ; elle lui dit qu'il perdait le respect, et lui défendit de jamais paraître en sa présence. »

ROI DÉPOUILLÉ (Jeu du). Ce jeu est très ancien, car on en parle dans nos vieilles chroniques. Voici comme il se joue.

On choisit d'abord un roi ou une reine; on les fait placer l'un ou l'autre sur un trône élevé à l'un des bouts du salon ; on prend ensuite un esclave que l'on fait asseoir sur un tabouret aux pieds du souverain ou de la souveraine. Le roi ou la reine appelle quèlqu'un de la société par son nom et lui dit : « Approchez-vous de mon esclave. » La personne appelée ne s'approche pas de suite, car elle donnerait un gage, et prendrait la place de l'esclave, mais dit : « Oserai-je? » Le roi réplique : « Osez. » La personne approche alors, et dit : « J'ai fait, sire ; que ferai-je? » Le roi ordonne ce qu'il lui plaît ; il dit, par exemple : « Otez-lui ses boucles ; dénouez sa cravate; prenez sa montre, sa bague, son mouchoir, etc. » Il ne faut pas que la personne commandée obéisse tout de suite ; mais, au contraire, elle doit demander avant tout : « oserai-je ? » et attendre que le roi ait dit, « osez, » pour exécuter l'ordre. Quand elle a fini, elle doit dire : « J'ai fait, sire ; que ferai-je? » Assez souvent le roi, après un premier commandement, dit: « Retournez à votre place, » et il est presque sûr que la personne y retourne brusquement sans dire: « oserai-je? » ce qui fait qu'elle donne un gage. Si la première personne que le roi appelle pour dépouiller l'esclave ne se trompe pas, il en appelle une seconde et une troisième. Il ne faut pas croire que l'esclave puisse jamais se trouver entièrement dépouillé, car le roi procède très lentement dans ses ordres, et avant qu'on ait dénoué tous les cordons qu'on peut dénouer, déboutonné tout ce qu'on peut déboutonner, pris tout ce qu'on peut prendre, il y a bien des fois à dire: « Oserai-je? osez. J'ai fait, sire; que ferai-je? » Il est bien rare qu'on ne se trompe pas.

RUBANS (Jeu des). Quoique ce jeu soit très simple, il amuse beaucoup ; les gages s'y multiplient, pour ainsi dire, à l'infini, ce qui procure encore de nouveaux amusemens.

Chaque personne de la société prend un ruban et en tient un bout. Les autres bouts sont réunis dans la main de celui qui mène le jeu, et qui se trouve par conséquent au centre du cercle. Quand on lui entend dire : « Tirez, » il faut lâcher ; quand il dit, « lâchez, » il faut tirer : si l'on se trompe, on donne un gage.

SECRÉTAIRE (Le). Ce jeu d'esprit se joue en écrivant. La société se range autour d'une table garnie de tout ce qui est nécessaire pour écrire. La personne chargée de l'emploi de secrétaire distribue à chacun des joueurs une carte blanche ou un carré de papier. Après avoir mis son nom en tête chaque joueur remet sa feuille au secrétaire. Celui-ci, s'étant assuré que tous les noms y sont inscrits lisiblement, plie ses feuilles ou cartes, les mêle, et les distribue ensuite au hasard. Chaque personne écrit ce qu'elle pense de celui ou de celle dont le nom est placé en tête de la feuille ou carte qu lui est échue en partage, ensuite elle replie le papier et le rend au secrétaire. Cette opération terminée, le secrétaire lit à haute voix le contenu des feuilles ; il ne peut permettre, sous aucun prétexte, qu'un joueur s'en empare pour reconnaître l'écriture. La lecture faite, les feuilles sont brûlées. Ordinairemeut on se borne à ce premier tour ; cependant si après avoir reçu les feuilles, portant déjà une note, le secrétaire les mêlait de nouveau et les faisait circuler une seconde, une troisième fois, ce jeu deviendrait plus amusant et perdrait de son venin ; la crainte de voir reconnaitre son écriture par la personne sur le compte de laquelle on se serait égayé inspirerait de la retenue ; et, en admettant même que l'un des joueurs se permît quelque mauvaise plaisanterie, celui dans les mains duquel cette note tomberait s'empresserait de la corriger, et cette opposition ne pourrait qu'ajouter un degré d'intérêt à ce jeu qui doit être joué avec circonspection.

SELLETTE (Jeu de la). La personne qui recueille les voix a besoin de beaucoup de mémoire pour se rappeler toutes les accusations ; les joueurs qui donnent leurs voix les donnent mal s'ils n'ont pas le talent ou l'habitude nécessaires. Voici la manière de jouer le jeu de la sellette :

La société se forme en demi-cercle à l'extrémité du salon, à peu près comme des juges à l'audience : à l'autre extrémité est *l'ami coupable* assis sur la sellette. Lorsqu'il ne se présente personne pour remplir ce rôle, on le tire au sort.

Un joueur, faisant les fonctions d'accusateur, dit, en s'adressant à la société : « Illustres juges, savez-vous pourquoi l'ami (il nomme l'accusé) est sur la sellette ? » Chaque juge s'approche de l'accusateur, et lui fait connaître à voix basse la raison pour laquelle il présume que l'ami coupable est sur la sellette. L'accusateur prend note des différentes déclarations : lorsqu'il les a toutes recueillies, il s'avance vers l'accusé, et les lui expose alternativement, en s'écartant toutefois de l'ordre dans lequel elles lui ont été faites. A chaque accusation, l'ami coupable nomme le juge qu'il croit l'avoir faite; toutes les fois qu'il devine juste, le juge nommé donne un gage, et à la fin, le juge que l'accusé a deviné le premier est mis à son tour sur la sellette.

Il paraît difficile, quand on n'a point l'habitude de ce jeu, de donner des raisons qui ne soient pas trop piquantes pour les hommes, ni trop fades pour les femmes, qui renferment une plaisanterie fine ou un compliment gracieux. Pour y parvenir, il faut avoir égard à l'âge, à la tournure de la personne qui est sur la sellette, examiner quelles sont les connaissances ou les talens qui la distinguent. Quand on fait un compliment, il faut prendre garde qu'il ne porte sur une qualité dont la personne soit dépourvue; on doit éviter aussi l'exagération, car alors il deviendrait ironique et offensant. Il faut qu'une plaisanterie soit légère, et qu'elle ne porte pas sur un ridicule trop marqué, ou sur un défaut physique, autrement elle dégénérerait en grossièreté. En général, le bon esprit consiste dans ce jeu, comme dans tous ceux du même genre, à éviter les excès et à observer rigoureusement les convenances.

On peut dire qu'une demoiselle est sur la sellette, parce que son cœur est encore muet, parce que ses yeux (si elles les a jolis) sont criminels à son insu, parce que les Graces l'assignent au tribunal de l'Amour; à une jolie personne, qu'elle est sur la sellette pour expier les tourmens qu'elle fait endurer; à une jeune femme, qu'elle y est pour répondre aux accusations de la rose dont elle a ravi la fraîcheur; du lis qu'elle a dépouillé de son éclat; de la violette, dont elle a la douceur, la modestie, l'aimable simplicité, etc., etc.

Si vous devez accuser une femme d'un âge mûr, évitez tous les traits satiriques et les complimens déplacés; ne parlez que des qualités du cœur et de l'esprit. Dites, par exemple, qu'elle est sur la sellette pour se voir condamnée à être toujours bonne, toujours indulgente, à rester toujours aimable; dites-lui qu'elle y est pour apprendre aux jeunes personnes l'art d'enchaîner les Graces par les talens et les dons de l'esprit.

Voulez-vous railler un jeune homme sur sa fatuité, sa présomption, son indiscrétion, dites-lui qu'il est sur la sellette pour n'avoir pas vu en consultant sa glace qu'il s'enflait en se rengorgeant comme la grenouille qui veut se faire aussi grosse que le bœuf; pour avoir volé le caquet d'une pie, etc., etc. S'agit-il au contraire de louer sa modestie ou ses talens? dites-lui qu'il est sur la sellette pour être forcé d'écouter son éloge. Désirez-vous lui faire entendre qu'une déclaration qu'il a faite a été accueillie ou rejetée, dites-lui qu'il est arrivé à bon port ou qu'il a fait naufrage, etc.

Nous n'avons pas la prétention de donner des phrases que mille circonstances peuvent faire varier : néanmoins, celles que nous avons rapportées pourront servir à mettre sur la voie les personnes peu exercées à ce jeu, qui, lorsqu'il est joué maladroitement, finit quelquefois par faire naître des querelles, ou provoquer l'inimitié des personnes qu'une vérité ou une innocente plaisanterie offense également.

TOILETTE DE MADAME (Jeu de la). De tous les jeux d'action qui se jouent dans les salons, celui-ci est le plus ancien.

La société s'assied, et chacun prend un nom qui ait rapport à la toilette : l'un s'appelle le ruban ; l'autre le peigne ; celui-ci le rouge ; celui-là le miroir, etc. Une seule personne est debout, et l'on doit remarquer que son siége manque : ainsi il lui est impossible de s'asseoir sans déranger quelqu'un. Cette personne qui se nomme, tant qu'elle est debout, Madame J'ordonne , a deux manières d'exprimer sa volonté ; ou elle dit : « Madame demande son rouge, son miroir, son ruban, etc. ; » ou elle dit : « Madame demande toute sa toilette. » Dans le premier cas, la personne qui porte le nom de l'objet demandé se léve et cède sa place à Madame J'ordonne, pour prendre elle-même ce titre et ordonner à son tour. Dans le second cas, tout le monde se léve à la fois ; et les conditions du jeu sont, qu'en se rasseyant, chacun doit avoir changé de place. Mais comme il manque un siége, il résulte de cette révolution de la toilette qu'une personne reste debout. Cette personne devient Madame J'ordonne ; et comme les honneurs doivent toujours se payer, elle achète ce titre en donnant un gage.

<hr>

JEUX DE PÉNITENCE.

BAISER A LA CAPUCINE (Le). Le cavalier et la dame à qui cette pénitence est ordonnée se placent à genoux et dos à dos au milieu d'un cercle qui s'amuse de leur embarras. Il faut que la tête du cavalier se retourne jusque sur l'épaule gauche, pour joindre presque sa bouche à la bouche de la dame dont la tête s'est tournée à droite. Le cavalier doit avoir l'adresse, lorsque ce mouvement s'opère, de dégager son bras gauche, et de le passer doucement autour de la taille de la dame.

BAISER A LA RELIGIEUSE (Le). Ce baiser se fait remarquer par la gêne qu'il impose à ceux qui en sont l'objet. On place le cavalier devant le dossier d'une chaise dont les barreaux sont très serrés, et c'est dans cette position qu'il cherche à embrasser la dame qu'il a choisie.

BAISER DERRIÈRE LA PORTE (Le). Le jeune homme auquel cette pénitence est imposée prie une demoiselle de l'accompagner : il la conduit près d'une porte, et là il lui donne un baiser.

BAISER LES QUATRE COINS DE LA CHAMBRE. On prie quatre dames de vouloir bien se placer aux quatre coins de la chambre ou du salon, et on les embrasse tour à tour.

BAISER AU HASARD (Le). Si cette pénitence est imposée à un jeune homme, on distribue au hasard les quatre dames d'un jeu de cartes aux dames de la société, et l'on fait tirer à celui qui doit accomplir la pénitence un des quatre rois ; il embrasse la personne qui porte la dame dont il a le roi. Si c'est une dame qui doit remplir cette pénitence, on procède de la même manière, en substituant les rois aux dames, en les distribuant aux jeunes gens, et en lui faisant tirer une dame.

Quelquefois aussi le *baiser au hasard* s'exécute de la manière suivante : celui qui reçoit cette pénitence prend les rois et les dames d'un jeu de cartes ; il distribue les uns aux jeunes gens et les autres aux dames, puis il commande à celui auquel le roi de cœur est tombé en partage d'embrasser la jeune personne entre les mains de laquelle la dame de cœur se trouve, etc.

BERCEAU D'AMOUR (Le). De toutes les pénitences dont les baisers constituent le fond, il n'y en pas de plus jolie et de plus élégante que le berceau d'amour. La personne à qui cette pénitence est ordonnée en choisit une autre d'un sexe différent, et elles se placent ensemble au milieu du salon, tenant les deux mains, et en élevant les bras en forme de berceau. En cet état, la dame désigne un cavalier, et le cavalier une dame. Ce nouveau couple ainsi désigné vient demander passage sous le berceau ; mais au moment où il se trouve sous la voûte, les bras dont elle est formée s'abaissent tout-à-coup, et l'entourent d'une espèce de chaine. Le couple ainsi emprisonné ne retrouve sa liberté qu'en payant un tribut qui consiste en deux baisers. Lorsqu'il est sorti, il acquiert lui-même le droit de créer un nouveau couple d'amans, obligé maintenant de passer sous le berceau et d'y payer deux fois le tribut amoureux. Bientôt, quand la société est nombreuse, cinq ou six couples se succèdent et se rangent les uns à la suite des autres : de leurs bras entrelacés se forme une voûte charmante ; toutes les pauses y sont marquées par le plaisir.

CONFESSION (La). La personne qui reçoit cette pénitence se choisit un confesseur, et doit répondre juste à ses questions, ou les éluder avec adresse. Les principales sont ordinairement les suivantes :

On demande à un jeune homme : « Etes-vous amoureux ? Combien de fois l'avez-vous été ? Quelle est la première lettre du nom de la personne que vous aimez le mieux ? Faites le portrait de votre maîtresse. En quoi consistent votre foi, votre charité et votre espérance ? Quelles sont vos qualités ? Quels sont vos défauts ? Que pensez-vous de l'amour ? etc., etc. »

A une dame : « Votre cœur est-il libre ? Quelles qualités désireriez-vous dans un ami ? dans un amant ? dans un mari ? Quelle est la chose qui vous cause le plus de joie ? Quelle est celle qui vous affecte le plus ? A quoi pensez-vous le plus souvent ? Faites-nous part de vos idées sur le mariage. Etes-vous constante ? etc., etc. »

CONFIDENCES (Les). On en ordonne de plusieurs sortes : la *confidence* *simple* s'exécute en confiant à l'oreille de quelqu'un un secret quelconque. La *confidence qui passe* s'exécute de cette manière : La société se forme en cercle, et la personne à qui le gage appartient fait une confidence à celle qui se trouve placée à droite; celle-ci la rend à une autre, et celle-là à une autre, jusqu'à ce que la confidence, ayant fait le tour du cercle, revienne à la première personne qui déclare si la confidence qu'on lui rend est bien la même que celle qu'elle a faite; ce qui n'arrive presque jamais, attendu qu'il se trouve toujours quelqu'un intéressé à la changer. On appelle une *confidence répondue* lorsqu'une personne de la société est chargée de répondre tout haut à une confidence que deux autres personnes se font tout bas,

CHEVALIER DE LA TRISTE FIGURE (Le). On fait asseoir un cavalier sur un fauteuil, et une dame vient se placer sur ses genoux; un autre cavalier, appelé par la dame, s'approche, lui donne un baiser, et va, avec un mouchoir, essuyer le visage du premier, qui fait alors le rôle du chevalier de la Triste-Figure.

EMBRASSER LE DESSOUS DU CHANDELIER. On tient un chandelier au dessus de la tête d'une dame que l'on embrasse en même temps.

EMBRASSER SON OMBRE. Il faut se placer entre la lumière à laquelle on tourne le dos, et la dame que l'on veut embrasser.

EMBRASSER LA PERSONNE QUE L'ON AIME LE MIEUX, SANS QUE CELA PARAISSE. Cette pénitence consiste à embrasser toutes les personnes du sexe différent du sien.

ETRE EN ENFER. On bande les yeux au pénitent, et on le conduit contre une muraille sur laquelle il s'appuie. Les messieurs choisissent chacun une dame, et vont à la file recevoir auprès de lui les baisers qu'il lui est défendu de prendre. Le pauvre damné en entend le bruit, et doit deviner quel est le couple qui le met ainsi en enfer. D'après ses remarques précédentes, il devine juste quelquefois, et l'on conçoit que cela excite la gaîté de tout le monde. Tant que le damné ne devine point à la fois le monsieur et la dame qui s'embrassent, il reste à son poste; mais dès qu'il devine, il recouvre la vue. Quand toute la société, formée en couples, a passé devant lui, et qu'il ne devine point, on lui ôte son mouchoir, et on lui rend son gage. Cette pénitence s'inflige aux joueurs des deux sexes. On pourrait la changer en jeu.

ETRE EN PURGATOIRE. Ce titre annonce que le pénitent ou la pénitente est moins à plaindre que dans le cas précédent; ce qui est vrai. Il s'agit de se boucher les oreilles, de se placer dans un coin du salon, et de deviner le mot des confidences que chaque couple va se faire à voix basse. Pour prévenir la fraude du pénitent, une personne de la société veille à ce qu'il maintienne bien ses doigts dans ses oreilles. Les règles de cette pénitence, ses chances, sont les mêmes que pour celle que nous venons d'expliquer. Elle est encore plus susceptible de faire un joli jeu.

PATIPATA, QUI BAISERA ÇA? Toute la société est assise et formée en cercle, tandis qu'un des joueurs, qui est pénitent, se place à genoux devant une personne d'un sexe différent, comme pour la main-chaude; afin de ne point fatiguer le patient, surtout s'il est une dame, on le fait asseoir sur un tabouret ou coussin. La personne qui tient sur ses genoux la tête du pénitent, ou *patipata*, prend bien garde qu'il n'y voie, et lui dit en désignant du doigt un objet ou une personne quelconque : « Patipata, qui baisera ça? » Le patient nomme la personne qu'il juge à propos d'indiquer, et cette personne est forcée d'obéir : dès qu'elle l'a fait, on recommence patipata, et un autre joueur est désigné; cela continue de la sorte tant que le patipata ne se nomme pas lui-même; car alors il baise l'objet désigné précédemment et sort de peine. Cette pénitence, à laquelle participent beaucoup de joueurs, est extrêmement comique par les rencontres que produisent les aveugles décisions du pénitent. Souvent il envoie un monsieur embrasser un monsieur, une dame baiser la main ou les cheveux d'une autre dame; tel autre, d'après ses ordres, est obligé de se baiser les bras, les genoux; quelquefois il se trouve qu'elle devrait se donner un baiser à la joue ou au front : enfin, les portes, la muraille, les vases, les meubles, la cheminée, la pendule, etc., ont leur part des baisers qu'ordonne l'aveugle distributeur. Comme il peut répondre *moi* quand il lui plaît, le patipata un peu exercé ne manque pas de le faire quand on vient d'embrasser un objet désagréable, parce qu'il sait que l'on varie; mais souvent il est trompé dans ses conjectures, et tandis qu'il espérait se dédommager en effleurant une joue vermeille, il est réduit à baiser le dos d'un fauteuil, la pincette, ou autres choses semblables. Le patipata peut se relever et regarder exécuter ses ordres; il cache ensuite sa tête de nouveau.

Quand cette pénitence devient jeu, et que le patipata, en se nommant, embrasse un des joueurs, celui-ci prend sa place; quand c'est un objet inanimé, le pauvre patipata non-seulement doit le baiser, mais poursuivre sa tâche; s'il trouve trop rude de se soumettre à ses propres décisions, il a le droit de refuser, en payant un gage et en continuant son triste métier: nul autre n'a ce droit, mais le patient ne peut en user que trois fois; et à la quatrième, il est tenu d'obéir à ses ordres. Si l'objet est encore animé, le joueur qui se trouvait primitivement assis à la droite du patipata est obligé de prendre sa charge.

PÈLÉRINAGE (Le). Cette pénitence s'exécute de la manière suivante :
Le cavalier, conduisant une dame par la main, fait le tour de l'intérieur du cercle, en disant à chaque cavalier qu'il rencontre : « Un petit morceau

de pain pour moi, un baiser pour ma sœur.» Et à chaque dame : « Un petit morceau de pain pour ma sœur, un baiser pour moi. »

Il est bon de faire observer que le baiser est de rigueur

PETIT PAPIER (Le) C'est une espèce de métamorphose; la personne condamnée à être petit papier est obligée de demander à chaque joueur: « Si j'étais petit papier, que feriez-vous de moi? » Chacun y répond à sa fantaisie; par exemple, l'on répondra : «J'y dessinerais une rose ; j'en ferais un billet doux ; je le mettrais sur mon cœur.«Et d'autres diront : « J'en allumerais la bougie ; j'en ferais un cornet à tabac, des papillotes, etc.»

PONT d'AMOUR (Le). Le condamné, à quatre pates, reçoit, sur son dos, un cavalier et une dame qui s'y reposent et s'y embrassent.

PORTIER DU COUVENT (Le). Le pénitent est placé à la porte d'une chambre ou d'un cabinet, qu'il puisse ouvrir et fermer librement. Une dame s'enferme dans le cabinet. Bientôt elle frappe. Le portier pénitent ouvre; elle lui dit tout bas à l'oreille le nom d'un cavalier qu'elle désire. Le portier s'écrie : « La sœur N.... attend le frère P....» Le frère P... arrive, et le portier pénitent ferme la porte sur lui, après l'avoir introduit dans la chambre ou le cabinet. On frappe de nouveau; la sœur quitte le couvent, et y laisse le frère qui, à son tour, fait appeler une sœur, et ainsi de suite, jusqu'à ce que tous les joueurs, excepté le portier, aient passé dans le couvent. Quand on veut abréger la pénitence, on demande tout le couvent.

SOLDAT PRUSSIEN (Le). On choisit un officier qui est tenu de pourvoir à l'équipement et à l'armement du soldat ; on l'affublera, par exemple, d'un manchon en guise de bonnet de grenadier ; la gibecière qu'une dame voudra bien lui prêter lui servira de giberne ; un ruban sera son porte-giberne ; une paire de gants remplacera les épaulettes ; une ombrelle prendra la place du sabre, et un manche à balai tiendra lieu de fusil et de baïonnette. Dans ce terrible équipage, l'officier conduit son soldat au milieu du cercle, il lui fait rendre des honneurs militaires à chaque dame, et l'officier donne un baiser à la dame devant laquelle il fait exécuter divers temps d'exercice. Lorsque la ronde est terminée, l'officier congédie son soldat par le commandement de : «Reposez vos armes. »

Il en est de ce jeu comme des campagnes les plus brillantes ; le général en recueille tout le fruit et le soldat n'en a que les fatigues.

VOYAGE A CYTHÈRE (Le). Voici, de toutes les pénitences, celle qui plaît le plus aux amans : il serait difficile de calculer combien de billets doux se glissent, tandis que le couple voyageur échappe un instant aux regards redoutables des mamans.

La personne qui va à Cythère, ayant choisi son compagnon de voyage, le couple fortuné se retire, soit dans un cabinet voisin, soit derrière un paravent, et là le cavalier embrasse sa dame, et touche ce qui lui plaît le plus de son ajustement. Lorsqu'ils reviennent du voyage, le cavalier demande à chacun ce qu'on pense qu'il a touché. Si l'on se trompe, il donne un baiser à la chose indiquée; si l'on devine juste, la personne qui a deviné en fait autant.

JEUX DE JARDIN.

BALANÇOIRE ou L'ESCARPOLETTE (La). Une grosse corde attachée par ses deux extrémités à deux poteaux ou à deux branches d'arbre, est le modèle des balançoires : on s'assied au milieu de cette corde, que l'on tient de chaque côté, et quelqu'un la tire et la pousse alternativement. On peut aussi se balancer soi-même en poussant avec force la balançoire qui s'élève et s'abaisse alternativement en avant et en arrière. Quelquefois aussi, à la campagne, on rapproche deux fortes branches de saule qui se trouvent opposées, ou mieux encore une branche prise à deux saules voisins l'un de l'autre ; on les lie fortement par leurs extrémités ; on met dessus la jonction une certaine quantité de branchages et de feuillages, que l'on attache avec des ficelles ou de l'osier, puis on se balance sur cette escarpolette végétale; mais cette méthode a l'inconvénient de fatiguer extrêmement l'arbre, et quelquefois de faire éclater subitement la branche, ce qui vous expose à tomber de la manière la plus dangereuse. Quand l'escarpolette est formée d'une corde, on fixe sur le milieu une planchette de deux pieds de long pour s'asseoir commodément. Dans les jardins publics, la balançoire est plus compliquée : d'abord la corde est attachée aux poteaux d'une charpente peinte et décorée de diverses façons ; puis, au milieu de cette corde est fixé un char, ou un vaisseau, ou une conque, ou une espèce de fauteuil ; outre cela, l'autorité a ordonné que ces divers objets seraient entourés d'un filet afin de prévenir les malheurs qui pourraient arriver à quelqu'un, qui subitement étourdi, ou se trouvant mal, lâcherait les cordes.

BALLE (La). Les joueurs se placent devant un mur de hauteur et largeur convenables ; on trace sur ce mur une raie au dessous de laquelle il n'est pas permis d'envoyer la balle, sous peine de perdre un nombre convenu de points. On marque aussi les limites latérales. Quand la balle vient à frapper exactement sur la raie, le coup est remis, c'est-à-dire nul.

On joue à la balle un contre un, deux contre deux, etc. ; les joueurs doivent être égaux en nombre de chaque côté ; car il y a deux partis, celui qui doit servir, et celui qui doit répondre ; les forces des joueurs doivent être assorties le plus possible. Un des joueurs du premier parti lance la balle de manière qu'au premier coup elle soit belle, c'est-à-dire facile à prendre, soit de volée, soit du premier bond ; un joueur du second parti repousse la balle, qui est reçue et renvoyée par un de ses adversaires et ainsi de suite. La finesse du jeu consiste à ne pas donner la balle trop belle à ses rivaux, sans toutefois s'exposer à manquer le coup, si la balle frappe au dessous de la raie, ou hors de l'enceinte convenue ; il faut tenir un juste milieu.

Tant que la balle est renvoyée, personne ne compte de points ; mais si quelqu'un des joueurs manque le coup, ou envoie la balle sous la raie, ou hors des limites tracées à droite et à gauche sur le mur, ou la prend du second bond, ceux du parti adverse comptent quinze ; on compte également quinze pour chaque coup manqué. La partie est de soixante ; mais il faut, pour la terminer sans interruption, qu'un des deux partis ait fait les trente derniers points en deux coups ; ainsi, par exemple, si lorsque vous avez compté quarante-cinq, vous laissez prendre le même point à vos adversaires, il ne vous est plus permis, au coup suivant, de compter soixante ou partie, vous obtenez seulement ce qu'on appelle avantage ; si, l'égalité étant ainsi rompue, votre adversaire fait également avantage, il y a avantage à deux, et le coup suivant détermine enfin irrévocablement à qui la partie doit appartenir.

BALLON (Le) On peut jouer à deux au ballon, mais plus ordinairement on se met trois et même six personnes de chaque parti ; on s'y exerce de deux façons, soit en jouant une partie suivie et régulière, en comptant les points comme à la balle en long, soit quand les joueurs placés en cercle chassent le ballon au hasard, de manière que chacun le reçoive et le renvoie à son tour.

Il n'est permis de repousser la balle que de volée, ou du premier bond, tandis qu'au ballon, quand on ne fait point de partie régulière, le joueur met son amour-propre, non-seulement à ne point laisser mourir le ballon entre ses mains, mais encore à le pousser le plus haut possible ; le second, le troisième et le quatrième bond sont pour cela aussi légitimes que le premier, il est même permis de toucher plusieurs fois la machine ; ainsi ce n'est pas une chose rare de voir un joueur ramener de très loin un ballon, en lui faisant faire des bonds successifs, jusqu'à ce qu'il le trouve dans une situation favorable pour le lancer avec vigueur.

BARRES (Jeu des). Jeu d'exercice et de courses qui ne convient qu'à la jeunesse. Le jeu des barres est une espèce de petite guerre entre deux troupes qui ont chacune leur camp où ils mettent leur bagage, c'est-à-dire, leurs habits, chapeaux et cravates. Un de la troupe se détache et va provoquer quelqu'autre de la troupe opposée. Ces deux champions se mettent en campagne ; ils courent l'un contre l'autre, cherchant à s'éviter, à s'attraper ; et si l'un des deux se laisse trop approcher, en sorte que son antagoniste le frappe de trois petits coups sur le corps, alors il est fait prisonnier et emmené dans le camp du vainqueur. Le parti ennemi fait ses efforts pour délivrer le prisonnier, ce qui arrive lorsqu'on peut parvenir jusqu'à lui et le toucher; mais alors il y a une lutte ou course générale dans laquelle on fait souvent de nouveaux prisonniers de part et d'autre. Dans ce cas, l'échange se fait. La victoire est au parti qui a su garder ses prisonniers.

BALLE EMPOISONNÉE (La). Au lieu de rouler la balle dans les trous, on la jette en l'air, et le jeteur appelle la personne pour qui il la destine. Si le joueur ainsi appelé l'attrape avant qu'elle ait rebondi deux fois, il ne perd rien, mais il la rejette en l'air, et appelle celui qui lui plaît. S'il ne l'attrape pas lorsqu'il le faut, il doit s'efforcer d'en frapper un autre; s'il manque, il perd un point et joue. Le reste du jeu, le nombre de points et la punition des perdans sont comme dans les neuf trous.

BILBOQUET (Jeu du). Petit morceau de bois, d'ivoire ou d'os, tourné et creusé en rond par les bouts, avec une corde au milieu, à laquelle est suspendue une boule qu'on tâche de faire entrer dans le creux du bilboquet.

Il y a des bilboquets qui ont un bout creux et l'autre bout en pointe, qu'il faut faire entrer dans le trou de la boule.

On fait aussi des bilboquets qui présentent une pointe à un bout, et une petite surface à l'autre bout, sur laquelle il faut essayer de faire tenir la boule en équilibre, ce qui n'est pas facile et demande un grand exercice.

Les bilboquets furent fort en vogue sous le règne d'Henri III, avant que les Pantins eussent régné à Paris. Cette mode reprit faveur au commencement du XVIIIᵉ siècle. Les conversations étaient interrompues par cet exercice ; on portait partout son bilboquet, et on y recevait les balles de plomb ou d'ivoire attachées avec une ficelle au bilboquet, après les avoir fait sauter en l'air.

Cet amusement monta même sur le théâtre, et l'on vit, il y a environ soixante-quinze ans, la Desmares y jouer au milieu de ses rôles de suivante, au grand contentement du parterre.

BOULE (Jeu de La). Il y a plusieurs jeux de boules. Le jeu dit des grosses boules se joue ordinairement dans une allée. A chaque extrémité on place un but, et au-delà du but on pratique un petit fossé appelé *noyon*; on fixe le nombre des points nécessaires pour avoir gagné ; chaque joueur a ordinairement deux boules ; le premier joueur doit tâcher que sa boule s'arrête le plus proche du but, qui peut être fixé, ou qui peut être une petite boule que l'on a jetée auparavant; on compte un pour autant de boules placées le plus près ; si la boule entrée dans le noyon était repoussée vers le but, cela ne compterait point; qui laisse passer son tour perd son coup ; on ne peut d'aucune manière hâter le mouvement de la boule, une fois qu'elle est lancée.

Pour la boule à trois qui se joue dans un espace vaste et uni, les joueurs dont toujours le nombre est indéterminé, partagent entre eux les boules de manière à en avoir chacun deux ou trois, et règlent leur rang par le sort. Le premier roule à une trentaine de pas la plus petite boule, qui doit servir de but, et qu'on appelle *cochonnet* ; il roule ensuite une de ses boules de manière à s'appprocher du but le plus possible ; un second joueur vient ensuite, et cherche à se loger plus près que son adversaire ; s'il y réussit, il cède sa place au troisième joueur ; s'il n'a pas pu y parvenir, il roule sa seconde et même sa troisième boule.

Quand toutes les boules sont placées, le joueur qui a une ou plusieurs boules plus près du cochonnet compte un pareil nombre de points. La partie consiste en une quantité de points convenus entre les joueurs ; ceux qui sont reconnus pour plus habiles cèdent des points aux autres.

Le plus grand mérite à ce jeu consiste à débusquer une boule que votre adversaire a placée entre le but et une des vôtres, ou à reculer le but lui-même, afin de le rapprocher d'une boule qui, dans un coup précédent, l'avait dépassé ; cela s'appppelle tirer la boule. Il faut être fort habitué pour se permettre ces grands coups, parce que les boules, en ce cas, doivent être lancées avec vigueur, et qu'il pourrait en résulter des accidens; les joueurs gravent sur leurs boules une marque particulière pour ne pas les confondre ; lorsqu'on est beaucoup de joueurs, on se partage en deux nombres égaux.

CLIGNE-MUSETTE ou CACHE-CACHE. Le local est très important pour ce jeu : dans un jardin, il est charmant ; tandis que dans une cour, un endroit découvert, il est difficile à exécuter et assez insignifiant. Placez-vous dans un jardin ou dans un parc, près d'un gros arbre, planté à quelque distance et sur un terrain dégagé, pour que l'on puisse commodément courir ; cet arbre sera le *chalet*, c'est-à-dire l'endroit où les joueurs seront à l'abri des poursuites de celui qui *l'est*. Convenez d'un réglement préliminaire, c'est que chacun se cachera seul.

L'emplacement, le chalet, celui qui *l'est* ou cligne-musette étant choisis, ce dernier s'appuie contre le chalet ; son domaine, en fermant les yeux, et chacun court se cacher. Au bout de quelques instants, Cligne-musette redevient clairvoyant et se met à fureter pour trouver le gîte des joueurs ; tandis qu'il est bien occupé, quelques-uns des malins personnages quittent leur retraite, et courent comme un trait vers le chalet : Cligne-musette s'élance sur leurs traces; mais, avant qu'il ait pu les atteindre, ils se sont mis à l'abri de ses poursuites en touchant le chalet, qu'ils nomment à haute voix, et, profitant du temps où Cligne-musette poursuit en vain leurs camarades, les autres joueurs, sortant d'un autre côté, se dirigent aussi en courant vers le lieu d'asile, et Cligne-musette les voit tous se moquer de lui, souvent il dépiste un joueur qui s'empresse de fuir ; mais il a prévu le cas, et dès que celui-ci a fait quelques pas, il l'arrête au passage. Si tous les joueurs sortent à la fois, au lieu de courir de côté et d'autre, Cligne-musette se dirige vers le chalet, où tout doit aboutir; et là, il prend les joueurs comme au trébuchet. S'il n'en attrape point, tout le monde se cache de nouveau, et il est obligé de l'*être* encore : s'il n'atteint qu'une personne, elle l'est à sa place ; s'il en prend plusieurs, c'est à la dernière prise à l'être. Le jeu continue de la même façon, jusqu'à ce que la volonté des joueurs le termine.

MAIL (Jeu du). Ce jeu a donné son nom à un très grand nombre de promenades publiques, parce qu'il a été l'origine de leur établissement ; il faut, en effet, pour le jouer, une longue et large avenue en plein air, des boules et un mail ou maillet, bâton court pour les faire rouler.

On joue à deux ou à plusieurs, et de diverses manières. Jouer au rouet, c'est jouer pour soi et par tête : un seul joueur, en ce cas, passant au pair ou au plus, quand il se trouve en ordre, gagne le prix dont il était convenu pour la passe.

On joue en partie quand plusieurs joueurs sont opposés les uns aux autres en pareil nombre : si le nombre est inégal, on peut faire jouer deux boules à un seul joueur du côté faible jusqu'à ce qu'il survienne un nouveau joueur.

Jouer aux grands coups signifie que deux joueurs se disputent à qui poussera la boule plus loin : quand l'un est plus fort que l'autre, il accorde avantage à son partenaire, soit par distance d'arbres, soit par distance de pas.

Reste la chicane : on y joue en pleine campagne, et partout où on se trouve ; on débute ordinairement par une volée, et l'on finit la partie en touchant un arbre ou une pierre marquée qui sert de but, ou bien en passant par certains détours dont on est convenu à l'avance. Le joueur dont la boule franchira le but, ou sera le plus loin (supposez que les joueurs soient du pair au plus), aura gagné : lorsqu'on manque tout-à-fait sa boule, ce qui s'appelle faire une pirouette, on perd un coup. Mettre sa boule en beau, c'est la disposer à rouler.

De la passse. — La passe est l'action de faire rouler la boule jusqu'au point donné.

Du début. — C'est le premier coup que chacun joue à toutes les passes que l'on fait.

Du tournant. — Quand un joueur a sa boule dans le tournant du jeu, il ne lui est pas libre de s'élargir ; il doit jouer du lieu où se trouve sa boule sur la ligne droite. On dit être tourné, quand on a passé cette ligne ; et être en vue, quand, de l'endroit où est sa boule, on voit l'archet de la passe, ou le but donné.

On peut jouer en trois ou quatre coups de mail, suivant les conventions préliminaires, et cela s'appelle ajuster.

Ceux qui arrivent les premiers à la passe achèvent leur coup, sans que les autres joueurs puissent les interrompre.

Faire sauve. — C'est préserver la boule d'un joueur, et contribuer à la conduire vers la passe.

La passe a plusieurs degrés. Qui passe au pair, *gagne*; qui passe à deux de plus oblige, c'est-à-dire qu'il gagne, si celui qui joue en même temps reste à un point de plus après lui, et manque de passer. Si ce dernier passe, il gagne tout.

Qui, tirant au pair, ou au plus à la passe, rencontre une boule et la met derrière lui, la force à y rester.

Les autres règles du jeu de mail sont relatives aux amendes à payer en cas de boules sorties, arrêtées, perdues, frustrées, échangées ou cassées.

PALET (Jeu du petit). On jette une petite pièce de monnaie, comme un petit écu ; on lance ensuite de plus grosses pièces, comme des écus de six francs, le plus près du but qu'il est possible. Celui qui en approche le plus gagne un point.

On joue deux contre deux, ou plusieurs les uns contre les autres. Le joueur habile fait écarter son adversaire, en pointant et dégottant son palet qui est près du but, et souvent il a l'adresse de prendre sa place.

On convient d'un certain nombre de points qui donne gain à celui ou à ceux qui y parviennent les premiers.

PAUME (Jeu de). Le jeu de paume le plus usuel est celui de la courte-paille ou paume-fermée.

Dans ce jeu, fermé et borné de murailles, on joue, à ce genre de paume, à deux avec les balles ordinaires, des raquettes ou des battoirs, de petits bâtons et un panier. On commence par tourner la raquette pour savoir à qui sera dans le jeu : celui qui n'y est pas doit servir la balle sur le toit, en la poussant avec la raquette : le premier coup de service s'appelle le coup des dames, et ne compte pas. On convient ensuite de la valeur du jeu, et on joue à l'ordinaire.

Les parties se jouent en quatre jeux : si l'on convient trois jeux à trois jeux, on dit: « à deux jeux » ; c'est-à-dire qu'au lieu de finir en un, on remet la partie en deux jeux. On peut aussi jouer en six jeux, si cela convient ; mais en ce cas il n'y a point d'à deux jeux, si ce n'est du consentement des joueurs.

On doit encore, avant de commencer à jouer, tendre la corde à telle hauteur qu'on puisse voir le pied de dessus du mur, du côté de l'adversaire et le long de cette corde est un filet attaché, dans lequel les balles donnen souvent : il n'est jamais permis, en poursuivant une balle, d'élever la corde. S'il arrivait par hasard qu'en jouant la balle demeurât entre le filet et la corde, et qu'on donnât dans le poteau qui tient cette corde, le coup ne vaudrait rien.

Les joueurs de paume, tant à la longue-paume qu'à la paume fermée, ont ordinairement des marqueurs : ce sont proprement les valets de jeu. Ils marquent les chasses et comptent le jeu des joueurs, et les servent de diverses façons.

Ces marqueurs marquent au second bond de la balle, et à l'endroit qui touche le bond ; ils doivent encore avertir les joueurs tout haut qu'il y a chacun, et dire chasse ; ou deux chasses, si elles ont lieu à tant de carreaux ; et crier aussi : à tel carreau la balle la gagne.

Si les joueurs disent : chasse morte, elle demeure telle, et les marqueurs gardent le silence.

On joue, pour l'ordinaire, partie, revanche et le tout : ou bien partie liée si l'on en est convenu précédemment.

Le joueur qui, en servant la balle (en la lançant), ne se sert que sur le bord du toit ou sur le rabat seulement, doit commencer à servir ; car le coup est nul, à moins que l'on ne joue à qui faut, il boit.

Qui met sur l'ais de volée en servant, ou sur les cloues le tiennent, gagne quinze ; il en prend autant quand il met dans *la lune* : on nomme ainsi un trou de la muraille qui est du côté du toit où l'on sert.

Quand on ne veut pas être servi, on dit « pour rien », mais avant que l'autre joueur ait lancé, et jamais on ne le fait aux coups de hasard. Celui qui sert ne peut pas dire « pour rien » ; servir, c'est pousser la balle sur le toit.

Quand on a quarante-cinq, on dit « chasse-morte. »

A la courte-paume, ou donne avantage et bisque aux plus faibles joueurs, ainsi qu'à la longue-paume.

QUILLES (Jeu de). Sorte d'exercice ou de jeu duquel peuvent s'occuper ensemble un nombre illimité de personnes. Les instrumens du jeu sont une boule et neuf quilles. On range ordinairement ces quilles trois à trois en carré, pour les abattre de loin avec la boule.

Les deux manières de jouer les plus usitées sont ce qu'on appelle le jeu ordinaire et le rapport.

Le jeu ordinaire consiste à abattre successivement une certaine quantité de quilles, comme cinquante, soixante, cent, plus ou moins. La partie est gagnée pour qui, le premier, parvient à abattre juste la quantité fixée. On conçoit que, dans une pareille partie, il est avantageux de jouer le premier : aussi commence-t-on à faire prononcer le sort sur l'ordre dans lequel chaque joueur aura la boule.

Ce préliminaire est suivi de l'indication du but, c'est-à-dire, du lieu où le joueur doit être placé pour jeter la boule et abattre les quilles. On convient ordinairement que le but sera fixé par le joueur qui aura le désavantage de jouer le dernier.

Celui qui a la boule doit avoir un pied sur le but quand il joue ; autrement son coup serait nul, et il ne compterait pas les quilles abattues.

Nous avons dit que, pour gagner la partie, il fallait abattre juste le nombre de quilles dont on était convenu. Il suit de là, que quand un joueur abat plus de quilles qu'il ne lui en fallait pour gagner, il est réduit à recommencer, comme s'il n'avait rien fait. On convient même quelquefois que cet excédant de quilles fera perdre la partie. C'est ce qu'on appelle en quelques endroits crever, et en d'autres, brûler.

Le joueur qui, en jouant, n'abat aucune quille, perd son coup et fait chou-blanc, c'est-à-dire qu'il ne compte rien.

Toute quille abattue par toute autre cause que l'action médiate ou immédiate de la boule, ne doit point être comptée.

Si un joueur jetait la boule avant que toutes les quilles fussent redressées, il faudrait qu'il recommençât à jouer, quand il n'aurait abattu des quilles que du côté où elles étaient relevées.

Le joueur qui laisse passer son tour de jouer perd son coup.

Toute quille qui tombe quand la boule est arrêtée ne doit pas être comptée. Il en serait de même d'une quille qui, étant ébranlée et soutenue par une autre, ne tomberait que quand on aurait ôté celle-ci.

On ne compte pas non plus les quilles que la boule, sortie du jeu, fait tomber en y rentrant.

Quand un joueur a l'adresse d'abattre la quille plantée au milieu du jeu, sans en faire tomber aucune autre, il compte comme s'il en avait abattu neuf, c'est-à-dire, toutes celles du jeu.

Le jeu du rapport diffère du jeu ordinaire, en ce que, pour gagner, il n'est pas nécessaire d'abattre un nombre déterminé de quilles; il suffit d'abattre, en un ou plusieurs coups, selon la convention, une quantité telle qu'elle excède ce que les autres joueurs en ont abattu.

Au jeu du rapport, chacun met à la poule une somme convenue, et il est indifférent qu'un joueur joue avant ou après les autres. C'est, comme nous venons de le dire, à celui qui a abattu le plus grand nombre de quilles que la poule appartient.

S'il arrivait que deux ou plusieurs joueurs eussent abattu chacun une égale quantité de quilles, et que les autres en eussent abattu moins qu'eux, il y aurait rapport, et personne ne gagnera la poule sur le coup; mais, ceux qui auraient abattu le moins de quilles, seraient tenus d'ajouter un nouvel enjeu au premier, pour concourir de nouveau avec les autres.

QUILLES SUR TABLE (Jeu de). Neuf petites quilles sont rangées trois par trois sur un plateau. Ces quilles se dressent au moyen de neuf cordons qui correspondent à un nœud que l'on tire au dessus du plateau.

Pour jouer, on fait tourner la boule autour d'une flèche à laquelle cette boule est attachée et suspendue par un cordonnet. La boule étant ainsi lancée se déroule de la flèche, et venant s'agiter au milieu du jeu, elle abat plus ou moins de quilles. Chaque joueur compte le nombre des quilles qu'il abat de cette manière. Celui qui parvient le premier au nombre juste de cent gagne, mais s'il fait plus de cent, il crève en se retirant du jeu, et revient à cinquante.

La règle est comme celle du grand jeu de quilles qu'on joue à terre, en lançant une grosse boule que l'on fait partir d'un but dont on convient.

QUILLES LES YEUX BANDÉS (Jeu de). On met les neuf quilles sur une même ligne; on bande les yeux au joueur; on le place à une certaine distance convenue; on le fait tourner trois fois sur lui-même, et on le met en face des quilles. Alors il jette une boule ou un bâton dans les quilles : on sent bien que, pour peu qu'il se dérange, il envoie la boule bien loin des quilles; c'est ce qui amuse les spectateurs. On fixe également la partie en un certain nombre de points.

QUILLES DES INDES (Jeu des). On joue à ce jeu avec une toupie qu'on lance avec force au milieu des quilles, qui sont posées sur un plateau disposé pour ce jeu.

Les quilles de la première case comptent chacune 1 point.

Les quilles de la deuxième case comptent chacune 2 points.

Les quilles de la troisième case comptent chacune 3 points.

Lorsque l'on fait tomber toutes les quilles de chaque case, les quilles ont double valeur, c'est-à-dire que les quilles de la première case, au lieu de compter 9 points, comptent 18 points.

Ceux de la deuxième, au lieu de 18, comptent 36 points.

Ceux de la troisième, au lieu de 27, comptent 54 points.

Quand vous passez dans la quatrième ou dernière case, vous comptez 20 points.

Quand la toupie remonte de la deuxième case à la première, vous comptez 10 points.

Quand elle remonte de la troisième à la deuxième, vous comptez 20 points.

Si elle remonte de la troisième case à la première, vous comptez 30 points.

Si elle remonte de la quatrième case à la troisième, vous comptez 50 points, y compris les 20 points d'entrée.

Si elle remonte de la quatrième à la deuxième, vous comptez 70 points.

Si elle remonte à la première, vous comptez 80 points.

Il faut observer que si la toupie rentre dans les cases, en roulant de côté, les quilles qu'elle fait tomber se comptent; mais elle ne compte pas les points de passage.

On met la partie en autant de points que l'on veut; on en convient avant de jouer le premier coup.

SIAM (Jeu de). On peut fixer l'époque de ce jeu à l'arrivée en France des ambassadeurs du royaume de ce nom dans l'Asie dans les beaux jours du siècle de Louis XIV.

On a, comme au jeu de quilles ordinaire, neuf quilles qu'il faut tâcher d'abattre; la différence du jeu de Siam, c'est que la boule n'est pas ronde, mais qu'elle est presque plate, et à pan coupé, en sorte qu'elle roule sur son côté, et qu'elle fait des détours et des lignes courbes, qu'il est de l'habileté du joueur de savoir diriger. On ne la jette point directement contre les quilles, mais sur le côté, et hors des quilles parmi lesquelles, dans un mouvement oblique, elle entre et fait des abattis en décrivant des lignes courbes.

Si, en décrivant ces lignes courbes, la boule n'abat aucune quille, cela s'appelle faire chou-blanc.

Le jeu de Siam est aujourd'hui de 13 quilles, dont trois, au dessus d'un point du cercle, sont placées en ligne droite et valent 3, 4 et 5 points.

Si l'on abat la quille enfermée au milieu du cercle on compte 9.

Une des règles principales du jeu, c'est que la boule, en commençant son mouvement circulaire, doit passer au dessus de la dernière quille posée en ligne droite avant d'entrer dans le jeu; si elle coupe auparavant, le coup est nul et perdu pour le joueur.

VOLANT (Jeu du). Le volant est un petit peloton de liége, rond en dessous et plat en dessus. Il y a, sur le plat, de petits trous dans lesquels on fiche des bouts de plumes, disposés en pointe par le haut.

On joue au volant avec une raquette.

Deux joueurs, à une certaine distance l'un de l'autre, se renvoient le volant avec leurs raquettes. L'habileté consiste à le soutenir long-temps en l'air, sans le laisser tomber. Ce jeu peut se jouer en partie à quatre.

Le jeu de volant n'a pas plus de deux siècles et demi d'ancienneté, car on sait que le volant et la raquette n'ont été inventés qu'à la fin du quinzième siècle.

Il n'existe point de règles écrites de ce jeu; c'est aux joueurs, en commençant une partie, à en établir à leur choix.

LIVRE DEUXIÈME.

Jeux de Cartes.

LES CARTES A JOUER.

Les cartes à jouer furent inventées en 1391, par le peintre Jacquemin Gringonneur, pour amuser Charles VI. Il est inutile d'en donner la description. On a tenté de substituer aux vieilles figures celles de héros grecs, et pendant la révolution celle des vertus républicaines; mais l'usage a prévalu contre ces réformes.

On sait qu'un jeu de cartes est l'image de la guerre; les figures sont de grands capitaines et guerriers et des héroïnes; les trèfles indiquent les fourrages, les piques l'arme de ce nom, les carreaux les magasins d'armes, le cœur le courage nécessaire aux combattans.

Les longues réflexions de la plupart de nos philosophes sur le jeu nous dispensent d'y consacrer un long article. Il y a long-temps qu'on sait, au point de vue individuel, qu'il peut détruire en un instant les fortunes les plus solides; au point de vue social, qu'il opère un inutile déplacement de capitaux sans production. On sait encore que, fournissant un moyen d'acquérir sans travail, il n'est propre qu'à inspirer le goût de l'oisiveté et de la dissipation.

Les cartes se vendent en jeu ou en sixain, paquet de six jeux, ou à la grosse. Elles se divisent en jeux entiers de cinquante-deux cartes; en jeux d'hombre composés de quarante cartes, et où manquent les dix, les neuf et les huit. En jeux de piquet de trente-deux cartes, où manquent les deux, trois, quatre, cinq et six.

Règles communes à tous les jeux de cartes.—Quand on a développé les cartes, on s'assure si le jeu est bon, puis on les mêle très vite. Il y a deux manières de mêler : la première en les faisant passer par le côté à plat l'une sur l'autre; la seconde en les partageant en deux parties dont on tient l'une demi-serrée dans sa main gauche, tandis qu'on fait passer de la main droite les cartes de l'autre moitié entre celles de la première.

On fait couper ensuite à son voisin de gauche; celui-ci, après avoir divisé les cartes en deux parties, doit poser sur la table celle qu'il a prise dessus sans la regarder; on remet cette partie par dessous.

Distribuer des cartes s'appelle donner ou faire. On commence par son voisin de droite et on finit par soi-même; on fait attention à ne pas montrer le dessous des cartes. On les tend en tenant la masse de la main gauche et en enlevant celles qu'on donne en éventail, les couchant un peu, et les prenant par un seul point entre le pouce et l'index.

Lorsqu'en donnant on laisse voir une carte, c'est aux joueurs à décider si elle doit être mise à l'écart, si la donne doit être recommencée, ou si on doit la mettre la dernière du talon.

Le talon est ce qui reste des cartes après la distribution : on le met de côté.

Il est bon pour aller plus vite d'avoir deux jeux. Un joueur ramasse les cartes de l'un pendant que le donneur distribue celles de l'autre. Ces jeux doivent se distinguer par le revers; l'un aura un revers blanc, l'autre un revers sablé.

Dans quelques maisons on fait laisser aux joueurs une rétribution pour le paiement des cartes. Cet usage est de mauvais ton aujourd'hui.

La donne se tire au sort, à la plus haute carte : pour cela, chacun regarde en coupant; ou bien on donne à découvert. On tire à la plus basse carte, si la donne est désavantageuse.

Pour inviter à jouer, on présente une carte ou une fiche à ceux qu'on veut inviter.

On étale les cartes en éventail pour lire dans son jeu. On les arrange par ordre de valeur et de couleur avant la première carte jouée.

A mesure que l'on fait des levées, on les place devant soi : on ne peut jamais regarder ni le jeu ni les levées de l'adversaire; mais les parieurs ont le droit d'examiner le jeu des joueurs pour lesquels ils parient. Quand un tiers veut conseiller un joueur, il doit d'abord en demander la permission aux adversaires.

Il faut jouer avec calme, ne témoigner ni joie du gain, ni douleur de la perte, ne pas ramasser avec avidité l'argent gagné, ne faire aucun mouvement brusque qui décèle des sentimens peu élevés.

C'est aux jeunes gens à demander aux personnes plus âgées combien elles veulent jouer : s'il y a des dames, c'est à elles qu'on fait cette demande.

On ne doit pas quitter brusquement une partie commencée; quand elle est finie, on est libre de remettre son jeu à un autre; mais, si l'on gagne, l'usage veut qu'on ne se retire pas immédiatement, et qu'on laisse à ceux qui perdent le temps de tenter de nouveau la fortune.

On doit payer de suite ce qu'on doit.

Quand on se retire, on passe devant les tables sans saluer pour ne pas distraire les joueurs.

Ces règles générales sont invariables pour tous les jeux. Les règles particulières se diversifient à l'infini.

VOCABULAIRE.

Nous allons placer ici un vocabulaire fort curieux de tous les termes usités dans les jeux, excepté au billard. Nous le puisons dans l'excellent *Dictionnaire des Ménages*.

Abattre le jeu. — Au pamphile, c'est avertir qu'on ne veut pas jouer.

Abattre du bois. — C'est prendre au trictrac les dames du talon.

Accoupler ses dames. — C'est au même jeu les mettre deux à deux sur une flèche.

A deux de jeu. — Signifie, à la courte-paume, remettre la partie en deux jeux, au lieu de la finir par un seul, quand ils sont de nombre impair.

Adouber. — Au jeu de dames et de trictrac, c'est arranger les pions sans jouer.

Aller à fond. — Demander carte.

Aller en curieuse. — Voy. Se réjouir.

Ambe. — Deuxième hasard du loto.

Alexandre. — Roi de trèfle.

Ambezas. — Se dit, au trictrac, quand on a amené deux as

Amoureux. — La sixième triomphe du jeu des tarots.

Amuser le tapis. — Jouer avec lenteur.

Annoncer. — A la bouillotte, au piquet, à l'impériale, etc., c'est déclarer son jeu.

A prendre. — C'est quand, aux dames, un pion doit passer sur un autre pour se placer derrière lui.

Argine. — La dame de trèfle.

Arranger ses couleurs. — C'est assortir ses cartes.

Arrivé à dame. — Pion arrivé à la base de l'échiquier.

Arroser. — Au lansquenet, se dit lorsque le coupeur dont a gagné la carte droite paie aux carabins la somme convenue.

As. — Dernière carte du jeu, dont la valeur varie.

Atout. — Carte qui emporte toutes les autres et sert à couper.

Avancer. — Ce mot, au trictrac, signifie prendre son coin.

Avantages. — A la courte-paume, aux dames, au trictrac, aux échecs, etc., on fait des avantages aux plus faibles joueurs pour maintenir l'égalité du jeu.

Bande de la boîte du trictrac et du billard.

Bander les dames au trictrac. — Les charger, en mettre trop sur une flèche.

Banque. — Le fond du jeu, au quinze, au vingt-et-un, à la roulette, etc.

Banquier. — Le chef du jeu qui tient l'argent.

Batadour. — Sur-cases que l'on fait, au revertier, en mettant deux dames sur une case où il y en a déjà deux accouplées.

Batterie.—A l'ambigu, la quantité de jetons que propose un joueur.

Battre le coin. — Tomber dessus à coups de dames.

Battre une dame. — Au trictrac, au revertier, etc., c'est mettre une dame sur la flèche où était placée celle de son adversaire.

Belle. — Jeu de hasard; couleur d'atout au boston ; titre de la carte d'honneur.

Bête.—Amende que l'on paie à divers jeux. Nom d'un jeu.

Bezet, — Au trictrac et autres jeux semblables, deux as en dés

Billets.—Nom de cartes que l'on tire au second jeu de cartes, au jeu de la loterie, et que l'on donne aux joueurs pour servir de billets.

Bisque. — Avantage donné au jeu de paume.

Bois.—Les dames du trictrac, du revertier, etc.

Bon air.—Quatre matadors à l'hombre.

Bonne couleur.—Au whist, c'est la séquence principale.

Bonne.—La dernière levée au reversis ; la première bonne est la première levée.

Bouder.—Manquer d'un dé convenable au domino, et en tirer un au talon.

Boston.—Le valet de carreau au jeu de ce nom.

Bredouille.—Douze points pris au trictrac ; le jeton qui marque la bredouille.

Brelan.—Au jeu de ce nom, et à la bouillotte, c'est la réunion de trois cartes semblables.

Brelan carré.—C'est trois cartes semblables, dont la quatrième fait la retourne.

Brelan tricon. —Idem.

Brelan cavé.—Celui où la partie est limitée.

Brisque. — Atout au jeu de ce nom.

Brûler.—Dépasser le point de 15, 21, aux jeux de ces noms.

Brûler une carte. — La mettre au rebut.

Brusquembilles. — Les as et les dix dans le jeu ainsi nommé.

Cabaret. — Une tierce au jeu de la guinguette. C'est aussi le nom du corbillon qui contient la mise de cette seconde chance du jeu.

Callade (au tre-sette). — C'est quand deux joueurs font toutes les levées.

Calladon (Ibid). — Quand un seul joueur fait toutes les levées.

Calladondrion. — C'est quand le premier à jouer montre une napolitaine. (Voy. ce mot.)

Cabarins.—Surnom des pontes au lansquenet.

Capot.—Premier hasard du jeu de piquet, lorsqu'un des joueurs fait toutes les levées.

Carme.—Double quatre au trictrac, quand les dés amènent tous deux ce point.

Carrer (se) à la bouillotte. — Mettre au jeu autant de jetons qu'il y en a à la vade, plus un.

Carreau. — Deuxième couleur rouge des cartes ; terme du jeu de paume

Cartes blanches. — Les cartes qui ne représentent point de figure : elles se trouvent au jeu de la comète, du piquet, etc.

Cartes peintes. — Celles qui représentent les figures.

Carte du banquier. — Celle que le banquier tire pour lui au florentini, et sur laquelle jouent les pontes.

Carte double, triple, etc. — C'est, au jeu précédent, quand les premières cartes retournées sont pareilles.

Case. — A plusieurs significations. Aux jeux de tableau, il signifie les parties ou étroites divisions qui contiennent chaque numéro ou chaque figure, comme au jeu de l'oie, d'histoire, de mapp monde. Aux échecs, aux dames, ce mot signifie les carrés qui partagent l'échiquier et le damier ; au trictrac, il se dit de deux dames posées sur une même flèche.

Case de l'écolier. — La dixième case du tablier de trictrac : on l'apelle aussi le travanais.

Case du diable. — La septième, ainsi nommée parce qu'elle est fort difficile à faire.

Cases bases. — Les plus proches du trictrac.

Cases contiguës de la première espèce. — Ayant un côté commun à elles deux et une couleur différente.

Cases contiguës de la seconde espèce. — N'ayant qu'un angle de commun, et une même couleur.

Casement (le). — La manière de faire des cases aux dames et au trictrac, toutes tables, revertier, etc.

Caser. — L'action de faire des cases : c'est accoupler deux dames ensemble aux jeux précédens, et du jacquet, garouguet.

Cavalier. (Voy. échecs.)

Cave. — L'argent que met devant lui chaque joueur au brelan, à la bouillotte ou au quinze.

Caver. — L'action de mettre cet argent.

Charivari. — La réunion de quatre dames à l'hombre.

Chelem. — Au whist et au boston, c'est l'action de faire toutes les levées.

Chicane. — Au mail, jouer en pleine campagne.

Chicorée. — C'est quand l'hombre joue avec trois faux matadors.

Chopine. — La valeur de trois jetons au jeu de la guinguette.

Chouette (faire la). — Jouer seule contre deux autres joueurs.

Clique. — C'est la réunion de trois ou quatre as, trois ou quatre dames, etc., au jeu du quarante de rois.

Codille (faire ou gagner). — A l'hombre, au médiateur, piquemédrille, etc., c'est lorsqu'un joueur autre que l'ombre fait plus de levées que tout autre.

Codiller. — Gagner ou faire codille.

Cœur. — Première couleur rouge des cartes.

Coin du repos. — Au trictrac, dit aussi proprement le coin, c'est la onzième case.

Coin bourgeois. — La case de quine et sonnez.

Coller. — Approcher la bille de la bande du billard.

Commercer pour carte. — Changer sa carte avec celle de son voisin de droite au jeu de commerce, et donner un jeton en sus.

Commercer troc pour troc. — Echanger sa carte sans rien payer.

Comète. — Le neuf de couleur noire et celui de couleur rouge ajoutés au jeu de ce nom.

Consolation. — Bénéfices de plusieurs jetons que l'on donne dans plusieurs jeux à ceux qui gagnent.

Contrer. — Lorsqu'à la bête un joueur, croyant pouvoir faire trois levées, déclare jouer contre.

Contre-invite. — Aux jeux de partenaires, jouer une couleur différente de celle que l'on avait jouée d'abord.

Corbillon. — Petit panier ou corbeille pour recevoir les mises.

Cornet. — Sorte de vase allongé en corne dans lequel on agite les dés.

Coster. — Au quintille, se dit d'un joueur en cheville qui, ayant une carte-roi et une carte inférieure, jette la dernière, parce qu'il espère qu'elle ne sera pas levée.

Cotillon. — Au jeu de la guinguette c'est la troisième chance et le talon.

Cou-bas (mettre son). — Etaler ses cartes, au jeu de ce nom.

Couper les cartes. — Les partager après qu'on les a mêlées.

Couper avec l'atout. — C'est emporter avec l'atout la couleur dont on manque.

Coupe-gorge. — Quand le banquier amène premièrement une carte semblable à la sienne, ce qui lui fait perdre tout de ce coup-là.

Coup de repos. — Aux dames, position dans laquelle un joueur prend plusieurs fois de suite, et l'autre joueur autant de fois librement.

Coups du jeu. — Chance ou partie.

Coups de passe. — Au passe-dix, coup de gain.

Coups de manque. — Coups manqués.

Coucou (dire). — C'est, au jeu de ce nom, refuser d'échanger sa carte, parce qu'on a le roi.

Couvrir une dame au trictrac, et à ses dérivés. — C'est mettre deux dames l'une contre l'autre.

Crever. — Excéder le point convenu du jeu.

Croix. — (Voy. Pile).

Dame. — La seconde grande pièce des échecs.

Dame. — La seconde figure des cartes.

Dames. — Au jeu de dames, au trictrac, etc., ce sont des morceaux d'ivoire, d'os, d'ébène ou d'autres bois, plats et arrondis. On les appelle aussi tables. Il y a les blanches et les noires.

Dames accouplées. — (Voy. *accoupler les dames*).

Dames couvertes. — (Voy. *ibid*).

Dame découverte. — C'est une dame seule placée sur une flèche.

Damer un pion au jeu de dames. — C'est le rendre dame en le couvrant d'un autre pion de même couleur.

Damier. — Tablette marquée de cases noires et blanches pour jouer aux dames.

David. — Nom du roi de pique.

Dés pointus. — A nombre impair.

Dés carrés. — A nombre pair.

Dés. — Petits cubes d'ivoire portant depuis 1 jusqu'à 6 sur toutes leurs faces.

Débredouiller.— Au trictrac, c'est, lorsqu'ayant marqué deux jetons, on est obligé d'en ôter un.

Demi-setier. — A la guinguette, c'est la valeur de deux jetons.

Défausser. — Se défaire de ses fausses cartes.

Demander en méditateur. — Se dit quand l'hombre prend l'engagement de faire six levées.

Demander la permission, ou simplement demander. — Se dit quand l'hombre annonce que, n'ayant pas assez beau jeu pour faire six levées seul, il lui faut l'aide d'un associé.

Demander en belle, en petite, en solo, etc. — C'est commencer, ou jouer ces différens coups au boston.

Dévoler. —Manquer la vole. On dit aussi être en dévole.

Discorde. — La réunion de quatre rois au jeu de l'hombre.

Domino (faire). — Placer le premier ses dés au jeu de domino.

Domino. — Dé plat et allongé.

Donner. — Distribuer les cartes.

Donner la chance. — Au krabs, annoncer le point sur lequel roulera le jeu.

Donneur. — Le distributeur les cartes.

Donne (la). — Le privilége de donner les cartes.

Double (à la). — Lorsque, par une convention faite en commençant, les parties sont doubles, et les paiemens se répètent tous.

Double-niugre au romestecq. — C'est la réunion d'emblée de deux as et deux rois, ou deux as et deux dix, etc.

Double-ronde. — Au même jeu, c'est deux as et deux rois.

Doublet. — Jeu de dés amenant deux points semblables, comme deux 3, deux 4, etc.

Double-doublet. — C'est un jeu de dés double.

Double-dé. — Au domino, c'est lorsque le dé répète son point, comme double 2, double 6, etc.

Dupe. — La banque au florentini. On dit : tenir la dupe.

Écart. — Ce que l'on fait en écartant.

Écarter. — Choisir ou retrancher une ou plusieurs cartes de son jeu, et les remplacer par autant de cartes prises du talon.

Échec. — C'est quand aux échecs on joue une pièce qui met le roi en danger d'être pris le coup suivant.

Échec du berger. — Quand le fou prend le pion du fou du roi.

Échec et mat. — Quand le roi est pris et la partie gagnée aux échecs.

Échecs. — Les pions au jeu de ce nom.

Échiquier. — La tablette sur laquelle on joue aux échecs.

École. — Au jeu de trictrac, on dit : « faire une école, envoyer à l'école, marquer une école, » et l'école a lieu quand on oublie de marquer les points que l'on gagne.

École impossible. — Quand au jeu précédent on amène des points qu'on ne peut marquer par impuissance, et qu'on vient à les oublier.

Empiler les dames. — C'est les mettre en tas sur la première flèche du trictrac.

Emprunter. — C'est, au jeu de l'*emprunt*, demander à son voisin, pour un prix convenu, celle des cartes qu'il faut jouer et qu'on n'a pas.

Enfilade. — Au trictrac, c'est une série de dés contraires, résultant d'une mauvaise position qui, vous mettant dans l'impossibilité de jouer vos dames, et vous forçant de relever, laisse gagner votre adversaire.

Enfilade (l'), au *whist*, consiste à transporter sur la partie suivante le nombre de points excédant les dix qui complètent la première partie.

Enfiler son adversaire. — Au trictrac. Lui boucher les passages par où i pouvait couler ses dames.

Enfiler. — Au jeu de l'*enfle*, c'est ramasser et mettre dans son jeu les cartes qu'on a jetées sur le tapis, lorsqu'on manque de la couleur jouée.

Enjeu. — Argent que l'on met au jeu en commençant.

Entreprendre. — Commencer un coup. On dit : « Entreprendre le reversis, la vole, » etc.

Entrer en jeu. — A la *bouillotte*, etc., c'est ouvrir le jeu en proposant un certain nombre de jetons.

Espagnolette. — C'est au *reversis*, trois ou quatre as et le *quinola*, ou simplement la réunion de quatre as dans la main.

Être en échec. — Aux échecs, c'est quand le roi est en prise.

Étendre ses dames. — Aux jeux de trictrac, de dames, etc., en placer beaucoup.

Étendre (s'). — Au jeu de *papillon*, signifie étaler ses cartes sur la table.

Être mieux placé. — Se trouver à la droite du donneur, ce qui fait gagner en cas d'égalité.

Être double. — Au trictrac, c'est quand on ne peut rentrer deux dames parce qu'on n'a qu'un seul passage.

Être en cheville. — Au jeu de *quintille*, se dit lorsqu'on n'est ni le premier, ni le dernier à jouer.

Être hoc. — Se dit de certaines cartes jouées au jeu du *hoc*.

Être hors du jeu. — Au *revertier*, avoir plus de dames que de rentrées, ou passages ouverts.

Faire table. — Au *revertier*, être obligé de laisser ses dames découvertes.

Faire. — C'est la même chose que mêler ou donner les cartes.

Faire entrée. — Au reversis, signifie « faire levée. »

Faire tant pour tant. — C'est, au jeu de dames, l'action de donner à prendre à son adversaire un ou plusieurs pions, une ou plusieurs dames, pour se trouver ensuite dans une position à lui prendre le même nombre de pièces que celui qu'il a pris.

Faire domino. — Placer le premier ses dés au jeu de ce nom.

Fanatique. — C'est le quatrième hasard de l'hombre, ou la réunion de quatre valets.

Fausses cartes. — Au quintille, hombre, médiateur, ce sont les cartes qui ne sont point de la couleur de l'atout.

Fausse taille. — Aux jeux du pharaon, de la roulette, du trente et quarante, etc., c'est une taille où le banquier a fait une faute qui l'assujettit, quand elle est aperçue, à doubler ce que les pontes ont mis au jeu.

Faux jeu. — Celui où il se trouve des cartes de moins, de plus, ou des cartes doubles.

Favorite. — Couleur d'atout à l'hombre, au quintille, etc. Nouvelle partie ajoutée au whist.

Feinte, au whist. — Elle consiste à jouer une carte inférieure, tandis qu'on en a une supérieure, afin de faire prendre le change à l'adversaire.

Ferme. — La banque, au jeu de ce nom.

Fermier. — Le banquier, au jeu de ce nom.

Fiche. — Petite bandelette d'ivoire, diversement colorée, qui sert de monnaie au jeu.

Fichet. — Petite fiche qu'on enfonce dans les trous au trictrac.

Flèche. — C'est, au trictrac, des sortes de bandelettes, terminées en pointe, et tracées au fond du trictrac, au nombre de vingt-quatre. Elles sont blanches et vertes, ou de deux autres couleurs. On les nomme aussi, mais plus rarement, lames. C'est sur les flèches que l'on fait les cases.

Flèche. — C'est encore, au même jeu, une espèce de clou d'ivoire ou d'os, dont on se sert en l'enfonçant dans les trous, pour marquer combien on a de parties.

Flux. — C'est le nom qu'on donne au point à plusieurs jeux. (Voy. Points.)

Forcer le quinola, au reversis. — C'est jouer un cœur qui force le porteur du quinola à le jouer.

Fond du jeu. — La mise ou l'enjeu.

Force. — La onzième carte des tarots suisses.

Forcer. — Mettre une carte plus forte que celles que les autres ont jouée.

Fou. — C'est la troisième pièce des échecs, et le valet de carreau au jeu de la guimbarde. C'est encore le nom de la carte la plus intéressante des tarots.

Fredon, à l'ambigu. — On nomme ainsi la réunion de quatre cartes de même valeur, comme quatre dames, quatre valets.

Freluche. — Renoncer, au jeu de ce nom.

Ganer. — Faire, demander ou accepter le gano.

Gano (demander). — Cette demande consiste, au jeu de l'hombre, à inviter le joueur, son associé, pour défendre la poule, à laisser passer la carte qu'on a jouée.

Ge. — Deux as, deux rois, etc., au gillet.

Gorger le quinola. — C'est contraindre à le jouer.

Grand mariage. — La réunion du roi et de la dame de cœur au jeu de la guimbarde.

Grands coups. — Les principaux hasards du jeu.

Gruger, au romestecq. — Lever la *rome*, la *virlique*. (Voy. ces mots.)

Guide, aux jeux de tableau. — C'est celui qui indique la marche du jeu.

Guimbarde. — La dame de cœur au jeu de ce nom.

Guinguette. — C'est à l'*hombre*, quand le joueur appelé l'hombre joue sans as noir. C'est aussi le nom d'un jeu commun.

Hanneton, au jeu de *papillon*. — C'est lever trois cartes avec un roi, un valet et une autre carte.

Hasard (jeux de). — C'est aussi le synonyme de coup.

Her. — Jeu du coucou.

Hocs, au jeu du *hoc*. — Ce sont les quatre rois, la dame de pique et le valet de carreau.

Hoc (faire). — Gagner, au jeu de ce nom.

Hombre. — Nom du jeu et du joueur qui mène la partie et contre lequel les autres partenaires jouent.

Honneurs, à l'hombre, au boston. — Les figures d'atout.

Impasse. — Hasard à la roulette.

Impaire. — Hasard à la roulette.

Impériale. — Au jeu de ce nom, c'est la réunion de quatre cartes semblables, ou de toutes les figures, de l'as et du sept de la même couleur.

Impériale tournée. — Celle qu'achève la retourne.

Impériale tombée. — Celle que l'on achève en prenant dans les levées les cartes qui manquent.

Impuissance, au trictrac. (Voy. *Jan qui ne peut*.)

Indépendance, au boston. — C'est un coup que l'on fait seul et volontairement; il exige au moins huit levées. (Voy. *solo*.)

Invite (faire). — Aux jeux de partenaires, c'est jouer.

Jan. — Se dit au trictrac quand il y a douze dames abattues deux à deux, qui font le plein d'un des côtés du trictrac.

Jan qui ne peut. — Quand le passage d'une dame est bouché.

Jan de récompense. — Ce coup a lieu quand les dés tombent sur une dame découverte. Il y a aussi les

Jan de mézéas (Voy. *Mézéas*.)

Jan de deux tables ;

Jan de trois coups ;

Jan de retour ; le grand et le petit jan, les contre-jans ; tous termes de trictrac, dont la longue explication ne peut se reproduire ici.

Jeter les cartes. — Les jouer.

Jeton. — Petite pièce ronde d'ivoire qui sert de monnaie au jeu : il y a au trictrac le *jeton* qui marque le jeu, puis un jeton percé et de couleur pour marquer la grande bredouille.

Jeu. — Se prend pour coup à différens jeux de cartes. On dit perdre tant de jeux.

Jeu rouge à la comète. — Les cartes rouges.

Jeu noir, *ibid.* — Les cartes noires.

Jeu entier. — Jeu composé de toutes les cartes, ou de cinquante-deux.

Jeu fait. — L'argent mis sur les cartes aux jeux de hasard.

Jeux à partenaires. — Où les joueurs s'associent.

Jeux de tableau, pour lesquels on se sert d'un tableau préparé.

Joie. — (Voy. *consolation, se réjouir.*)

Jouer tout d'une. — Au trictrac, jouer une dame seule et la mettre sur la seconde dame.

Jouer pour tout. — Avancer toutes ses dames.

Krab. — Jeu de dés anglais.

Lahire. — Nom ordinaire du valet de cœur.

Lame. — (Voy. *Flèche.*)

Lenturlu. — (Voy. *Mouche.*)

Lever les dames. — A tous les jeux où l'on se sert de dames, les ôter après la fin de la partie.

Lever les cartes. — Prendre, d'après les principes du jeu, les cartes jouées.

Levée. — Elle se compose des cartes que chacun jette successivement pendant un tour.

Lots. — Les cartes tirées du premier jeu à la loterie, et qui servent de lots.

Lunette, au jeu de dames. — C'est lorsque deux pions du même joueur laissent derrière eux une case vide où l'adversaire peut se placer.

Main (avoir la). — C'est donner ; être en main, c'est commencer à jouer.

Marche. — L'action d'avancer les pions, dames, etc.

Mal-donne. — Donne manquée.

Malheureux. — Au piquet à écrire, c'est le joueur remplacé.

Manille. — Le neuf du carreau au jeu de ce nom. Le second matador de l'hombre, qui est le deux de pique ou de trèfle.

Marquer. — Tenir compte des points à tous les jeux, mais de différentes manières, suivant leurs réglemens.

Marques. — Les jetons de l'enjeu au coucou.

Mariage. — A la *brisque*, quand, ayant la dame, on lève le roi.

Mariage de rencontre. — A la guimbarde, lorsqu'on jette, en jouant, le

roi et la dame de couleur semblable, et qu'ils tombent immédiatement l'un
sur l'autre.

Martingale. — C'est, aux jeux de hasard, une manière de jeu qui consiste
a jouer toujours tout ce qu'on a perdu.

Mariage sur table. — C'est le précèdent.

Mat. (Voy. *Echec*.)

Mat aveugle. — Quand le joueur d'échecs ne voit pas qu'il fait *mat*.

Matadors. — A l'*hombre*, et aux jeux qui en dérivent, ce sont les trois
atouts, ou triomphes principaux.

Mêler les cartes. — Les battre de manière à les changer souvent de place :
ce mot est encore synonyme de faire ou donner.

Mézéas (jan de). — C'est, au trictrac, lorsqu'au commencement d'une
partie l'on a pris son coin de repos, sans avoir aucune dame abattue.

Mirliro. — C'est, à l'hombre, les dèux as noirs sans matadors, ou l'as de
trèfle avec les deux as rouges.

Misère. — Au boston, c'est ne faire de levée en aucune couleur.

Mistigri. — Le valet de trèfle au jeu de ce nom. (Voyez *Pamphile*.)

Moyens. — On dit, au trictrac, moyens pour abattre, moyens pour remplir, moyens de compter, et moyens simples. Ce sont des voies qui servent à
parvenir au gain, si elles ne sont traversées par d'autres.

Nain jaune. — Figure du centre du tableau, au jeu de ce nom.

Napolitaine. — Au *tre-sette*, c'est la réunion du trois, du deux et de l'as
de la même couleur.

Navette (faire la). — Au *whist*, c'est quand chaque associé coupe une couleur, et joue à son partenaire celle dans laquelle il coupe.

Obstacle. — C'est lorsqu'au trictrac, voulant passer les dames, on trouve
les passages bouchés.

Ogier. — C'est le nom ordinaire du valet de pique.

Opéra (faire). — C'est gagner, autant que possible, tout ce qu'il y a au jeu.

Pair. — Deuxième case latérale de la roulette ; nombre qui se partage
également en deux parties.

Pallas. — Nom ordinaire de la dame de pique.

Pamphile. — Le valet de trèfle, au jeu de ce nom.

Papillon (jeu du). — (Voyez *Petit papillon*.)

Parer. — Empêcher que l'adversaire compte ses points ou ses hasards.

Parfait contentement. — A l'hombre, c'est jouer sans prendre avec cinq
matadors. (Voyez ces mots.)

Parole (avoir la). — Demander et proposer au boston, aux jeux de renvoi.
On a la parole chacun à son tour.

Paroli. — A la roulette, au trente et quarante, etc., c'est jouer le
double de ce qu'on a joué précédemment.

Partie. — Division ordinaire et gain des jeux ; on dit faire gagner la partie.

Partie bredouille. — Au trictrac, c'est gagner douze points sans interruption ; à la partie simple, les points gagnés ont été interrompus

Partie carrée. — A l'hombre, huitième hasard de ce jeu, qui consiste en trois rois et une dame.

Partie liée. — Plusieurs parties jointes ensemble.

Partout (faire un). — Au domino, mettre le même nombre aux deux extrémités du jeu.

Passage ouvert. — Une seule dame sur une case.

Passe. — Troisième case latérale de la roulette ; enjeu du brelan.

Passer. — Ne point jouer faute de le pouvoir.

Passer dix. — Au passe-dix, excéder le nombre de dix, que le joueur qui porte le dé parie toujours avoir.

Pavillon. — Sorte d'instrument, ou petit étendard, avec lequel on marque le trictrac à écrire, en le plantant dans le trou de son fichet.

Peintures. — Les cartes à figures.

Perdre la queue des jetons. (Voyez ce mot.)

Petite. — La seconde couleur dans laquelle on joue au boston.

Petit papillon. — Au jeu de ce nom, faire trois cartes dans le cours de la partie.

Pic. — Au piquet, c'est quand on a compté un certain nombre de points sans que l'adversaire ait rien compté, et que l'on va en jouant jusqu'à trente.

Pièces du roi. — Aux échecs, les pions voisins du roi.

Pièces de la dame. — *Ibid.*

Pile. — Un des côtés d'une pièce de monnaie jetée en l'air ; l'autre côté se nomme *croix.*

Pile de bois ou de dames — Ce sont les dames entassées sur la onzième case du trictrac.

Pile de misère. — La case du coin du trictrac où se trouvent employées les quinze dames d'un joueur qui n'a pu encore en passer une de son jeu de retour.

Pinte. — La valeur de quatre jetons au jeu de la guinguette.

Pions. — Les dames non couvertes, les pièces ordinaires de l'échiquier. (Voy. *dame, echecs.*)

Pions doubles. — Aux échecs, deux pions de même couleur, placés sur la base perpendiculaire.

Piquet. — C'est-à-dire le jeu de cartes dont on se sert au piquet. On dit seulement *un piquet,* pour dire un jeu de trente-deux cartes.

Pirouette. — Dé qui tourne sur lui-même.

Placer. — Se dit de toutes les cartes et à tous les jeux : ce mot se prend en bonne part, et annonce un succès ; on dit place le quinola, le manille, le poque, etc., pour dire qu'ils sont joués avantageusement.

Pleine main (faire). — C'est la même chose que faire opéra. (Voy. ce mot.)

Points d'annonce. — Au *tre-sette,* qui se trouvent d'emblée.

Points de jeu. — Points obtenus par les coups divers du jeu.

Pontes. — On nomme ainsi les joueurs qui jouent tous ensemble contre un banquier.

Poque de retour. — Deux sept en main, et un troisième qui fait la retourne.

Poquer (lever le poque).— Le renvier. On dit : «Je poque d'un, de plusieurs jetons.»

Poques. — Au jeu du *poque*, ce sont les six casetins mis sur la table, qui sont marqués ainsi : l'un d'un as, l'autre d'un roi, l'autre d'une dame, le suivant d'un valet, l'autre d'un dix et neuf, et le sixième est marqué poque.

Postillonné (être). — Au trictrac à écrire, le joueur qui a moins de marques est *postillonné*, c'est-à-dire qu'on augmente son compte de vingt-huit points pour le premier marqué, et de huit points par chaque marque qui lui manque ensuite.

Postillons. — Ceux que l'on augmente par chaque marqué.

Poulans. — Au *médiateur*, au *quintille*, etc., les fiches que l'on paie aux matadors.

Poule. — Ce que l'on met au jeu. (Voy. *enjeu, prise, vade.*)

Premier en cartes. — Le joueur placé à la droite du donneur et qui joue toujours le premier : on dit aussi premier à jouer.

Prime. — A l'*Ambigu*, la réunion de quatre cartes de couleur particulière au dessus de trente points. C'est la grande prime.

Prise.—Au jeu de *maryland*, c'est l'enjeu.

Proposer. — Aux jeux de *renvi*, à l'ombre, à la bouillotte, etc., c'est ouvrir ou commencer le jeu.

Quatorze. — Au piquet, c'est quatre rois, quatre dames, quatre as, quatre valets ou quatre dix.

Quatrième majeure. — C'est, au même jeu, la réunion de l'as, du roi, de la dame et du valet.

Quatrième au roi. — Qui commence par le roi.

Quatrième à la dame. — Qui commence par la dame.

Quatrième au valet. — Qui commence par le valet.

Quatrième basse.— Qui commence par le dix. Ces quatrièmes sont aussi d'usage à la *brisque* et à plusieurs autres jeux de combinaison.

Queue de jetons. — Au trictrac à écrire, c'est le surplus des jetons après le compte de chacun quand on marque avec des jetons. On dit: «gagner la queue des jetons.»

Queue. — C'est, au jeu de la *comète*, le produit des paris.

Quine. — Au loto, la ligne des cinq numéros sortis de suite. Le double cinq que présentent les dés au trictrac.

Quinola.— Le quinola. Le valet de cœur au *reversis*.

Quinte.—Au *whist*, au *piquet*, à la *brisque*, etc., c'est la réunion de cinq cartes de la même couleur. Au piquet il y a *quinte majeure*, qui commence par l'as ; *quinte au roi*, commençant par le roi, et ainsi de suite, comme il est expliqué ci-dessus pour les quatrièmes. (Voy. *quatrième.*)

Rachel. — C'est le nom ordinaire de la dame de carreau.

Rafle. — C'est, au jeu de ce nom, un coup où les dés viennent sur le même point.

Rafle déterminée. — Rafle pariée avant de jouer.

Rafler. — Faire la rafle.

Rebours (jouer à). — Au *whist*, on entend par là jouer d'une façon opposée à celle qu'on suit ordinairement, afin de donner le change aux adversaires.

Reine. — La dame des cartes nouvelles, celle du jeu des tarots.

Refait. — Au *pharaon*, au trente et quarante. C'est un coup nul, qui a eu lieu quand le point qu'on amène pour la couleur rouge est égal à celui qu'on amène pour la couleur noire.

Refait. — Au trictrac à écrire, c'est lorsqu'un joueur gagnant reste pour avoir quelque chose de plus encore, et se trouve rejoint par son adversaire au nombre de trous exigés pour gagner la partie. A la bouillotte, c'est quand tout le monde passe.

Refait. — Au *trente-et-un*, c'est un coup qui fait gagner au banquier la moitié de l'argent qu'ont exposé les pontes. Ce coup a lieu quand, après avoir amené trente et un pour la couleur noire, le même point se reproduit pour la couleur rouge.

Réjouir (se). — Aux jeux de la *bête*, de *l'homme d'Auvergne*, etc., c'est changer la retourne qui fait l'atout pendant une, deux, et même trois fois.

Relancer. — A la *bouillotte*, offrir de jouer telle quantité de jetons de tus qu'a proposés celui qui a ouvert ce jeu.

Remplir. — On dit au trictrac : « Remplir son grand jeu, » c'est-à-dire mettre douze cartes couvertes dans la seconde table du trictrac.

Renvier. — Remettre sur ce qu'un ou plusieurs joueurs ont proposé.

Renvi. — Ce qu'on ajoute ou remet en renviant.

Renoncer. — Ne pas jouer, faute de ne pouvoir fournir une carte de la couleur jouée.

Renonce (la). — Résultat de l'action de renoncer.

Repic. — C'est, au piquet, quand dans son jeu, sans que l'adversaire compte ou parc, on compte jusqu'à trente points.

Retourne. — La carte qui marque la triomphe ou l'atout.

Retourner. — C'est, après avoir distribué les cartes, retourner celle qui suit pour désigner l'atout.

Reversis. — C'est, au jeu de ce nom, le coup par lequel on fait toutes les levées.

Revirade. — Au trictrac, c'est faire une case sur une flèche vide, avec des dames prises sur des cases déjà faites, et qui laissent une ou deux dames à découvert.

Robre. — Au whist, deux parties réunies.

Roc. — Aux échecs, le saut du roi.

Roi. — La première figure des cartes : la principale du jeu des échecs ; le roi de cœur, à la *guimbarde*. C'est aussi la réunion de deux tours de jeux,

Roquer. — Faire sauter le roi au jeu des échecs.

Rome. — Au jeu de la *romestecq*, c'est la réunion de deux valets, deux dix, deux neufs.

Rompre. — On dit « rompre le reversis, la vole, le chelem, » quand on fait une ou plusieurs levées au préjudice des joueurs qui ont entrepris ces coups.

Rompre à la bonne, à l'avant-bonne. — Rompre le reversis aux dernières levées.

Rompre les dés. — En annuler le coup. On dit aussi barrer les dés.

Rouge. Une des couleurs de cartes ; la première case latérale de la roulette.

S'accommoder. — Au jeu de *ma commère*, *accommodez-moi*, c'est demander une carte à son voisin, et échanger la sienne avec lui.

Saco. — C'est la navette, au whist.

Sauterelle. — Au jeu de *papillon*, c'est lever toutes les cartes, ou la carte seule qui resterait sur le tapis.

S'en aller. — Au trictrac, retirer ses dames.

Se carrer. — A la bouillotte, mettre au jeu autant de jetons qu'il y en a à la vade, plus un.

Se faire contenter. — Au *coucou*, échanger sa carte avec celle de son voisin de droite.

Septième. — C'est, au piquet, la réunion de sept cartes de suite de couleur semblable. Elle suit l'ordre des quatrièmes, et il y a *septième majeure*, et *septième au roi*, c'est-à-dire commençant l'une par l'as, l'autre par le roi.

Sept et le va. — C'est sept fois la première mise. On dit «quinze et le va , trente et le va, » etc., pour dire quinze, trente fois la première mise.

Séquence. — La réunion de cartes se suivant sans interruption et de la même couleur. Les quatrièmes, quintes, etc., sont des séquences.

Sixain. — On vend les cartes au sixain, c'est-à-dire en six jeux.

Sixième. — C'est une séquence de six cartes, qui suit la même marche que les quatrièmes et les quintes. (Voy. ces mots.)

Sixte. — Jeu de triomphe où le nombre de six domine.

Solo. — Au boston, voy. *indépendance*.

Sonnez. — Au trictrac, c'est le double six des dés.

Sortir. — On dit au trictrac : «sortir de son coin, » en ôter les dames.

Stramasette. — Au *tre-sette*, quand deux joueurs associés font ensemble les neuf premières levées sans qu'il s'y trouve une figure ou un as.

Souffler les dames. — Les prendre au jeu de ce nom.

Souffler les pions. — Aux échecs, les saisir.

Surcases (Voyez *batadours*.)

Surcouper. — Couper un atout par un atout supérieur.

Stramason. — Au même jeu, quand un joueur fait seul les neuf premières levées exigées pour le coup précédent.

S'y tenir. — Ne pas demander de cartes au *quinze*, au *vingt et un*, à la *ferme*, etc. Ce mot signifie, en général, ne pas demander.

Table. —Se dit au trictrac des deux côtés du tablier où l'on met les dames.

Table du petit jan. — La première table où les dames sont empilées.

Table du grand jan. — La seconde table de l'autre côté.

Table. — Ce mot se prend aussi pour les dames mêmes.

Tablier. (Voy. *Table.*)

Table de la tête, table-tête. — Au *revertier*, c'est la onzième. (Voy. *Tête.*)

Taille. Ce terme se dit de chaque fois que le banquier, au *trente et quarante*, etc., achève de retourner toutes les cartes.

Talon.—Le surplus des cartes après la distribution qu'en a faite le donneur.

Tarots. — Cartes différentes des nôtres, usitées en Espagne, en Suisse et en Allemagne.

Tenace. — Au whist, tenir le jeu.

Tenans. — Les joueurs qui tiennent.

Tenir. — A la bouillotte et autres jeux de *renvi*, c'est accepter la proposition de celui qui a ouvert le jeu. *Tenir*, au trictrac, c'est ne pas s'en aller.

Tenue.—Le résultat de l'action de tenir ; laisser ses dames dans leur première position.

Terne. — Les trois numéros de la loterie marqués sur une même ligne. Le double trois des dés au trictrac.

Tête. — La seule lame où l'on puisse mettre plusieurs dames au *revertier*.

Tirer à la plus haute ou à la plus basse carte. —Manière de connaître à qui appartiendra la donne.

Tierce. — Séquence de trois cartes : il y a la *tierce majeure*, etc. (Voy. *Quatrième, quinte, septième*, etc.)

Tour. — Au jeu précédent, c'est la partie ; aux jeux des cartes, c'est lorsque chaque joueur a jeté sa carte, et qu'on a fait la levée.

Tours. — Premières grandes pièces des échecs, qu'on place dans les cases angulaires de l'échiquier, l'une à droite, et l'autre à gauche.

Travanais. (Voy. *Case de l'écolier.*)

Trèfle. — Une des couleurs noires des cartes.

Tre-sette. — Au jeu de ce nom, la réunion de trois sept.

Tricon. — Séquence de trois cartes de semblable valeur.

Tricks. — Nom des levées au whist.

Triomphe. (Voy. *Atout.*)

Trictrac. —Nom d'un jeu à dé et à dames ; nom de la table ou tablier sur lequel il se joue ; il se prend aussi pour trou.

Trou ou trictrac. —C'est le synonyme de partie au trictrac.

Trous de trictrac. — Il en faut douze de chaque côté du tablier, percés chacun vis-à-vis les flèches.

Trousser le jeu. — Au *revertier*, le lever.

Vade. — La *poule.* (Voy. ce mot.)

Valoir (faire) ses cartes. — On fait valoir la manille, la comète, etc..., ce que l'on veut ; c'est-à-dire qu'on leur attribue le nom d'autres cartes.

Virade. — Au jeu de *vingt-quatre*, c'est la retourne.

Voler la passe. — Au *brelan*, se dit du joueur qui, ayant mauvais jeu, propose une somme considérable dans l'espérance qu'on ne tiendra pas.

Vole. (Voy. *Faire la vole.*)

L'AMBIGU (Jeu de). — Ainsi que son titre l'indique, l'ambigu est un mélange de plusieurs jeux, entre autres le romestecq, la bouillotte, etc.

L'ambigu se joue avec un jeu entier dont on a supprimé les douze figures. On conserve les autres cartes, depuis l'as jusqu'au dix. Chaque carte a la valeur des points qu'elle représente.

On y joue depuis deux jusqu'à six personnes. On convient du temps que durera la partie et du nombre de coups dont elle se composera. Le donneur est désigné par le sort. Chaque joueur met un ou plusieurs jetons, selon la convention. Cette mise s'appelle la vade ou la poule.

Le donneur distribue à chacun deux cartes en commençant par la droite.

Celui qui est content de ses cartes dit *basta (assez,* en italien), et donne le nombre de jetons convenu ; dans le cas contraire, le joueur écarte ses deux cartes ou une seule, que le donneur remplace par deux ou une de celles qui sont dessus le talon.

Le donneur mêle ensuite une seconde fois le talon, et distribue à chaque joueur deux nouvelles cartes.

Le joueur satisfait dit : je m'y tiens. Le joueur mécontent dit : je passe. Si tout le monde passe, le donneur peut changer son jeu et épuiser le talon en donnant de nouveau, ou obliger tous les joueurs à garder leurs cartes ; dans ce cas, il met deux jetons au jeu, et garde les siennes.

Quand un joueur croit avoir beau jeu, il propose tant de jetons, ce qui compose la batterie ; si personne ne la tient, il lève la batterie, et reçoit du donneur deux jetons, à moins qu'il ne fasse lui-même la vade.

Quand plusieurs joueurs veulent tenir la vade, chacun écarte.

Quand tous ont écarté, il renvie ; on ajoute des jetons par-dessus la vade ; si tous passent, la vade reste pour le coup suivant.

Si quelques uns renvient, les autres ou tiennent les jetons ou passent. Si personne ne tient le premier renvi, celui qui l'a fait lève tout, et les joueurs lui payent ce qu'il a en points. S'il est tenu, au contraire, chacun montre son jeu, afin de connaître le gagnant.

Le point. — Première chance de gain. Celui qui le gagne reçoit de chacun un jeton, emporte la poule, la vade et les renvis. Le point est une réunion de diverses cartes ; une seule ne peut le donner ; un dix seul ne vaut pas un deux et un trois réunis.

La prime. — Seconde chance de gain, formée de quatre cartes chacune d'une couleur ; celui qui la gagne perçoit deux jetons, poule, vade et renvis.

La séquence. — Cette troisième chance est semblable à celle du whist ; elle l'emporte sur le point et la prime.

Le tricon. — Quatrième chance, formée de trois cartes de même point et de couleur différente ; l'emporte sur les autres. S'il y en a plusieurs, le gagnant est celui qui a le plus de points.

Le flux. — Cinquième chance, quatre cartes de même nature; elle exige cinq jetons et tous les accessoires.

Jeu double. — Réunion de plusieurs jeux simples, par exemple, le tricon et la prime, etc.; le flux et la séquence font le même effet que le tricon et la prime.

Le fredon. — Espèce de prime composée de quatre cartes de même valeur; celui qui a cette chance reçoit huit jetons des autres, et deux ou trois pour la prime qu'elle contient; il enlève tous les accessoires.

Les renvis. — Celui qui a fait le second renvi ne peut renvier ensuite au-dessus des autres qui ont été, dès que les renvis sont donnés pour la seconde fois. On peut, d'un commun consentement, régler les renvis, afin de ne point faire une trop grande perte; chacun ne peut perdre ni gagner que ce qu'il a de jetons devant lui ou qu'on lui doit. Quand on a perdu tous ses jetons, on prend de nouvelles marques, mais que l'on paie auparavant. Quoiqu'on n'ait rien de reste devant soi, on ne laisse pas de payer la valeur du jeu à celui qui le gagne, c'est-à-dire le prix des diverses chances.

AS QUI COURT (jeu de l'). On prend un jeu de cartes entier; on donne une carte à chacun des joueurs; le premier qui est à côté de celui qui a donné, s'il n'est pas content de sa carte, la change avec son voisin, le voisin avec le suivant; ainsi de suite, jusqu'à celui qui a donné; après quoi on retourne les cartes, et la plus basse paie un jeton: l'as est la plus basse.

Si j'ai un as, que je le donne à mon voisin, et qu'il m'en rende un, alors je paie, parce que c'est la première des plus basses cartes qui paie. Quelquefois on change un deux pour un as, un trois pour un deux. Alors celui qui a donné une carte inférieure à celle qu'il a reçue, doit s'y tenir; s'il a donné un deux pour un trois, il risquerait, en changeant son trois avec son voisin, de trouver un as; au lieu qu'en disant : « Je m'y tiens,» et en ne changeant point, il est sûr de ne pas payer.

On ne peut pas obliger ceux qui ont des rois de changer; ceux qui en ont peuvent même, s'ils le veulent, les découvrir tout de suite.

L'as revient souvent à celui qui a donné les cartes, à moins qu'il ne soit arrêté dans sa course par un roi; alors celui-ci peut, quand il n'est pas content de sa carte, en tirer une autre du jeu.

Dans plusieurs pays, le roi renvoie à l'as ou à la plus basse carte; c'est-à-dire qu'en tirant un roi, on revient à la carte qu'on avait: le tout dépend des conventions qu'on fait en se mettant au jeu.

BATAILLE (jeu de la). Ce jeu est fort simple et n'est ordinairement joué que par les enfans.

Deux enfans se partagent également un jeu de cartes, c'est-à-dire chacun deux as, deux rois, deux dames, et ainsi de suite. Après en avoir formé deux tas, l'un retourne la première carte de ce tas, l'autre l'imite: le point est à celui qui a la plus forte. Il met les deux cartes dans son tas. Si les deux cartes ont la même valeur, on dit : Bataille ! et l'on joue pour savoir à qui sera la victoire. Quelquefois, il y a double, triple et quadruple bataille, et celui qui joue une fois quand l'autre a mis un deux, emporte toutes les cartes de l'autre, gagne la partie. Les cartes ont leur valeur ordinaire.

BELLE (la). (*Jeu triple du flux de trente-un et de la belle.*) On fixe le nombre des coups de la partie. On prend un enjeu de vingt-cinq jetons, et on en met dans trois corbillons : un pour la belle, deux pour le flux, trois pour le trente et un, et toujours dans cette proportion.

Le donnant désigné par le sort donne deux cartes à chaque joueur du côté blanc, puis une carte retournée. La plus haute des cartes retournées gagne le corbillon de la belle. L'as, qui vaut onze, pour le trente et un et le flux, est pour la belle au-dessous des figures. On regarde ensuite si on a le flux, trois cartes de même couleur. Si personne ne gagne le flux, on le réserve pour le coup suivant, en augmentant la mise.

On examine ensuite le trente et un. Ceux qui sont trop loin de ce nombre demandent carte ; on ne peut donner une seconde carte à un joueur qu'après que tous ont passé. Le donnant n'en peut prendre qu'une seule et après tous les autres. Si on est trop près de trente et un, on s'y tient. Celui qui a trente et un gagne. En cas de concurrence, c'est celui qui l'obtient le premier qui gagne. Si plusieurs déclarent à la fois leur trente et un, on remet à la partie suivante. Quand personne n'a trente et un, c'est le partenaire le plus proche qui gagne. On donne aux jetons la valeur qu'on veut.

BÊTE (jeu de la). Ce jeu est le même que celui de la mouche. Seulement on dit *bête* au lieu de dire *mouche*. Le jeu de la mouche est préféré à celui de la bête.

Bête hombrée. C'est un diminutif de l'hombre ; on y joue deux, trois, quatre ou cinq personnes, avec un piquet et des jetons ; chaque joueur reçoit cinq cartes. On agit comme dans l'hombre.

Les différences sont qu'il ne faut que trois levées pour gagner le coup ; il n'y a qu'une couleur de triomphe ordinaire : quand les joueurs passent sans renvier, le premier joueur la nomme à son gré. Celui qui réunit dans son jeu le roi, la dame et le valet d'atout, a les trois matadors ; s'il a de plus l'as et le dix de semblable couleur, il a cinq matadors valant chacun un jeton. Quand il entreprend la vole, et qu'il la manque, il paie le jeton au lieu de le recevoir.

Pour avoir codille, il ne faut que trois levées.

Le joueur qui renonce, ou qui, ayant deux cartes de la couleur jouée, dont une supérieure et l'autre inférieure, fournit cette dernière, fait la bête.

Quant à la vole et aux bêtes, voyez au *jeu de l'hombre.*

BOSTON (Le). Le Boston indique suffisamment une origine américaine. C'est un jeu qui exige beaucoup d'attention et qui est cependant peu compliqué; il procure un plaisir très-vif par la variété des chances et des combinaisons. Il se joue à quatre, deux contre deux; chacun a un panier de cent vingt fiches.

Un panier rond contient la mise du joueur.

On tire les places comme aux autres jeux, et on les conserve durant toute la partie qui se joue en dix tours.

Pour la donne, le premier prend une place au hasard. Un joueur prend un jeu qu'il divise en quatre parties. Celui dans la part duquel se trouve la dame de cœur, ou toute autre désignée à l'avance de commun accord, doit donner le premier.

Le jeu de cartes est de cinquante-deux; il y a quatorze atouts, le valet de carreau (*Boston*), et les treize cartes de la couleur dont on joue.

Lorsque l'on joue en carreau, le valet de cœur devient Boston, et celui de carreau n'est plus qu'un simple atout à son rang.

En quelque couleur que l'on joue, *Boston* est toujours atout; il est maître et prend tout; ensuite viennent l'as, le roi, etc., etc.

A chaque coup, le jeu se règle par la demande d'un des joueurs de la couleur dont il veut jouer.

Celui qui donne les cartes met le panier à sa droite et y dépose le nombre de fiches fixé par les conventions des joueurs (dix d'ordinaire); il fait couper, et donne jusqu'à la dernière, qui indique la couleur de l'atout, et qu'il retourne et place à découvert sur le tapis jusqu'à ce que la première levée soit faite.

A ce jeu toute carte vue entraîne refait. Si la carte est vue par la faute de celui qui donne, la main passe au suivant.

Le premier qui donne tourne, après que chaque joueur a reçu douze cartes, la première du talon (la 49e). Cette carte se nomme la *belle*, et reste la belle jusqu'à la fin de la partie.

A chaque donne, on tourne ainsi la première du talon, mais alors la carte retournée n'est qu'*en petit*, et le joueur conserve la faculté de jouer *la belle*.

On ne peut jouer dans les quatre couleurs qu'en demandant à faire le jeu seul, l'*indépendance*.

Évitez la multiplicité des couleurs, la passe augmentera la corbeille.

Le joueur qui donne répond de tout ce que contient la corbeille. Il la place à sa droite et veille à ce qu'elle soit garnie avant la coupe des cartes

Une fois les cartes coupées, on ne peut plus rien enlever de la corbeille Les gagnans qui auraient oublié d'en retirer leur gain n'y ont plus de droit et tout ce qu'elle contient appartient d'avance à ceux qui gagneront le coup suivant.

1. Chacun parle à son tour pour pouvoir être d'accord sur le réglemen du jeu après les cartes distribuées, ou pour fixer la couleur ou la passe.

2. Le jeu se joue à deux contre deux, lorsqu'il n'y a pas de demande d'*indépendance*.

3. Celui qui a dit une fois *je pcsse* ne peut revenir sur sa parole, de même si, *au contraire*, il dit je demande, il ne peut se rétracter sous prétexte d'erreur.

4. Quand les quatre joueurs passent, la corbeille reste dans son état, et le coup suivant est double. Si le premier joueur demande, le second a droit de le soutenir ou de passer ; si le second soutient, la société se trouve établie entre les deux joueurs, si bien que les deux autres se trouvent associés pour les empêcher de faire les levées et de ramasser le contenu de la corbeille.

5. Si le second joueur passe, la parole est au troisième, puis au quatrième Si cependant les trois premiers joueurs ont passé, et que le quatrième demande, la parole revient nécessairement au premier; mais il ne peut qu'accepter. Si ce premier passe encore, la parole reviendra successivement aux autres.

6. Quand un des quatre joueurs a demandé et qu'il n'est accepté de personne, il est obligé de jouer seul, et les autres joueurs se réunissent pour le faire perdre; il n'est alors tenu qu'à cinq levées.

Lorsqu'un joueur demande en petit, un autre joueur peut annuler cette demande par une autre belle. Malgré cela, le joueur qui aurait fait la demande en belle peut être repoussé par un autre joueur qui n'aurait pas encore parlé, et qui offrirait de jouer seul en l'une des deux autres couleurs. Ce cas particulier se nomme proposer l'indépendance ou le colo.

Le joueur qui avait demandé le premier à jouer en petite couleur peut aussi rejeter le colo proposé dans l'une des deux couleurs indifférentes, en offrant de jouer le colo dans la couleur de retourne. Mais il peut lui-même être repoussé par le demandeur en belle, en offrant de jouer seul en belle couleur. Toute cette marche peut être annulée par l'offre d'un joueur de faire seul neuf levées dans la couleur qu'il proposera.

Si aucun joueur ne demande la préférence, à offre égale dans la belle ou la petite couleur, ou à offre supérieure dans une autre couleur, la parole reste à celui qui a proposé de faire seul les neuf levées.

Il faut, pour gagner le coup, et ramasser la corbeille, avoir fait huit levées.

Le demandeur et l'accepteur, s'ils n'ont pas fait huit levées, perdent le coup, et mettent au panier autant de jetons qu'il en contient : cela s'appelle *faire la bête*. Ils paient en outre aux adversaires ce qu'ils en auraient reçu en cas de gain.

Chaque joueur qui demande et qui n'est accepté de personne, joue seul, et s'il fait cinq levées, il prend seul la corbeille et reçoit son paiement des autres joueurs.

Il est expressément défendu de relever aucune des cartes jouées pour s'assurer de celles qui sont passées ; il est cependant permis de demander à voir la dernière levée, si la suivante est encore sur le tapis.

Le chelem a lieu lorsque deux associés font tout. Gagnant en belle, ils reçoivent la corbeille et 96 fiches ; en petit, la moitié seulement. Si le joueur n'a pas proposé l'indépendance, il ne recevra que la moitié, outre la corbeille.

Le coup du chelem est souvent le résultat d'une inattention du joueur qui, avec un jeu d'indépendance, propose une société qui n'est pas acceptée.

Il y a deux sortes d'indépendance, la petite et la grande. La première exige six levées; la seconde, huit. La demande se fait en toute couleur.

Le joueur qui n'a qu'un très-petit jeu demande *misère*.

La misère consiste à ne faire aucune levée.

Elle se joue sans écart ou avec écart d'une carte. Les autres joueurs, dans ce cas, écartent une carte également.

La demande de misère annulle toutes les demandes précédentes ; les trois joueurs se trouvent réunis pour attaquer celui qui veut se faire faire chelem.

Dans la misère il n'y a pas d'atout ni de boston, par conséquent le coup ne peut être qu'en petite couleur, et la demande doit s'en faire par le joueur dont le tour est à parler ; car ayant demandé à jouer en société ou en couleur, s'il a accepté ou passé, il ne peut plus préparer la misère.

Si cependant ce joueur gagne le coup, il ne reçoit ni ne paie boston, puisqu'il a anéanti boston. Il ne recevra simplement des trois joueurs que le paiement du chelem en petite couleur.

Mais aussi, s'il vient à perdre le coup d'une seule levée, on ne lui paie pas boston s'il l'a ; et si au contraire il ne l'a pas, il le paie, non-seulement pour lui, mais encore aux trois autres joueurs sa misère manquée.

La coupe n'est pas forcée : quand on n'a pas de la couleur demandée, on peut se défaire de ses mauvaises cartes.

Le joueur qui, en ayant, ne donne pas de la couleur demandée, y doit être contraint.

Le joueur qui, se croyant certain de faire le reste des levées, écarte sur table ce qu'il a encore de cartes dans la main, est obligé de faire toutes les levées ; s'il manque d'une, il perd toutes ses levées.

La *renonce*, c'est s'abstenir du jeu avant de commencer. On peut aussi renoncer pendant la partie; mais le renonçant en société nécessaire répond du tout. S'il fait six levées avec son associé, il double la corbeille ; s'il ne fait que cinq levées, il prend la corbeillle, et paie la bête à la corbeille par autant de fiches qu'elle en contenait. Si le coup est gagné en indépendance, le renonçant paie la belle, puis le coup et la consolation; s'il est perdu, il double la corbeille, et paie à ses partenaires ce que le perdant du solo devait leur compter.

Le joueur en solo qui a commencé, et qui perd le coup, porte à la corbeille une première belle, et une seconde pour sa renonce.

Celui qui coupe en renonçant garde la levée et paie aussi la bête.

Le devoir de huit levées s'appelle *consolation*.

Voici la liste des paiemens qu'on doit exiger avant un autre coup commencé :

Pour le boston, deux fiches, de chacun en tour simple, et quatre en tour double.

Pour huit levées en tour simple, deux fiches, et deux de plus pour chaque levée, jusqu'à douze inclusivement.

Pour treize levées, vingt fiches.

Après une demande en belle, acceptée et gagnée, quatre fiches pour le devoir, et quatre pour chaque levée en sus, jusqu'à douze ; pour treize levées, soixante-douze fiches.

Pour indépendance en belle, le double.

Dans la demande en petite, acceptée et perdue, les défenseurs de coup gagnent deux fiches pour le devoir manqué, et deux pour les levées perdues; pour les suivantes, deux fiches par chacune, jusqu'à quatorze inclusivement; pour la septième, quinze; pour la huitième, dix huit, et deux pour chacune des suivantes jusqu'à douze; pour treize levées, cinquante-six fiches ;

Dans la demande en belle, le double.

Dans l'indépendance en petite, perdue, seize fiches pour la manque; pour une levée, vingt fiches, et quatre pour chacune des suivantes jusqu'à douze ; pour vingt-trois levées perdues, cent trente-six fiches ;

Dans l'indépendance en belle, le double.

Dans la demande en petite, non acceptée et gagnée, pour cinq levées, deux fiches, deux pour chacune des suivantes jusqu'à cent soixante-treize ; pour huit levées en sus de devoir, trente-six fiches, plus le devoir double ;

Dans une demande en belle, pour huit levées le double.

Dans la demande en petite, non acceptée et perdue, le joueur paie à chacun, pour son devoir non rempli, deux fiches; pour cinq levées, vingt fiches, plus le devoir double.

Dans la demande en belle, le double.

Dans tous les tours doubles, les paiemens sont doublés; ainsi, la gain de la demande en belle acceptée se paie quatre-vingt-seize fiches.

BOUILLOTTE (jeu de la). La bouillotte fait fureur aujourd'hui dans tous les salons. C'est le jeu obligé; ajoutons qu'il est un des plus amusans.

La bouillotte se joue avec un jeu de piquet, dont on extrait les sept ; le nombre de cartes se trouve ainsi réduit à vingt-huit.

Ordinairement on joue à cinq. La mise de chaque joueur est de cinq jetons et cinq fiches, valant chacune cinq jetons.

Pour déterminer les places, on prend dans le jeu cinq cartes, un as, un roi, une dame, un valet et un dix; peu importe qu'elles soient de même couleur : on les mêle : chaque joueur en prend une, qui règle sa place.

Quoique l'as soit la première carte du jeu, cependant il est d'usage que ce soit le roi qui donne les cartes le premier.

Avant de donner les cartes, chaque joueur met un jeton au jeu, celui qui fait mettant le dernier; la personne première en cartes peut, si elle juge à propos, *se carrer*, ce qui se fait en mettant au jeu autant de jetons qu'il y en a, plus un; le second joueur peut décarrer le premier en doublant le jeu, plus un jeton.

Il y a cet avantage à être carré , que si tout le monde passe, la carre et le jeu vous appartiennent ; et que si quelqu'un fait le jeu, vous parlez le dernier, et pouvez ainsi retenir.

Lorsque le jeu est fait, celui qui a mêlé les cartes en donne trois à chaque joueur, en les donnant une par une, puis il en retourne une.

Le reste des cartes (le *talon*) se place à la droite.

Le premier en cartes, quand il n'est point carré, garde le silence, s'il voit le jeu seulement, c'est-à-dire les cinq jetons de mise; on annonce et on ouvre le jeu, s'il voit plus; ou s'il ne voit pas le jeu suffisant, passe.

D'ordinaire un bon joueur passe premier avec beau jeu pour laisser engager les autres joueurs, et pouvoir les relancer.

Lorsque le premier joueur a parlé, les autres parlent successivement, soit en tenant le jeu ouvert, en passant, ou en relançant celui qui a ouvert le jeu, c'est-à-dire en offrant de jouer plus que lui une quantité quelconque de fiches ou de jetons au-delà de celle qu'il a engagée.

Lorsqu'un joueur relance, ceux qui ont ouvert ou vu le jeu sont obligés ou de tenir, c'est-à-dire de risquer ce que l'on propose , ou de renoncer, en payant au relançant autant de jetons qu'il y en a au jeu, ou autant qu'ils ont proposé ou accepté d'en tenir. Ils peuvent de leur côté réclamer.

Quand tout le monde a parlé, si deux ou plusieurs joueurs tiennent , tous abattent leur jeu ; et les deux tenans ajoutent à leur point les cartes de même couleur qui se trouvent dans les autres jeux.

Celui qui a le plus fort point , le tout additionné, gagne le coup. En cas d'égalité de points, le premier en cartes gagne.

Les cartes se comptent comme au piquet ; l'as compte onze points, les figures dix, et les autres cartes les points marqués.

L'as est la première carte du jeu, et attire à elle les autres cartes de la couleur qui sont sur le jeu.

Quand tous les joueurs passent, on remet un jeton et on retourne, à moins de carrage.

Tous les joueurs , au-dessus de celui qui ouvre , peuvent revenir après avoir passé, et tenir ou relancer , si le jeu n'est pas ouvert ; mais quand un joueur a ouvert le jeu, ceux qui ont parlé ensuite ne peuvent plus rien faire, et le premier est soumis à ceux qui tiennent contre lui.

En cas de plusieurs tenans, le voisin de celui qui ouvre le jeu déclare le premier ce qu'il joue, et les autres ensuite.

Si le premier ne tient que le jeu et est relancé, il est contraint de tenir ou de renoncer.

On ne peut jouer que ce qu'on a devant soi ; c'est faire son va-tout ou *être carré*. Le joueur qui perd tout, et se retire, est dit *carré*.

Le brelan simple est composé de trois cartes de même valeur. Il donne deux jetons au jeu, et en reçoit deux de chaque joueur.

Le brelan carré donne et reçoit le double. Il se compose de trois cartes semblables à la retourne. Avoir jeu fait, c'est avoir trente et un, vingt et un et la retourne. On peut perdre cependant en relançant avec ce jeu, s'il ne se trouve dans le jeu des autres qu'une carte de votre couleur, tandis qu'en levant avec un as seul, ou un roi qui entraîne à défaut de l'as, on entraîne tous les autres as ou rois.

On ne joue pas moins que le jeu quand plusieurs tiennent. Le plus près à droite de celui qui ouvre déclare combien il joue, sauf la relance. Quand tout le monde passe, on met sous le flambeau, pour les cartes, un jeton de la seconde mise.

Une seconde fois, on ne met rien ; une troisième fois, on donne deux jetons. Quand une carte est retournée dans le jeu, on refait, après avoir continué la donne pour voir s'il y a des brelans.

Les parties à la bouillotte ne sont point limitées. Chaque joueur décarré peut être remplacé par un autre.

BRELAN (jeu de). C'est une espèce de reversis. Chacun a trois cartes. Le brelan était autrefois divisé en brelan carré et brelan bouillotte. Ce dernier s'est confondu avec la bouillotte. (Voy. ce mot.)

L'ordre des places, la parole et les relances sont les mêmes qu'à la bouillotte.

Le brelan tricon ou carré est le plus fort. Il est composé de trois cartes de la couleur de la retourne.

Les brelans d'as, de rois, viennent ensuite. On appelle brelan trois cartes semblables. On joue ce jeu à trois, quatre ou cinq personnes.

Dans le brelan favori, on convient de payer double.

Les remplaçans des joueurs décavés s'appellent rentrans.

L'argent qu'on met au jeu, chaque fois, s'appelle la passe. Mettre au jeu seulement ce qu'on est forcé d'y mettre, c'est filer.

La carte fausse est celle dont on n'a pas l'as. La cave est le fonds que chaque joueur a devant soi.

Quand il y a deux brelans, les deux porteurs reçoivent. Jouer le tapis, c'est jouer la passe, quand on n'a rien devant soi ; voler la passe, c'est avoir mauvais jeu et proposer beaucoup dans l'espoir de n'être pas accepté.

BRELAN DE VALETS (le). Il se joue avec un jeu de piquet. On tire à qui donnera. On donne trois cartes à chacun. Trois sont étalées sur la table ; le reste est au talon.

Le but du jeu est de faire brelan, c'est-à-dire d'avoir trois cartes de même espèce. Le brelan de valets est le plus fort. Si on l'a d'emblée, on gagne sans jouer. A son défaut, les autres gagnent.

Si personne n'a de brelan, chaque joueur prend des trois cartes qui restent une et même deux qui lui conviennent, et laisse les siennes. S'il ne veut prendre de cartes, il dit : Je passe. On recommence ainsi jusqu'à ce que l'un des joueurs ait le brelan de valets. Chaque brelan paie un jeton à celui qui lui est immédiatement supérieur.

BRISQUE (jeu de la) ou du **MARIAGE**. Ce jeu se joue à deux avec un jeu de piquet. On prend chacun cinq cartes, la onzième sert d'atout, et le donneur peut la changer, quelle qu'elle soit, avec le sept d'atout, s'il l'a en main.

A mesure que l'on fait une levée, on prend une carte au talon, et l'on a le droit de rejouer.

Avant de commencer la partie, on convient du nombre de points que l'on veut faire ; ce nombre est ordinairement de six cents. Il y a dans ce jeu à peu près les mêmes séquences qu'au piquet. Quand une fois on a compté une tierce, une quatrième ou une quinte dans une couleur, les cartes qui ont servi à former l'une des trois ne peuvent plus valoir, si ce n'est dans le cas de quatre as, quatre rois, quatre dames, quatre valets ou quatre dix. Si vous comptez une tierce à la dame, et après avoir jeté le dix, si vous tirez le roi, bien que ce roi avec la dame et le valet que vous avez en main forment une nouvelle tierce, elle ne peut valoir ; mais si, après cela, vous venez à avoir quatre dames ou quatre valets, vous pourrez en compter la valeur. Il en sera de même pour les autres tierces, quatrièmes ou quintes.

Lorsqu'après avoir compté une tierce, une quatrième ou une quinte à la dame, on lève le roi, et que la dame est encore dans le jeu, le mariage ou la brisque a lieu. On donne aussi le nom de brisque aux diverses séquences.

BRUSCAMBILLE (jeu de la). Ce jeu se joue de trois à cinq personnes en supprimant deux sept au hasard : en nombre pair, avec un piquet entier ; à quatre, on s'associe deux contre deux.

On convient du prix de la partie, de l'enjeu et du nombre des coups. Les dix et les as s'appellent bruscambille. Chacun reçoit trois cartes : la dernière, que le donneur garde, est l'atout ou triomphe. A mesure qu'on joue une carte, on en prend une autre au talon, jusqu'à la fin des cartes. L'as d'atout acquiert deux jetons au joueur qui le place ; les autres as, deux jetons, pourvu qu'on fasse la levée. Si les as sont coupés par des atouts, leurs placeurs paient deux jetons à chaque joueur. Les dix se paient suivant les mêmes règles, mais seulement un jeton.

COMMERCE (jeu du). Ce jeu se joue depuis trois jusqu'à dix ou douze personnes avec un jeu de cartes entier : elles conservent leur valeur naturelle, à l'exception de l'as qui vaut onze et qui lève le roi ; le roi lève la dame, et ainsi des autres.

Le donneur (banquier) distribue en une fois, ou l'une après l'autre, trois cartes à chaque joueur ; la première manière est préférable, afin d'éviter d'amuser le tapis, c'est-à-dire de jouer avec lenteur.

Chacun prend un certain nombre de jetons, vingt-cinq ou trente par exemple, leur donne une valeur quelconque, et en met un au jeu en commençant. Les coups essentiels au jeu du commerce, c'est de tirer au point, à la sequence et au tricon (voyez ces mots dans les jeux de l'ambigu , du whist, etc.); le tricon gagne de préférence à la séquence, et celle-ci pré-férablement au point.

Après que les cartes sont distribuées, le banquier ne tourne point, car ce jeu n'a pas d'atout; il met le talon devant lui, en disant : « Qui veut com-mercer? » Le premier en cartes, après avoir examiné son jeu, garde le silence s'il ne veut point commercer, ou dit « pour argent, ou troc pour troc, » ainsi qu'il le juge à propos; il en est de même pour tous les autres joueurs.

Commercer pour argent. — C'est demander au banquier une carte du talon à la place d'une autre carte que donne le commerçant; pour avoir cette carte du talon, il faut payer un jeton au banquier; la carte donnée en échange est mise dessous le talon.

Commercer troc pour troc. — C'est changer une carte avec son voisin de droite, et il n'en coûte rien pour cela: ainsi chacun des joueurs, l'un après l'autre, et suivant son rang, commerce jusqu'à ce qu'il ait trouvé, ou que quelque autre ait obtenu ce qu'il cherche.

Le joueur qui le premier a rencontré le point, la séquence ou le tricon, montre son jeu, et n'est point obligé d'attendre que les autres commer-çans recommencent le tour lorsqu'il est fini; et si celui qui a un certain point auquel il veut se tenir, étend son jeu avant de commercer, ceux qui, du même tour, viennent après lui, ne peuvent commercer et s'en tiennent à leur jeu; si ce joueur-là était premier, personne ne commencerait.

Lorsque un des joueurs a ainsi arrêté le commerce, celui qui a le plus fort point, la plus haute séquence, ou enfin le plus fort tricon, gagne, et l'on recommence un autre coup. La donne passe à chacun à tour de rôle.

Le banquier commerce à la banque, et ne donne rien à personne.

Dans le cas où il ne se trouve dans un coup ni séquence, ni tricon, et qu'entre plusieurs joueurs le point soit égal, le banquier gagne la poule, de préférence aux commerçans; et quoiqu'il ne donne rien pour commer-cer et prendre des cartes du talon, il tire un jeton de chacun quand il ga-gne la partie.

Le banquier commerce au troc comme les autres, et doit fournir à son voisin de gauche une carte de son jeu, quand celui-ci veut commer-cer au troc avec lui.

Voilà bien des avantages; voici maintenant les inconvéniens.

Quelque jeu qu'il puisse avoir en main, le banquier, lorsqu'il ne gagne pas la poule, est forcé de donner un jeton au gagnant, parce qu'il est censé avoir toujours été à la banque. S'il se rencontre avoir point, séquence ou tricon, et que, malgré tout cela, il ne lève pas la poule, parce qu'un autre joueur aurait ces coups plus forts, il donnerait un jeton à chaque joueur, ce que les autres ne sont point tenus de faire.

CUL-BAS (jeu du). Dans ce jeu, cinq ou six personnes jouent avec un jeu de cartes entier. La donne se tire à la plus basse carte. Le donneur distribue, par deux et trois, cinq cartes à chacun, et étale huit cartes de dessus le talon, qu'il laisse ensuite de côté.

Chaque joueur regarde s'il n'a pas de cartes pareilles aux cartes étalées. Il peut changer la couleur, ainsi troquer un roi de cœur pour un roi de pique. Il peut aussi troquer un trois contre trois as, ou tout autre point pour la monnaie de ce point.

On dit de celui qui ne trouve pas de cartes semblables aux siennes qu'il fait cul-bas. Le joueur suivant peut le tirer de ce mauvais pas en s'arrangeant de ses cartes, s'il n'en trouve pas à échanger avec celles étalées.

On ne peut lever qu'une carte à la fois ; cependant, si on a trois dames, trois valets, on peut avec les trois cartes de valeur égale prendre un valet ou une dame étalés.

Quand trois sept ou trois huit sont sur le tapis, celui qui a le quatrième peut lever les trois autres.

Le joueur qui a quatre cartes pareilles peut les écarter toutes.

Celui qui s'est le plus tôt défait de ses cinq cartes gagne l'enjeu, et reçoit des joueurs autant de jetons qu'il leur reste de cartes.

Le jeu de cul-bas, qui ressemble à celui du papillon, est aujourd'hui presque abandonné.

ÉCARTÉ (jeu de l'). L'écarté a été adopté par la mode, et se joue dans presque tous nos salons. Son usage général a donné lieu à la fabrication de tables d'écarté, à pied croisé, et de boîtes d'écarté en bois de citronnier, au milieu du couvercle desquelles le mot *Écarté* est incrusté en clous d'acier. L'intérieur de ces boîtes est partagé en trois compartimens longitudinaux ; deux jeux de cartes sont dans les cases latérales, posés chacun sur un ruban qui sert à les enlever. La case du milieu contient, d'un côté, quatre jetons bleus ; de l'autre, quatre jetons rouges.

On convient de l'enjeu. La donne appartient à la plus forte carte. Le donneur distribue cinq cartes, par trois et deux, ou deux et trois.

A ce jeu, les cartes ont leur valeur ordinaire, c'est-à-dire que le roi emporte la dame, la dame le valet, etc.

La retourne est atout : si on tourne le roi, il compte pour le donneur. Celui qui l'a en main le marque ; mais il doit l'annoncer avant de jouer, soit verbalement, soit en le jouant de suite, soit en le montrant.

Le premier à jouer propose d'écarter, s'il a de mauvaises cartes ; il doit demander de suite toutes les cartes qu'il désire, et ne peut toucher à celles qu'il a mises à l'écart.

On place l'écart de côté à l'opposition du talon. Le joueur est libre d'accepter ou de refuser des cartes. Celui qui joue sans écarter perd deux points s'il ne gagne pas le coup. On peut proposer plusieurs fois.

En cas de mauvaise donne, le coup ne se joue point, et la main passe à l'adversaire ; mais si après donne sur écart le donneur reconnaît avoir moins de cartes qu'il ne lui en faut, il complète son jeu avec celles que l'adversaire a jetées; ou si ce dernier a montré son écart, il complète son jeu avec une carte du talon.

Quand, après donne sur écart, on a plus de cinq cartes, et qu'on s'en aperçoit, on fait tirer au hasard les cartes superflues, qui sont mises à l'écart.

Quand, dans ce cas, on joue sans s'en apercevoir, on perd le point, et, en outre le droit de compter le roi. Quand le joueur n'a pas mêlé les cartes de la seconde donne avec celles de la première, et qu'il s'aperçoit qu'il en a reçu plus qu'il ne lui en faut, la réduction s'opère sur les secondes cartes reçues.

Si, en donnant sur écart, on retourne par mégarde comme la première fois, l'adversaire peut demander un second écart, qui ne saurait lui être refusé.

Le coup est nul, si dans le jeu il y a des cartes de la première donne retournées, à moins qu'il n'y ait que la onzième. S'il y a des cartes retournées au-dessous de la douzième, que le coup soit joué sans réclamation, et qu'on n'ait pas porté ces cartes à vue, le coup est valable.

Le gagnant est celui qui fait le plus grand nombre de levées. Celui qui fait cinq levées ou la vole gagne le point.

Quand on n'a pas de la couleur demandée, on coupe avec un atout, et à défaut d'atouts, on donne une carte quelconque, et de préférence les plus faibles.

FERME (jeu de la). C'est la banque, que l'on désigne sous ce nom : toutefois cette banque n'est pas redoutable comme celle des jeux de hasard. Plus on est de joueurs, plus la ferme est intéressante; on y joue jusqu'à dix ou douze. Le jeu de cartes dont on se sert doit être entier, excepté les huit, parce que si on les y laissait, le nombre seize arriverait trop fréquemment, et l'on déposséderait trop tôt le fermier. Par le même motif, on ne laisse que le six de cœur, en supprimant les trois autres, parce que leur rencontre avec les dix amènerait trop fréquemment seize. Le six de cœur est nommé par excellence, le brillant.

Ces préliminaires font pressentir qu'il faut faire seize pour gagner : effectivement, ce nombre est l'objet principal du jeu. Les cartes valent ce dont elles sont marquées, l'as un point, ainsi des autres; chaque figure dix.

Le donneur est le fermier; le sort le désigne, et il prend alors la ferme à un prix quelconque, dix, quinze ou vingt sous, et même plus haut, selon que l'on fait valoir les jetons; il met à part sur un coin de la table le prix convenu pour la ferme, puis il mêle, fait couper, et donne à chacun des joueurs une carte du dessus du jeu; alors il s'arrête et regarde le premier à jouer, en tenant toujours le talon à la main : celui-ci demande carte, et le donneur lui en donne une prise dessous le talon. Si le joueur n'est point satisfait, il répète carte, et il est servi de nouveau de la même manière; s'il n'en veut pas davantage, il dit : « Je m'y tiens. » Tout le monde agit ainsi afin d'en avoir seize. Celui qui a un certain nombre de points, et qui craint de passer le nombre seize, est libre de s'y tenir, et de ne point prendre de carte et ne donne rien en ce cas au fermier, mais il perd l'espérance de le déposséder; celui qui, prenant une seconde ou troisième carte, dépasse le nombre exigé pour déposséder le fermier, c'est-à-dire le nombre seize, lui paie autant de jetons qu'il le surpasse de points. Par exemple si, ayant un dix en main, il lui arrive une figure, il paiera quatre jetons au fermier, parce qu'ayant vingt, il dépasse seize de quatre points, il en est ainsi pour les autres joueurs. Il va sans dire que lorsqu'on a justement seize, en dépossédant le fermier, on gagne le prix de la ferme; ainsi que les jetons que chacun a mis en commençant au jeu : outre cela, on en prend l'emploi, à moins qu'il n'ait été convenu que le fermier n'aurait pas de successeur, ou que chacun le sera à son tour.

Lorsqu'on a un point approchant de seize, il est, pour deux raisons, convenable de s'y tenir : l'une, parce qu'on ne court pas le risque de payer au fermier; et l'autre, parce que l'on peut gagner le jeton que chacun a mis au jeu, et que celui qui a le point le plus voisin de seize gagne, lorsqu'il ne se trouve personne qui dépossède le fermier.

Il semble que la condition de celui-ci ne soit pas avantageuse; mais il n'en est rien; car il est suffisamment indemnisé par les jetons que chaque joueur lui donne du surplus des seize points.

Quand il y a deux points égaux pour tirer le jeu, celui qui a la primauté le gagne.

FRELUCHE (Jeu de la). Quoique fort simple dans ses combinaisons, le jeu de la freluche est extrêmement plaisant.

On joue quatre personnes avec un jeu de piquet; chacun prend cinq cartes. On met au jeu deux fiches et cinq jetons; les jetons valent un, les fiches dix. Le donneur met le talon en écart; le premier en cartes jette la couleur qui lui convient. Ceux qui n'ont point de la couleur demandée disent : « freluche, » et passent. Celui qui s'est débarrassé le premier de ses cinq cartes est le gagnant. Alors les cartes qui restent dans la main des joueurs paient selon le nombre des points : on compte dix points par figure. Celui qui perd vingt-cinq points de suite est mort, et le jeu continue entre les autres.

Le jeu est de se débarrasser de ses points les plus forts.

GILLET (jeu du). Ce jeu se joue à quatre personnes, avec un piquet; la donne se tire au sort. Chacun met un jeton ou plus dans deux corbillons, et reçoit trois cartes.

Coups du jeu. Gé : un des corbillons est pour le gé le plus fort. On appelle gé deux cartes semblables. Celui qui a deux dames, par exemple, l'annonce. Celui qui a deux rois, ou deux as, renvie, et perd l'argent de gé et des autres renvis.

Le tricin, trois cartes semblables. Le moindre tricin annulle le gé le plus fort.

Flux ou point, trois cartes de semblable couleur. Un second corbillon est réservé pour le flux. On joue ce coup après celui du gé. Pour le flux, deux as valent vingt et un et demi; ou bien deux as et un roi, ou une autre carte valant dix, font vingt et un et demi. Les autres cartes ont la valeur ordinaire.

GUINGUETTE (Jeu de la). On joue à ce jeu trois à huit personnes. Si l'on est quatre, on ôte les petites cartes jusqu'au cinq, en commençant par les as. On tire la donne au sort. On met les jetons dans plusieurs boîtes. Il y a une boîte pour chaque coup du jeu.

Coups du jeu. Guinguette, la dame de carreau.

Cabaret, tierce de valets, de dix et de neuf, et ainsi des autres cartes en descendant. Le roi et la dame ne font point tierce. Le plus fort cabaret gagne. En cas d'égalité, c'est le plus fort à droite du donneur.

Cotillon. On appelle ainsi le talon. Remuer le cotillon, c'est écarter, mêler le talon, après avoir donné deux jetons à la boîte du cotillon, couper et tirer la carte de dessous la coupe qu'on a faite. Renvier le cotillon, c'est écarter de nouveau quand tous ont parlé.

Chaque joueur reçoit quatre cartes. Le premier en cartes désigne l'atout. Celui qui a la guinguette doit la montrer, sous peine de payer deux jetons d'avance. Il prend le cotillon de la guinguette.

On fait ensuite le coup du cabaret. On peut renvier d'une pinte (quatre jetons), d'une chopine (deux jetons), et d'un demi-setier (un jeton). Si le renvi n'est pas tenu, son auteur gagne, quoiqu'il soit plus faible. Autour du cotillon, chacun met un jeton dans la boîte du cotillon. Le premier nomme l'atout, met un jeton dans la boîte et joue. Ceux qui n'ont pas de jeu remuent au cotillon. Celui qui fait la vole gagne le cotillon.

Les fonds non levés sont doubles au coup suivant.

HOC (jeu du). Le hoc était en vogue sous Mazarin. On y joue deux avec quinze cartes chacun, ou trois avec douze cartes chacun. Le jeu est entier. Le hoc a, de même que d'autres jeux, la séquence, le point et le tricon. (Voy. *Nain jaune.*)

Les cartes nommées hocs, qui sont dites *faire hoc*, sont les quatre rois, la dame de pique et le valet de carreau. Chacun vaut un jeton.

On met au jeu trois jetons pris d'une somme de jetons que l'on fait valoir un prix convenu : l'un est pour le point, l'autre pour la séquence, et le troisième pour le tricon : le donneur est désigné par le sort. Le premier joueur examine son jeu; s'il n'a qu'un petit point, il passe; s'il l'a fort, il renvie. S'il passe, et que ses compagnons renvient en disant deux, trois ou quatre au point, il peut y *revenir;* mais si l'un d'eux va jusqu'à vingt jetons et au-dessus, on ne peut renvier. L'on peut renvier de moins si l'on veut, et celui qui gagne le point le lève avec tous les renvis, sans que les deux autres soient obligés de lui rien donner. Cela fait, on accuse la séquence ; ou bien, si on le juge à propos, on dit : « Je passe pour y revenir, » au cas que les autres renvient, comme je viens de l'expliquer.

Quand le jeu est simple, c'est-à-dire qu'il n'a pas de renvi, le gagnant de la séquence tire un jeton de chacun pour chaque séquence simple qu'il a en main. La première qui vaut fait valoir les moindres à celui qui l'a. De la séquence, on passe au tricon, qu'on renvie de même que le point.

Mais s'il arrive que l'on fasse pour ces coups, on ne tire rien, on double l'enjeu pour le coup suivant ; alors le gagnant gagne le double, bien qu'il ait un jeu simple, et tire en outre un jeton de chaque joueur.

Quand on a séquence ou tierce de rois, bien que l'enjeu soit simple, on paie deux jetons au gagnant ; on en donne autant à celui qui gagne une séquence simple lorsqu'il a en main une séquence de quatre cartes, c'est-à-dire une quatrième. Si le jeu est double, on en paie quatre chacun.

On donne trois jetons pour la quatrième du roi, autant pour la séquence à cinq cartes ; quatre pour cinq cartes de séquence au roi ; deux pour le tricon : quatre pour trois rois ou quatre dames, ou quatre valets ; hui pour quatre rois. Les paiemens doublent avec le jeu.

On joue comme au nain-jaune : si les autres joueurs n'ont pas de quoi mettre au-dessus de la dernière carte jetée, cette carte est *hoc* au joueur, et lui vaut un jeton de chacun. Il recommence par les plus basses ; on continue à jouer comme au nain-jaune, en disant six, sept, etc. Si l'on manque de huit, on peut le remplacer par un hoc. On paie deux jetons pour chaque carte en main, depuis dix jusqu'à onze, et un pour chaque carte au-dessus de dix. Lorsqu'il reste deux cartes, on paie quatre jetons et six pour une seule. Le porteur de cartes blanches sans figures gagne dix jetons de chacun ; mais si deux des joueurs en ont, le troisième ne donne rien.

HOMBRE (Jeu de l'). Ce jeu, qui nous a été transmis par les Espagnols, plaît aux personnes tranquilles et appliquées. Il se joue peu aujourd'hui.

Si on le joue à deux, on prend chacun huit cartes, et on ôte une couleur rouge, cœur ou carreau. Dans une partie à trois, on prend un jeu entier, dont on supprime les dix, les neuf et les huit.

L'ordre selon lequel les cartes sont supérieures l'une à l'autre varie suivant les couleurs : en couleur noire, en trèfle et en pique, le roi est supérieur à la dame ; la dame l'emporte sur le valet, le valet sur le sept, le sept sur le six, etc., jusqu'à la fin des petites cartes, l'as excepté ; car les deux as noirs sont toujours triomphes.

En couleur, c'est-à-dire en cœur et en carreau, le roi est supérieur à la dame, la dame passe le valet, celui-ci l'as, l'as le deux, et ainsi de suite en montant jusqu'au sept : ainsi l'as rouge comptant, il y a en couleur rouge une carte de plus qu'en couleur noire ; par la même raison, les atouts en rouge sont au nombre de douze, et de onze en couleur noire.

Triomphes noires. — La première est l'as de pique, nommée *spadille* ; la seconde, le deux de pique ou de trèfle, qu'on nomme *manille* ; la troisième, l'as de trèfle, appelée *baste* ; la quatrième, le roi ; la cinquième, la dame ; la sixième, le valet ; la septième, le sept ; la huitième, le six ; la neuvième, le cinq ; la dixième, le quatre, et la onzième, le trois.

Triomphes rouges. — Cette couleur spadille est toujours la première triomphe ; le sept, qu'on appelle *manille*, est la seconde ; baste, la troisième ; l'as de cœur ou de carreau, qu'on nomme *ponte*, la quatrième ; le roi est la cinquième ; la dame, la sixième ; le valet, la septième ; le deux, la huitième, le trois, la neuvième ; le quatre, la dixième ; le cinq, la onzième ; et le six, la douzième.

Lorsque le sort a indiqué la place des joueurs, et qu'ils ont mis chacun au jeu trois jetons pour former la poule, le donneur distribue successivement en trois parties égales neuf cartes à chacun. On ne doit donner que par trois fois trois. La parole appartient ensuite au premier en carte, qui doit dire s'il *passe* ou s'il *joue*. S'il passe et que les autres en fassent autant, chacun remet deux jetons à la poule, et l'on donne de nouveau. Cela se continue à chaque passe. S'il joue, les autres joueurs peuvent y mettre obstacle en le renviant. On renvie celui qui joue simplement, en déclarant qu'on joue *sans prendre*, et l'on renvie celui qui joue sans prendre, en déclarant qu'on entreprend la vole.

Observez que si vous renviez par une proposition de *sans prendre* celui qui a joué simplement, il peut lui-même jouer sans prendre, et il a la préférence.

Lorsque personne ne renvie celui qui a joué simplement, et qui se nomme *l'hombre*, il nomme la couleur dont il veut faire la triomphe. Il fait en même temps un écart composé d'autant de cartes qu'il juge à propos, en échange desquelles il en prend une égale quantité au talon, en sorte que son jeu se trouve composé de neuf cartes. Ensuite le talon passe successivement aux joueurs qui sont après *l'hombre*, et chacun écarte comme lui. Le nombre des cartes écartées ne doit pas s'étendre au-delà de la quantité de celles qui restent au talon.

Quand tout le monde a écarté, et qu'il reste des cartes au talon, le dernier en cartes peut les regarder, mais alors il doit les montrer aux autres joueurs.

Les jeux étant formés, le premier en cartes jette la carte qu'il lui plaît ; les autres joueurs sont tenus de fournir de la couleur jouée, sous peine de faire la bête ; mais ils ne sont pas contraints de forcer, et peuvent à leur gré mettre la plus haute ou la plus basse carte de cette couleur ; faute de couleur jouée, on n'est pas obligé de couper, bien qu'on ait de l'atout, et l'on se défait de la carte que l'on juge à propos.

Quand on joue atout, celui qui n'a qu'un ou plusieurs des trois premiers matadors (ou premières triomphes) n'est point tenu de jouer aussi atout. Cependant, quand le premier à jouer jette atout de spadille, et qu'un des joueurs suivans n'a pour atout qu'un matador inférieur à celui-ci, comme manille, baste, le roi, il doit le jouer. Et encore si l'on a fait atout de manille, le possesseur de baste est obligé de le mettre.

Mais il en serait autrement si le premier en cartes, faisant atout avec un autre atout triomphe qu'un matador, le second mettait spadille sur cette triomphe. Dans ce cas, le matador inférieur qui serait seul dans la main du troisième joueur ne serait point tenu d'obéir, et ce joueur pourrait se défendre de la carte qu'il voudrait.

Le joueur qui fait la levée joue le premier ensuite pour la levée suivante. C'est du nombre des levées que dépend le gain de la poule : pour la gagner, l'hombre en doit faire cinq, ou quatre au moins, et il ne faut pas qu'aucun des autres joueurs en fasse autant. Quand l'hombre ne gagne pas la poule, il fait une bête, qui égale la somme qu'il aurait tirée s'il eût gagnée.

Du gano. — Comme il importe de faire perdre l'*hombre*, l'un des joueurs qui défendent la poule venant à demander *gano* à son partenaire, celui-ci doit accepter, à moins que cela ne nuise à ses intérêts. Cette demande de gano consiste à inviter le joueur associé pour défendre la poule, à laisser passer la carte que l'autre associé a jouée. Ainsi A et B sont associés pour défendre la poule contre C, qui est l'*hombre*. Le premier joue la dame de carreau, et demande *gano*. B, qui a en main le roi de carreau, avec le quatre de la même couleur, et qui veut accepter, jette son quatre; mais s'il avait le roi seul, malgré son désir, il serait contraint de le jouer, sous peine de faire la bête.

Lorsqu'un des défendeurs de la poule frappe sur la table en jouant la carte, c'est un avis à son associé de couper d'une forte triomphe pour obliger l'hombre d'en mettre une plus forte encore.

Du codille. — Quand un joueur autre que l'hombre gagne en faisant plus de levées que tout autre, il fait *codille*; ainsi *gagner codille*, c'est gagner sans avoir fait jouer.

Un coup est censé joué lorsqu'un des trois joueurs n'a plus de cartes, ou que l'*hombre*, ayant fait cinq levées, vient à baisser son jeu.

On fait la bête quand on renonce. Lorsque l'*hombre* perd le jeu et qu'il renonce en outre, il fait deux bêtes, qu'il peut faire aller ensemble ou séparément. Quand il y a plusieurs bêtes, on doit jouer la plus forte après qu'on a tiré celle qui est au jeu.

Lorsqu'un des défendeurs de la poule fait cinq levées, il gagne *codille*; il en est de même quand il fait seul quatre levées, et il tire ce que l'*hombre* aurait fait s'il n'avait pas fait la bête.

L'hombre ne peut, sous peine de faire la bête, demander *gano*, dans la vue d'empêcher le codille. En toute circonstance, *gano* lui est interdit. Le joueur qui aspire au codille ne doit plus jamais demander gano, ni à la troisième, ni à la quatrième levée.

Si, par mégarde, l'*hombre* nommait une couleur pour une autre, il ne pourrait se rétracter : il lui faudrait jouer la couleur nommée ; il pourrait seulement changer son écart si la rentrée n'était pas encore jointe à son jeu.

Quand l'*hombre* gagne, non-seulement il tire la poule et les bêtes qui vont sur le coup, mais chaque joueur est encore obligé de lui payer trois jetons de consolation ; puis s'il a les matadors, on lui donne un jeton pour chacun.

Des matadors. — Quoique rigoureusement il n'y ait que trois matadors, qui sont spadille, manille et baste, on étend néanmoins cette dénomination aux cartes qui les suivent immédiatement quand elles les accompagnent. Ainsi, lorsque l'hombre se trouve avoir en couleur noire, avec les trois matadors, le roi, la dame, le valet, etc., ces dernières cartes sont également nommées matadors, et il est dû un jeton pour chacune d'elles, comme pour les matadors primitifs.

Du jeu sans-prendre. — Tout ce que j'ai dit du jeu simple, qui admet l'écart, doit aussi s'appliquer au jeu de sans-prendre. Il y a seulement cette différence que, quand l'*hombre* vient à gagner sans prendre, chaque joueur est obligé de lui payer quatre jetons, indépendamment de la poule, des bêtes et de la consolation, qui lui sont acquises. Par la même raison, quand l'*hombre* perd en jouant sans prendre, il doit en outre de la bête quatre jetons à chaque joueur.

De la vole. — La vole s'entreprend, ou en renviant celui qui a joué sans prendre, ou quand on joue encore après avoir fait les cinq premières levées. Dans les deux cas, les adversaires de l'*hombre* peuvent se communiquer leur jeu, et agir de concert pour empêcher la vole.

Si l'*hombre* réussit à faire la vole, il reçoit deux fiches de chaque joueur, et tire toutes les bêtes, tant celles qui vont sur le coup, que celles qui étaient destinées pour le coup suivant. S'il n'y a point d'autres bêtes que celles qui vont sur le coup, on doit lui payer double de ce qui est au jeu. Ainsi, en supposant qu'il y ait trois passes, qui font vingt-sept jetons, et une bête de neuf jetons, le tout revenant à trente-six, chacun des joueurs paie dix-huit jetons à l'*hombre* qui fait la vole.

Puis d'ailleurs on doit payer à l'*hombre* le sans-prendre, s'il a joué sans écarter les matadors, et la consolation, comme à l'ordinaire.

Quand l'*hombre* regarde les cartes qu'il a écartées après avoir vu celles qu'il a prises au talon, il ne peut plus faire la vole.

Si l'*hombre* qui a entrepris la vole la manque, il paie deux fiches à chaque joueur, et ceux-ci partagent entre eux les passes et les bêtes : puis il fait une bête égale à la somme des bêtes et des passes qu'il aurait tirées s'il eût gagné ; au reste, s'il a fait cinq levées, il sera payé du *sans-prendre*, et des matadors, s'il les a.

L'*hombre* ne peut ni demander la remise ni s'en aller quand sa rentrée n'est pas favorable. Les matadors ne se paient que quand ils sont dans la main de l'*hombre*.

Des hasards de l'hombre. — 1° Le bon air. Ce hasard consiste dans la réunion d'un sans-prendre avec quatre matadors. Le joueur qui gagne en ayant ce hasard tire une fiche de ses compagnons ; mais il la leur paie s'il vient à perdre.

2º Le charivari. — Il consiste dans la réunion de quatre dames.

3º La discorde. — C'est la réunion des quatre rois.

4º Le fanatique. — C'est celle des quatre valets.

5º La chicorée. — Quand l'*hombre* joue avec trois ou quatre faux matadors, il a le hasard de la *chicorée*.

6º La guinguette. — Quand il joue sans avoir aucun as noir, ce hasard a lieu.

7º Le mirliro. — Les deux as, noirs sans matadors, ou l'as de trèfle avec les deux as rouges, forment ce hasard.

8º La partie carrée. — Elle consiste dans trois rois et une dame.

9º Les yeux de ma grand'mère. — Les deux as rouges dans le jeu de l'*hombre* composent ce hasard si burlesquement nommé.

10º Le parfait contentement. — Il consiste à jouer sans reprendre avec cinq matadors. C'est un jeu sûr, pour lequel chaque joueur est obligé de payer une fiche à l'*hombre*.

11º La triomphante. — Ce hasard a lieu lorsqu'en commençant l'*hombre* joue atout de spadille. S'il gagne simplement, chaque joueur lui paie une fiche, et deux, s'il fait la vole ; mais s'il perd, il doit une fiche à chacun.

Quant aux neuf premiers hasards, l'hombre reçoit aussi une fiche de chaque joueur, et la paie s'il vient à la perdre.

Afin qu'il n'y ait que peu de coups inutiles, on convient assez souvent de jouer *spadille forcé*. Alors quand tout le monde a passé, et que spadille n'est pas au talon, le joueur qui l'a est contraint de jouer, quelque mauvais jeu qu'il puisse avoir d'ailleurs. Il nomme alors sa couleur et fait son écart comme à l'ordinaire.

On appelle *gano* renoncer à faire la levée en mettant une carte inférieure sur celle qui est jouée, quoiqu'on en ait une supérieure.

HOMME D'AUVERGNE (Jeu de l'). Ce jeu est une modification de la triomphe : on le joue à deux ou trois personnes avec vingt-huit cartes en retranchant les sept, ou bien à six personnes avec un piquet.

Le donneur étant désigné par le sort, il donne à chaque joueur cinq cartes, par deux et trois, et en prend autant pour lui. Cela fait, il tourne; la carte tournée, fait la triomphe ou l'atout. Alors chacun examine son jeu pour jouer de même qu'à la mouche. Lorsque personne n'a assez beau jeu, on dit : « Je passe. » Quand tous les joueurs ont passé, ils peuvent « se réjouir, » c'est-à-dire supprimer la retourne, et retourner à sa place la carte qui vient immédiatement après. Cette pratique s'appelle *aller en curieuse :* c'est la seconde retourne qui porte spécialement ce dernier nom. On peut retourner jusqu'à trois fois, si les deux premières triomphes n'ont accommodé personne.

Pour gagner un jeu, il faut faire trois levées, ou les deux premières. Ordinairement un jeu est un tour, et la partie se compose de sept jeux. Celui qui gagne un jeu le marque, et à la fin des sept jeux, le joueur qui a le plus de marques emporte les enjeux que l'on a mis à chaque jeu.

Ainsi qu'à la bête, ceux qui ne font aucune levée sont dévolés ou en dévole, et paient un jeton à chaque joueur. Par la même raison, celui qui fait la vole reçoit un jeton de chacun au lieu de le payer.

Celui qui tourne le roi d'atout, en faisant la retourne, ou en allant à la curieuse, gagne un jeton. S'il a en main ce roi, il gagne un jeton, et en gagne encore autant qu'il a d'autres rois.

Celui qui renonce perd la partie, c'est-à-dire ne peut plus y prétendre.

S'il arrive qu'après s'être réjoui, quelque joueur vienne à perdre, en jouant le roi de la triomphe précédente, parce qu'on lui aurait coupé, celui qui aurait emporté ce roi dans la levée gagnerait une marque sur l'ancien possesseur du roi coupé : il en serait de même des autres rois, pour lesquels on gagne également des marques.

IMPÉRIALE (jeu de l'). De la donne, mal-donne et retourne. La main se tire comme à l'écarté et au piquet, dont ce jeu est un composé.

Les cartes se donnent deux par deux ou trois par trois, au choix des joueurs, jusqu'à concurrence de douze à chacun ; la vingt-cinquième est la retourne, indication de l'atout.

Celui qui donne est tenu, avant de retourner la carte, de s'assurer du talon : s'il retourne sans avoir observé cette formalité, et qu'il y ait maldonne, il perd l'avantage de faire ; le coup est nul, et l'adversaire fait.

Celui qui retourne, au lieu de la vingt-cinquième, la vingt-sixième ou vingt-septième carte, fait faute : son adversaire, dans ce cas, peut voir son jeu, et s'y tenir ou refaire : s'il s'y tient, il fait retourner la vingt-cinquième carte qui devait être la véritable retourne.

Si la vingt-cinquième carte se trouve naturellement retournée, elle est bonne, et le coup se joue.

Quand un joueur regarde ou retourne une des cartes du talon, l'adversaire a droit de s'y tenir ou de faire refaire ; mais, si cette faute a lieu quand un des deux a porté son jeu ou quand le coup est en train, on ne refait pas : celui qui a fait cette faute est obligé de jouer, une fois seulement, de la couleur qu'on lui demande.

Des points. — Le roi, la dame, le valet, l'as ou le sept d'atout valent un point à celui qui les gagne, ou par la retourne, ou par les levées par lui faites ; le point reconnu bon, et chaque levée que l'on fait au-dessus de six, valent aussi un point ; six de ces points forment une Impériale, qu'on marque d'une fiche en retirant les points qu'on a, et en faisant démarquer ceux que l'adversaire se trouverait avoir à ce moment.

Quand le point est une fois accusé, si l'adversaire y a répondu, on ne peut se rétracter pour en accuser un plus fort, et l'adversaire, ayant répondu, ne peut de même revenir à un point plus fort.

Lorsque le point reconnu bon n'a pas été mis en évidence, l'adversaire et la galerie peuvent en demander l'exhibition, avant comme après plusieurs cartes jouées.

Si le point est égal, le premier en cartes l'emporte sur le dernier, et marque.

Quand le premier en cartes ne veut accuser ni montrer aucune espèce de point, le dernier, en couvrant la première carte jouée, est libre de dire : voilà mon point ; et il marque.

Des Impériales. — Quatre rois, quatre dames, quatre valets, quatre as ou quatre sept, et les quatriemes majeures de chaque couleur valent une Impériale à celui qui les a dans son jeu.

On peut, sans faire faute, accuser et montrer, avant comme après le point, les Impériales en main : mais, si l'on a joué seulement une carte, on ne peut plus les compter. La galerie a le droit d'avertir le joueur qu'il oublie de les annoncer, et de les montrer avant de jouer.

Celui à qui l'adversaire exhibe une Impériale de main est tenu de démarquer les points qu'il a, excepté celui de la retourne, si c'est un marquant ; il les conserve tous, s'il a lui-même une Impériale.

Lorsqu'un joueur monte une Impériale par le point, par les marquans ou par le plus de levées, le point gagné par la retourne s'efface comme les autres.

Des Impériales blanches. — Les cartes blanches valent une Impériale, qui a la primauté sur toutes les autres ; mais celui qui l'a ne fait point effacer les points de son adversaire.

Si cet adversaire a lui-même des Impériales de rois, de dames, etc., il les marquera sans que celui qui a les cartes blanches soit tenu de marquer les points qu'il a : le coup ne se joue pas, et la main passe comme s'il avait été joué.

L'Impériale de cartes blanches compte pour ceux qui parient à l'Impériale de main. L'Impériale qu'un joueur oublie de montrer avant de jouer compte aussi pour cette sorte de partie.

Si, dans les cartes blanches, il se rencontre une Impériale d'as ou de sept, on la marque en sus ; mais elle ne fait point non plus démarquer les points de l'adversaire, quand même il n'aurait point d'Impériale à opposer.

Celui qui fait son adversaire capot compte deux Impériales, lesquelles font démarquer les points de l'adversaire.

Lorsqu'en montrant une Impériale de main ou de point, le joueur met une carte pour une autre, l'adversaire ou la galerie doit demander la carte annoncée.

Comme à l'Impériale on ne peut renoncer ni sous-forcer, celui qui ne fournit pas de la couleur jouée, en ayant, ou qui ne prend pas quand il peut, est obligé de le faire.

Lorsqu'un joueur, dans le courant du jeu, demande à son adversaire

combien de cartes au point? celui-ci est obligé de répondre catégorique-
ment.

Celui qui joue le premier ne peut reprendre la carte par lui jouée : le
dernier ne peut pareillement reprendre la carte avec laquelle il a couvert ;
lorsqu'il n'en a pas une plus forte, et qu'elle est de la couleur demandée ,
c'est-à-dire, que si, sur un roi d'atout, il met une carte marquante, pouvant fournir un dix, un neuf ou un huit, il ne peut la reprendre.

Lorsqu'après avoir joué d'une couleur on en change, il faut le dire à
haute voix : la carte de celui qui s'en dispenserait est bien jouée ; mais
l'adversaire peut reprendre celle par lui fournie, quelle qu'elle soit , et
couvrir avec une autre.

MA COMMÈRE, ACCOMMODEZ-MOI. Il peut y avoir sept à huit
joueurs ; on emploie un jeu entier, et l'on prend un enjeu d'un certain
nombre de jetons ; on donne à chaque jeton une valeur proportionnée à
ce que l'on veut jouer.

Le donneur, tiré au sort, donne à chaque joueur trois cartes par deux et
une, ou trois à la fois ; puis il met le talon sur la table sans retourner, parce qu'il n'y a point de triomphe. Les cartes distribuées, on songe à tirer au
point, à la séquence, et au tricon : ces coups s'emportent l'un l'autre en
remontant ; le plus fort enlève le plus faible, et en cas d'égalité, les premiers à jouer ont la préférence.

Les cartes ont la valeur ordinaire : cependant l'as est au-dessus du roi
et vaut onze points. Le point en ce jeu consiste à avoir en main trois
cartes de couleur semblable, et fait tirer la poule à son porteur ; il se nomme
aussi flux.

La séquence consiste en trois cartes de couleur semblable, et dans leur
ordre naturel, comme as, roi et dame ; cinq, six et sept, n'importe de quelle
couleur ; elle fait gagner la poule et un jeton de chaque joueur. Le tricon
est la réunion de trois dix, trois valets, etc. ; il fait gagner, avec la poule,
deux jetons de chacun.

Pour s'accommoder et tâcher d'avoir les avantages qui lui manquent,
chaque joueur arrange ses cartes, et voulant se défaire de celle qui lui
nuit, ou lui est inutile, la prend, et la donnant à son voisin de droite, lui
dit : « Ma commère, accommodez-moi. » Le voisin lui rend à la place la
carte de son jeu qui lui est aussi la plus inutile ; si le premier n'en est pas
satisfait, n'importe. C'est maintenant au tour du voisin à s'accommoder, et
ainsi de suite pour tous les joueurs, jusqu'à ce que l'un d'eux ait rencontré
de quoi faire point, séquence ou tricon ; il va sans dire que ces coups d'emblée, qui lui donnent leur produit habituel, lui font ainsi gagner la partie
Lorsqu'on les a, on étale son jeu sur la table.

Il arrive souvent, après avoir promené leurs cartes, que les joueurs ne
trouvant point à s'accommoder dès la première donne, conviennent que

chacun écartera une carte, la donnera au donneur, qui la placera sous le talon , et la remplacera par une carte prise dessous le talon. Cela ne se peut que d'un commun accord. Quand on a pris chacun une nouvelle carte, on commence à jouer comme auparavant, en s'accommodant l'un l'autre, et l'on pourrait même recommencer à prendre des cartes au talon si les joueurs ne s'accommodaient pas; mais cela arrive rarement, et l'on ne fait guère que deux donnes à ce jeu.

MANILLE (jeu de la). Ce jeu, très-divertissant, se joue à deux, mais plutôt à trois et à cinq. L'enjeu de chaque joueur est de neuf fiches, valant chacune dix jetons : ce qui donne quatre-vingt-dix jetons. En adoptant les gros paiemens, l'on peut perdre à ce jeu deux ou trois mille jetons.

Le jeu de cartes doit être entier, et toutes les cartes doivent être distribuées aux joueurs, quel que soit leur nombre : ainsi le donneur en donnera vingt-six, si l'on joue à deux personnes, dix-sept, si l'on est trois; treize si l'on est quatre, et dix si l'on est cinq : en ce dernier cas, il en reste deux qui forment un talon, que l'on ne doit ni toucher ni voir. Les cartes se distribuent toujours trois à trois, ou quatre à quatre. La donne est tirée au sort avant de commencer le jeu ; en même temps il est bon de convenir de la valeur du jeu : si l'on veut jouer gros jeu, on convient de donner autant de jetons qu'il se trouvera de points dans les cartes restantes aux joueurs à la fin du coup ; si, au contraire, on désire jouer un petit jeu, on convient de ne donner de jetons qu'autant qu'il reste de cartes. On convient encore si l'on paiera neuf jetons, ou un seul pour la manille non placée ; si, placée elle vaudra un certain nombre de jetons ou une fiche de chaque joueur; si enfin la mise au corbillon au commencement du jeu est d'une ou de deux fiches.

Les cartes ont leur valeur ordinaire : l'as compte pour un point, chaque figure pour dix, et les autres cartes valent les points qu'elles représentent ; il y en a cependant une particulière, le neuf de carreau, que l'on nomme par excellence la manille : on le fait valoir ce que l'on veut, et on peut le rendre roi, dame ou valet, et autres cartes inférieures, comme il convient au joueur qui l'a en main.

A mesure que les cartes se distribuent, chacun les range dans l'ordre ordinaire ; ainsi l'on place l'as, puis le deux, le trois, etc., jusqu'au roi, toujours de la même couleur. Chacun ayant arrangé son jeu, le premier en cartes jette celle qui lui convient, ou plutôt il commence par la plus forte de celles qui sont les plus nombreuses : supposons qu'il ait une suite de piques depuis le sept jusqu'au roi, il les jette l'une après l'autre, en disant : roi, dame, valet, dix, neuf, huit, sept ; s'il lui en manquait quelques-unes, comme le valet et le huit, il dirait en jouant : roi, dame sans valet, dix, neuf sans huit, et ainsi de suite pour les cartes manquantes. Le joueur suivant, qui se trouverait avoir la carte manquante à son voisin, continuerait en la jetant, et dirait, ainsi que celui-ci, jusqu'à ce qu'il fût arrêté par une carte manquante, ou qu'il fût arrivé à l'as, car alors il recommencerait par une autre série de cartes.

Il est bon de jouer à la suite les cartes de même couleur ; mais cela n'est point indispensable, pourvu qu'elles se suivent sans interruption : quand le joueur, qui vient après celui qui a dit neuf sans huit (ou toute autre carte), n'aurait pas le huit manquant, ce serait au troisième joueur à le dire ; si celui-ci ne l'avait pas non plus, cela viendrait ensuite au quatrième. S'il arrivait qu'aucun des joueurs ne l'eût, le joueur qui le premier a dit neuf sans huit, reçoit un jeton de chacun, et recommence à jouer la carte qui lui convient.

On conseille ordinairement de commencer à jouer par la moindre carte de la suite, comme par exemple, de dire : sept, huit, neuf sans dix, et de pousser toujours en montant jusqu'au roi ; mais, comme il est important de se défaire, autant qu'on le peut, de ses plus fortes cartes, parce qu'on doit donner à celui qui gagne autant de jetons que les cartes qui restent en main à la fin du coup portent de points, il vaut mieux commencer par jeter les figures qui valent dix.

Il faut se défaire promptement des as ; si l'on attend trop, il est difficile de rentrer.

Le neuf de carreau, ou la manille, étant la carte essentielle, celui qui la porte doit la jouer avant qu'un des joueurs se soit défait de toutes ses cartes ; car, s'il ne peut la jouer avant, il donnera une fiche à chaque joueur, et paiera, en outre, au gagnant, neuf jetons pour le nombre de points que contient la manille. Quand le porteur de la manille la place convenablement, il reçoit une fiche de chacun : il doit la faire payer dès qu'elle est sur le tapis ; car la levée faite, il n'est plus reçu à demander ce qu'on lui doit.

Pour faire valoir la manille, on peut, lorsque, dans une suite de cartes, il en manque une, qui, jetée par le joueur suivant, le rendrait maître du jeu, transformer la manille en cette carte manquante.

A mesure que l'on jette un roi sur la table en jouant son jeu, on gagne un jeton de chaque joueur. Si les rois restent, on paie également pour chacun un jeton à chaque joueur, si l'on paie par carte ; et dix jetons, si l'on paie la valeur des points.

Le joueur qui a le premier jeté toutes ses cartes gagne la partie, qui se compose de la mise de chacun, et des points de cartes restantes entre les mains des joueurs.

MARIAGE ou **BRISQUE** (Récr. dom.). Il y a deux joueurs, ayant chacun cinq cartes prises dans un jeu de piquet : la onzième sert d'atout, et le donneur qui la retourne peut, quelle qu'elle soit, la changer avec le sept d'atout s'il l'a en main.

A mesure que l'on fait une levée, on prend une carte au talon, et l'on a le droit de rejouer. Là, se borne la brisque des enfans.

Dans la grande brisque, avant de commencer la partie, on convient du nombre de points que l'on veut faire : ce nombre est ordinairement de six cents, et nous allons donner la manière de le compter. Il y a dans ce jeu à peu près les mêmes séquences qu'au piquet. Quand on a une fois compté une tierce, une quatrième ou une quinte dans une couleur, les cartes qui ont servi à former l'une des trois ne peuvent plus valoir, si ce n'est dans le cas de quatre as, ou quatre rois, ou quatre dames, ou quatre valets ou quatre dix. Ainsi, comptez-vous une tierce à la dame, et, après vous être défait du dix, arrivez-vous à tirer le roi, bien que ce roi avec la dame et le valet que vous avez en main forment une nouvelle tierce, elle ne peut valoir ; mais si, après cela, vous venez à avoir quatre dames ou quatre valets, vous pourrez en compter la valeur. Il en sera de même pour les autres tierces, quatrièmes ou quintes.

Quand, après avoir compté une tierce, une quatrième ou une quinte à la dame, on vient à lever le roi, et que la dame est encore dans le jeu, le mariage ou la brisque a lieu, et vaut comme ci-après. On donne aussi le nom de brisque aux diverses séquences.

A ce jeu, les quintes en atout valent : la majeure, 600 ; celle au roi, 300 ; celle à la dame, 200 ; celle au valet, 100. Les quatrièmes en atout valent 200, 160 ; majeure, 120, 80 ; et la majeure au dix, 60. Les tierces en atout valent 120, 100, 80, 60, 40 ; et la majeure au neuf, 20.

Ces séquences, dans les autres couleurs, valent la moitié de celles en atout.

Les quatre as valent 150 ; les quatre dix, 100 ; les quatre rois, 80 ; les quatre dames, 60 ; les quatre valets, 40 ; le mariage en atout, 40.

Les mariages dans les autres couleurs valent 20, et les mariages de rencontre ont la même valeur que ceux que l'on peut faire dans son jeu.

Lorsque le donneur retourne une figure, un as ou un dix, il peut compter dix points. Quand les cinq premières cartes de son jeu sont toutes des figures, on compte la moitié moins pour les cinq premières cartes blanches, et tant qu'elles continuent d'être blanches.

L'as d'atout, excepté le cas où il aurait déjà été compté, vaut 30 ; le joueur qui lève la dernière carte du talon compte 10. Si lorsque toutes les cartes du talon sont levées, les cinq cartes qui restent dans la main sont d'atout, on compte 30 encore. Celui qui fait les cinq dernières levées compte 20. Quand toutes les cartes sont jouées, celui qui a le plus de levées compte 10.

Indépendamment de tous ces points à compter, chaque carte vaut séparément à son possesseur : l'as, 11 points ; le dix, 10 ; le roi, 4 ; la dame, 3 ; le valet 2 ; le total des cartes que l'on peut compter monte à 120, car il n'y a que les trois dernières petites qui ne comptent point.

On a la liberté de renoncer tant qu'il y a des cartes au talon ; mais quand il n'en reste plus, il faut forcer ou couper la carte de celui qui joue ; si par hasard il arrive que l'un des joueurs fasse toutes les levées, cette vole lui vaut le gain de la partie.

MARIÉE (jeu de la) (Réc. dom.). Ce jeu s'appelle aussi la guimbarde.

On y joue huit à neuf. On peut jouer aussi cinq à six avec un jeu de piquet.

On a cinq boîtes carrées pour les coups suivans : le point, le roi, le mariage, la guimbarde, le fou. Chaque joueur y met un jeton. Le donneur distribue les cartes comme à l'écarté.

Le point.—Il faut, pour le point, quatre ou cinq cartes de même couleur: le plus haut emporte le plus bas.

En cas d'égalité, le joueur qui a la main, ou à son défaut le premier en cartes, gagne.

Le mariage.— Le roi et la dame de cœur en main.

Le fou.—C'est le valet de carreau, qui est la troisième triomphe du jeu ; et qui ne perd jamais ce privilége, quelle que soit d'ailleurs la couleur de l'atout.

Le roi.— Le roi de cœur : il est la seconde et constante triomphe du jeu, parce qu'il est l'époux de la guimbarde.

La guimbarde. La dame de cœur, le principal atout, quelle que puisse être la retourne.

Les joueurs ayant chacun deux cartes, examinent bien s'ils n'ont pas quelques-uns des jeux que nous venons d'expliquer ; ils peuvent quelquefois arriver tous cinq en un seul coup à un joueur ; ainsi s'il avait le roi et la dame de cœur, il aurait en même temps, le roi, la guimbarde et le mariage ; le valet de carreau lui donnerait le fou, et si ce valet était accompagné de deux autres cœurs un peu forts, ce joueur favorisé tirerait toutes les boîtes : on sent que ce jeu-là n'arrive pas communément. Quand on a quelqu'un de ces avantages isolés, on tire la boîte qui y répond ; il faut annoncer cet avantage et l'étaler sur la table avant de prendre la boîte.

Le point levé, on met au fonds chacun un jeton dans la boîte du point, et c'est cette mise que gagne le joueur qui lève plus de mains que les autres ; il faut au moins qu'il y en ait deux, car s'il n'en a qu'une de plus, le fonds reste dans la boîte pour le coup suivant. Lorsque deux joueurs ont ensemble deux levées plus que les autres , celui qui les a faites le premier gagne.

Le grand mariage en main, c'est-à-dire le roi et la dame de cœur, tire les trois boîtes du mariage, de la guimbarde et du roi, plus deux jetons de chaque joueur ; quand il se fait sur table, c'est-à-dire lorsque le roi est levé par la guimbarde, qui a ce privilége unique, il ne lève alors qu'un jeton de chacun.

Outre le grand mariage, ou le mariage proprement dit, il s'en fait encore d'autres, comme, par exemple, lorsqu'on joue au roi de carreau, de trèfle ou de pique, et que la dame de l'une ou de l'autre a le dessus immédiatement. Lorsqu'un roi et la dame de couleur semblable se trouvent en main, le mariage vaut encore mieux. Dans le premier cas, le possesseur du roi marié tire un jeton de chaque joueur, à l'exception de celui qui lui a jeté la dame ; dans le second, tout le monde doit payer.

On ne peut jamais refuser une dame quelconque sur son roi, lorsqu'on l'a et que l'on doit la jouer, car alors on romprait le mariage et l'on paierait un jeton à chaque joueur.

Il est également défendu de couper un mariage avec le roi, la guimbarde ou le fou. Le joueur qui gagne un mariage par atout, c'est-à-dire qui l'emporte dans la levée, ne gagne qu'un jeton des deux joueurs qui l'ont fait.

On paie un jeton à chacun quand on renonce, ou que pouvant forcer ou couper sur carte jouée, on l'omet.

Ordinairement le fou joué vaut un jeton de chacun à celui qui l'a jeté : mais si indirectement ce personnage va s'embarquer dans le jeu, et qu'il soit pris par le roi ou la guimbarde, au lieu de faire payer il donne un jeton à celui qui l'emporte.

Les cartes se jouent, au surplus, comme à la triomphe, en tâchant, autant que possible, de faire deux mains au moins, afin d'emporter le fonds.

MÉDIATEUR (jeu du). Ce jeu a remplacé le whist. Il se joue entre quatre personnes avec un jeu entier, moins les dix, les neuf et les huit. L'enjeu se nomme prise. On tire les places comme à la bouillotte. Il y a, comme au maryland, une favorite, et comme à l'hombre, au quintille et au pique-médrille (voy. ces mots), les poulans, les matadors supérieurs, surnuméraires et inférieurs, les faux matadors, la parole, le sans-prendre, des renvis successifs, les bêtes, l'action de codiller, d'être en cheville, l'hombre, l'association, le risque et les gains de l'hombre, etc.

Mais ce qu'il y a de particulier au médiateur, c'est l'obligation que contracte l'hombre, de faire six levées seul, mais avec le secours du roi qu'on lui donne en échange d'une autre carte et d'une fiche. On dit demander en médiateur : il y a aussi la demande simple ou la demande de permission, par laquelle l'hombre annonce qu'il n'a pas un jeu suffisant pour faire seul les six levées de rigueur, et réclame le secours d'un partenaire. Le médiateur se paie quatorze jetons par chaque joueur, et le double en couleur favorite. S'il est manqué, il perd autant que ce qu'il aurait gagné s'il eût réussi. Toutes les bêtes appartiennent aussi au médiateur gagnant. Les dix levées composent la vole.

MOUCHE. La mouche est un jeu très-connu et très en vogue. On l'appelle aussi la *bête* et l'*enturlu*, quand on prononce ces deux mots en jouant au lieu de celui de *mouche*. Le pamphile ou mistigri n'est qu'une modification de la mouche que nous expliquerons à la fin de cet article.

Quand on joue trois personnes à la mouche, on se sert d'un jeu de piquet, et même plusieurs joueurs en retranchent les sept. Lorsqu'on y joue six, on

ajoute toutes les petites cartes, afin de fournir aux cartes que le jeu demande.
Les cartes retranchées doivent toujours être les plus petites; ainsi l'on ôte
d'abord les deux, puis les trois, etc.

Comme c'est un avantage de jouer la couleur que l'on veut, c'en est un
d'être le premier à commencer : le hasard décide à qui sera le rôle de distributeur. On prend ensuite un certain nombre de fiches et de jetons que l'on
fait valoir plus ou moins. Le donneur distribue les cartes comme il a été dit
pour l'écarté et la triomphe : il fait la retourne qui marque l'atout et demeure sur le tapis. Il garde ensuite le talon dans ses mains.

Le premier qui a examiné son jeu, s'il le trouve tout entier mauvais, et
qu'il veuille le changer, remet ses cartes l'une sur l'autre et les place sous
la retourne, en disant : Cinq cartes ou cartes entières. Alors le donneur
lui distribue un nouveau jeu, soit en deux et trois, trois et deux, ou même
en cinq, car cela ne fait absolument rien. Selon que le premier juge à
propos d'écarter plus ou moins de cartes, il en nomme le nombre, et le
donneur lui sert ce qu'il a demandé. Les cartes écartées ne se montrent
jamais.

Quand le joueur trouve son jeu bon, ou qu'il craint d'en avoir un pire,
enfin qu'il ne veut point écarter, il dit : Je m'y tiens, et alors il ne va
point à fond, c'est-à-dire ne reçoit point de cartes.

Si le joueur trouve son jeu trop mauvais, avant que l'on ait commencé
de jouer, il peut mettre toutes ses cartes à l'écart ou dessous le talon, et ne
pas jouer; mais pour cela il est important qu'il n'ait pas demandé de cartes,
ni dit je m'y tiens; car dès qu'on a parlé, on est censé jouer.

Tous les joueurs ayant successivement choisi le parti qui leur convient,
le donneur songe à son jeu; s'il juge à propos d'écarter ses cartes, et qu'il
n'y en reste pas assez pour les remplacer, il n'en peut mettre à bas qu'autant
qu'il y a de cartes remplaçantes.

Si un joueur a le bonheur d'avoir ses cinq cartes de la même couleur,
bien que ces cartes ne soient point d'atout, il a la mouche et gagne sans
jouer; en ce cas les autres joueurs quittent leur jeu, et la partie recommence. Cependant il arrive souvent que le jeu continue parce que le possesseur de la mouche n'est pas obligé de l'annoncer, et qu'il peut dire simplement « je m'y tiens : » cela lui est plus avantageux, car les autres joueurs
peuvent faire des mouches (mettre des jetons, comme nous allons voir) qui
lui appartiendraient; c'est pourquoi il est bon d'interroger le joueur qui s'y
tient, en lui demandant s'il sauve la mouche; car alors, s'il répond, il est
obligé de répondre juste : il peut, il est vrai, garder le silence, mais cela
équivaut à un aveu.

Lorsque plusieurs joueurs se trouvent avoir la mouche ensemble, la mouche d'atout à la préférence : si celle-ci ne détermine pas le choix, et que
les couleurs soient indifférentes, c'est alors le nombre de points le plus
fort qui l'emporte. A la mouche, on compte les trois figures, et l'as qui va
immédiatement après le valet, pour dix points, et les autres cartes pour les

pointsqu'elles marquent. Si elles étaient égales en tout, le premier gagnerait.

On dit à ce jeu : « Faire la mouche, gagner la mouche, sauver la mouche. » Chaque donneur, avant de mêler et distribuer les cartes, met dans un panier, ou en tas au pied d'un flambeau, autant de jetons qu'il y a de joueurs. Celui qui dans le cours du jeu n'obtient aucune levée, met également autant de jetons ou de marques qu'il y a de joueurs; ces deux cas s'appellent « faire la mouche. » Une mouche est un nombre de jetons égal au nombre de partenaires. Il arrive souvent qu'il y a plusieurs mouches au jeu, et alors on dit mouche double, triple, quadruple, etc.

On peut convenir de faire aller les mouches séparément, et de n'en laisser qu'une à la fois sur le jeu; mais comme les donneurs doivent successivement en mettre une nouvelle, cela cause de l'embarras.

Chaque levée vaut un jeton à celui qui l'a faite; quand la partie est jouée, chacun tire du fonds de la mouche les jetons qui lui reviennent. Si la mouche est double, on en tire deux pour chaque levée, trois, si elle est triple, et ainsi de suite. On voit que le joueur-mouche qui attend la fin du jeu pour annoncer son coup court risque de voir diminuer son fonds, mais ce n'est pas aussi de cette façon qu'il agit.

Après qu'il a dit « je m'y tiens, » sans prendre des cartes, les autres joueurs vont leur train ordinaire. Ils commencent à jouer à leur tour; quand vient celui du joueur-mouche, il montre ses cartes, lève tout ce qu'il a au panier (ce qui s'appelle gagner la mouche), et gagne encore les mouches dues, soit par le joueur en renonce, soit par ceux qui jouent, ou plutôt s'apprêtaient à jouer. Les dernières se composent d'autant de jetons qu'il y en a sur le jeu; chaque joueur qui se disposait à jouer en fait une. On voit maintenant combien le coup est profitable et combien il importe d'interroger ceux qui se tiennent à leurs cartes, afin de les empêcher de sauver la mouche (de la garder pour l'annoncer dès que c'est à son tour de jouer), afin que du moins ils ne gagnent que les mouches du fonds, sans moissonner celles qu'ils font faire à leurs partenaires. Avertis par son silence, ou éclairés par son aveu, ceux-ci mettent tous jeux bas et n'ont rien à payer.

La marche de la mouche est facile : chacun joue à son tour, et doit mettre, tant qu'il en a, de la couleur jouée : il coupe d'atout à son défaut, ou surcoupe, c'est-à-dire met un atout sur un atout déjà joué. En cas qu'il oublie de prendre, par une forte carte de la couleur jouée, lorsqu'il le peut, qu'il manque à jouer les atouts pour la coupe et la surcoupe, enfin, en cas de renonce volontaire ou forcée, il fait la mouche d'autant de jetons qu'elle est grosse sur le jeu.

On ne doit jamais remêler pour une carte tournée à cause des écarts. Il n'y a, à proprement parler, point de partie à gagner à ce jeu, on comprend assez que tout le gain est dans la mouche. Cependant, lorsque personne ne la gagne et que le nombre de levées décide le gain, c'est une sorte de partie que l'on prend sur la mouche mise au jeu.

PAMPHILE (jeu de) ou du MISTIGRI. Le valet de trèfle, auquel on donne le titre de *pamphile* ou *mistigri*, est l'atout par excellence; il emporte tous les autres, et même le roi. Voici l'unique différence qu'il y ait entre la mouche et le jeu qui nous occupe: nous n'en dirons donc que peu de choses.

Le joueur qui a le bonheur d'avoir le pamphile dans son jeu reçoit de chacun un ou plusieurs jetons, selon la convention faite à l'avance; et pour lui éviter la peine de les réclamer, le donneur les lui donne pour tous les autres joueurs. Chacun agit ainsi à son tour.

Si le donneur, en faisant la retourne, amène pamphile, il peut le mettre en la couleur qui abonde le plus dans son jeu.

Si parmi les cinq cartes de chaque joueur, un d'eux se trouvait avoir, dans son jeu, pamphile avec quatre cœurs ou quatre piques, etc., et que l'atout fût en l'une de ces couleurs, il ne serait pas censé avoir l'enturlu ou la mouche, puisqu'il est indispensable de réunir cinq cartes de couleur semblable pour ce coup, à moins toutefois que les joueurs ne fussent convenus, comme il arrive souvent, que le pamphile prendrait la couleur de l'atout.

NAIN JAUNE (jeu du) ou **LINDOR**. On joue à ce jeu avec une sorte de tableau représentant dans le milieu un nain de couleur jaune, tenant à la main un sept de carreau; aux quatre coins du tableau, on voit quatre cartes figurées; en haut, à la droite du nain, la dame de pique; à gauche, le roi de cœur; en bas du tableau, à gauche, le valet de trèfle, et à droite le dix de carreau: si l'on n'avait pas ce tableau, on pourrait y suppléer, en attachant sur le tapis, en carré, au milieu de la table, une figure de nain, et les cartes ci-dessus nommées.

On joue au nombre de trois au moins et huit au plus; on donne à chacun une certaine quantité de jetons qui ont une valeur convenue. Le sort désigne à qui fera, et le donneur, prenant un jeu de cartes entier, distribue trois par trois, quinze cartes à chaque joueur: quand on ne joue que trois, il reste alors sept cartes au talon. A quatre, on ne donne que douze cartes à chacun, et le talon en a quatre. A cinq, on distribue à chacun neuf cartes, et le talon en compte sept; s'il y a six joueurs, ils en ont chacun huit, et le talon est de quatre cartes. A sept, on a chacun sept cartes, et il en reste trois au talon; à huit, chacun n'en reçoit que six, et le talon en a quatre. Avant de distribuer les cartes à chaque coup, on procède à la garniture du tableau qui fait la mise en jeu. Chacun met sur le dix de carreau un jeton; sur le valet de trèfle, deux jetons; sur la dame de pique, trois jetons; sur le roi de cœur, quatre jetons; sur le nain jaune ou sept de carreau, cinq jetons. La plus haute carte du jeu est le roi, et la plus basse l'as; les autres cartes ont leur valeur ordinaire.

De la suite des cartes. — Le premier en carte commence à jouer par celle qui lui convient, quand la donne est achevée, et en proposant de se défaire de toutes ses cartes avant ses adversaires: il est fort avantageux d'avoir plusieurs cartes de la même couleur qui se suivent, comme un quatre, un cinq, ou six, etc., parce qu'on peut jouer à la fois jusqu'à celle qui manque toutes les cartes qui se suivent. Ainsi, lorsqu'un jouer a, je suppose, quatre cartes se suivant, il les joue et les nomme en disant six de pique, sept, huit, neuf sans *dix*; si le joueur qui le suit à droite a le dix, il le met, ainsi que les autres cartes qu'il peut avoir de suite, jusqu'au roi. Lorsqu'un joueur a son jeu disposé de manière à pouvoir se défaire de toutes ses cartes de suite, la première fois qu'il est en tour de jouer, il fait « opéra ou main pleine, » c'est-à-dire qu'on enlève tout : et la garniture du tableau et les jetons que chaque joueur doit donner pour autant de points qu'il lui reste en main. Si ce coup arrive au premier en carte, personne ne joue, et chacun garde tout son jeu.

La levée appartient à celui qui a joué en dernier lieu une carte supérieure aux autres cartes jouées; il rejoue de nouveau, sans avoir égard à son tour, et s'arrête comme il est dit précédemment à la carte dont il lui manque la suivante ; ja même marche continue jusqu'à ce qu'un des joueurs, s'étant défait de toutes ses cartes, ait par ce moyen gagné le coup. Alors les autres étalent leur jeu et paient chacun, au gagnant, un jeton pour chaque point que présentent les cartes qu'ils n'ont pu jouer.

Comme au nain jaune il ne se trouve point de renonce ni d'atout, on peut jouer sur une carte d'une couleur quelconque la carte suivante d'une autre couleur. On peut donc ouvrir le six de cœur avec le sept de pique, de trèfle ou de carreau.

Les cartes correspondantes à celles qui sont figurées sur le tableau se nomment *belles cartes*, et sont, ou fort onéreuses, ou d'un très grand avantage. Elles sont onéreuses quand elles vous restent en main, parce qu'alors vous faites une bête égale au nombre de jetons qui se trouvent sur les cartes figurées ; elles sont avantageuses, en ce que, lorsqu'on parvient à les jouer, on enlève la mise que portent les cartes figurées. Ainsi, le roi de cœur joué emporte la mise de jetons du roi de cœur figuré; la dame de pique du jeu lève la mise de la dame de pique du tableau, etc.

Le coup est fini, c'est-à-dire la partie gagnée par le joueur qui s'est défait le premier de ses cartes : on garnit de nouveau le tableau, et la donne passe au voisin de droite du donneur précédent.

NIGAUD ou DE LA PATIENCE (Jeu russe). On joue en nombre indéterminé avec un ou plusieurs jeux entiers, en s'arrangeant de manière à ce que chaque joueur ait un tas de cinq à six cartes environ : on peut même en donner moins. On commence par tirer le *chef* du jeu au sort. Ce chef perçoit en argent l'enjeu dont on est convenu, et en fait trois lots que l'on place au milieu de la table : le premier de ces lots est gros, le second de médiocre grosseur, et le troisième petit, ou, pour parler plus justement, les deux derniers diminuent progressivement d'un tiers. Le chef, après avoir mêler et fait couper, distribue ensuite les cartes une à une à chaque joueur, qui les place en tas devant lui et retournées, à mesure qu'il les reçoit.

La valeur des cartes est naturelle; ainsi le roi emporte la dame, etc., jusqu'à ce qu'en descendant le deux emporte l'as : voilà tout le secret du jeu. Le premier en carte regarde quelle est la carte qui se trouve sur son tas, et celle qui est sur celui de son voisin de droite : supposez qu'il ait un valet, et ce dernier un dix, il pose ce valet sur cette carte; le voisin l'imite; et si le troisième joueur a un neuf, il pose le dix sur le neuf, puis le valet sur le dix; et si, par un hasard qui arrive souvent, il se trouve avoir à la suite la dame et le roi, il ajoute ces deux cartes aux précédentes. Le jeu se continue, et chacun à son tour se décharge sur son voisin, s'il y a lieu; car, lorsque les cartes ne se suivent pas, on passe. Le premier qui s'est débarrassé de ses cartes emporte le gros lot, et attend la fin du jeu; le second prend le second, le troisième, le dernier; et les autres joueurs n'ont rien.

Il est très piquant de voir que lorsqu'un joueur n'ayant plus qu'une carte, saisit déjà le lot principal dans sa pensée, son voisin, chargé d'un gros tas de cartes qu'on vient de lui donner, les lui passe toutes à la suite, ce qui s'appelle la *débâcle* : c'est alors que l'on fait la *patience* ou le *nigaud*; mais par bonheur la débâcle circule.

Quand on recommence, il faut mêler et faire couper, les cartes plusieurs fois.

PAPILLON (Jeu du). Ce jeu, fort amusant, se joue à trois et au plus à quatre personnes. On emploie un jeu de cartes entier, et après être convenu des tours que l'on veut jouer, après avoir taxé l'enjeu, on détermine ce que l'on donnera à celui qui gagnera la plus basse carte qui désigne le donneur.

Celui-ci donne à chaque joueur et prend trois cartes, qu'il doit invariablement distribuer une à une; ensuite il étend sur la table sept cartes retournées, qu'il prend de suite sur le dessus du talon : cela se fait ainsi quand on joue à trois personnes; mais lorsqu'on est quatre, le donneur n'étend que quatre cartes sur le tapis.

Il doit y avoir au milieu de la table un corbillon dans lequel chacun met l'enjeu.

Le premier en cartes examine son jeu, et voit s'il n'y a pas sur le tapis quelque carte qui puisse lui convenir. Il ne peut changer, au reste, que la couleur; car il faut nécessairement remplacer une carte par une carte semblable : ainsi un roi, par un roi, etc. Pour les cartes blanches, on peut agir autrement, et en prendre plusieurs petites pour une forte qui contiendrait les derniers points disséminés dans les autres. On trouve double avantage : premièrement, parce qu'on enlève du tapis des cartes qui pourraient accommoder les autres joueurs; secondement, parce que l'on réunit dans son jeu un plus grand nombre de cartes, et que cela peut conduire à gagner les levées.

On n'échange les cartes qu'à son tour. On ne peut, avec une carte quelconque, en lever deux semblables qui seraient sur le tapis, comme aussi lorsqu'on a plusieurs cartes pareilles en main, et qui ont leurs correspondantes sur le tapis; on ne peut toutefois en jouer qu'une à chaque tour de son jeu.

Si votre tour est de jouer, et que, faute de cartes convenables, vous ne puissiez point en lever sur la table, vous seriez forcé de vous étendre ou jeter à bas votre jeu, et de mettre au corbillon autant de jetons que vous avez abaissé de cartes. Alors vous ne jouez plus, jusqu'au moment où chacun ayant joué ses trois cartes, le donneur donne, comme d'abord, trois cartes à chaque joueur, à la suite du talon, et on recommence.

Quand chacun a levé une carte à son tour pour une des siennes, le premier jette sur la table celle qu'il veut ; chacun doit fournir de la couleur, ou renoncer. Au troisième tour, on échange encore. Lorsque toutes les cartes sont données pour la seconde fois, celui qui se défait de ses trois cartes le premier gagne. Si plusieurs s'en défont à la fois, c'est le donneur qui gagne ; et ses plus proches voisins auront la préférence.

Quand personne ne fait, c'est-à-dire ne se défait de ses trois cartes, comme il arrive souvent, celui qui joue la dernière carte en s'étendant, outre qu'il ramène toutes les cartes qui sont sur le jeu pour servir à lui faire gagner les cartes, reçoit encore de chacun un jeton de consolation.

Plusieurs personnes se bornent à échanger des cartes, et ne les jouent pas entre les deux donnes.

Hasards du jeu du papillon. 1o Le petit papillon. — Le joueur qui, en jouant, dans le courant de la partie fait ses trois cartes, gagne un jeton de chacun de ses partenaires, et fait petit papillon. J'ai dit dans le courant de la partie, puisque celui qui les lève, quand toutes les cartes sont jouées, gagne la partie.

2o Le hanneton. — Il consiste dans le coup suivant. Avoir un roi, un valet, une autre carte dans son jeu, et lever les trois cartes de la même manière.

3o La sauterelle. — Lever en jouant toutes les cartes, ou la dernière carte qui resterait sur la partie, constitue la sauterelle : ce qui fait gagner un jeton de chaque joueur, et force celui qui joue après de s'étendre.

Des as. — Ces cartes ont un privilége spécial au jeu qui nous occupe : la personne qui, en s'étendant, étale un ou plusieurs as, obtient de chaque joueur autant de jetons qu'elle a étendu d'as.

Lorsqu'en prenant des cartes sur le tapis on prend un ou plusieurs as, on se fait payer autant de jetons par chacun.

Le porteur d'un as tirant un autre as sur le tapis gagne deux jetons de chacun des joueurs. Le porteur d'un deux qui enlève deux as sur le tapis gagne quatre jetons; celui qui, avec un trois, lèverait trois as placés sur la table, en gagnerait six; enfin le joueur qui, avec un quatre, lèverait les quatre as mis sur le jeu, obtiendrait huit jetons de chaque joueur. Mais ce coup est extrêmement rare.

Le joueur qui aurait trois cartes semblables, comme trois rois, trois dames etc , dont la quatrième serait sur le tapis, pourrait la prendre avec ses trois, et gagnerait un jeton de chacun. Celui qui dans ses levées (soit que l'on ait ou non joué entre les donnes) a le plus grand nombre de cartes gagne un jeton de chaque partenaire pour les cartes ; lorsqu'elles sont égales entre les joueurs, personne ne les gagne, mais elles se paient double au coup suivant.

Le donneur doit avertir, lorsqu'il n'y a plus que trois cartes pour chacun au talon, que ce sont les dernières cartes à donner.

PIQUET (Jeu de). On ne joue ordinairement que deux au piquet : le jeu de cartes qu'on emploie en prend le nom. Ce jeu se compose de trente-deux cartes, où les as sont au-dessus des rois ; le reste garde sa valeur ordinaire. L'as vaut onze, et emporte toujours le roi, pourvu qu'il soit de couleur semblable. Chaque figure vaut dix points.

On convient du prix du jeu et du nombre de points que l'on jouera ; ce nombre est de cent pour l'ordinaire, et l'on dit communément « faire un cent de piquet, » pour dire une partie de piquet. On peut prendre une quantité de fiches et de jetons formant le nombre cent (à dix jetons la fiche), pour connaître en marquant quel est le joueur qui a le premier fourni ce nombre ; mais le plus communément on se sert d'une carte coupée sur les quatre faces : d'un côté sont quatre coupures pour les unités, et une cinquième entaille à l'extrémité pour le nombre cinq ; de l'autre côté, il y a également quatre coupures pour les dizaines, et une cinquième aussi à l'extrémité pour le nombre cinquante. Le coup n'est pas plus tôt fini que chacun doit marquer ce qu'il a fait de points, jusqu'à ce que la partie s'achève.

On tire à la plus basse carte à qui donnera. Le donneur distribue les cartes deux à deux, ou trois à trois, mais jamais une à une, jusqu'à ce que chacun en ait douze : il n'en reste donc que huit, qui forment le talon , et que l'on pose sur le tapis sans faire de retourne , car il n'y a point d'atout, ce sont les meilleures cartes de la couleur jouée qui font la levée.

Si, par erreur, au lieu de douze cartes, celui qui donne en donne treize à son adversaire, ou les prend pour lui-même, il est loisible à celui qui a la main de se tenir au jeu ou de faire refaire. Bien entendu s'il s'y tient, il n'écartera que quatre cartes au lieu de cinq, afin qu'il en reste toujours trois au dernier. Si l'un des deux joueurs se trouvait avoir quatorze cartes, il faudrait refaire.

Quand, dans le talon, il y a une carte retournée, le coup est bon si ce n'est pas celle qui est au-dessus du talon, ou la première des trois que doit prendre le dernier. La carte en effet, hormis ces deux cas, peut n'être vue d'aucun des deux joueurs.

Il y a au piquet trois sortes de hasards, qu'on appelle *pic, repic et capot*

Le pic a lieu lorsque ayant compté un certain nombre de points sans que l'adversaire ait rien compté, on va en jouant jusqu'à trente, auquel cas, au lieu de compter trente, on dit soixante, et l'on continue au-dessus de ces nombre.

Le repic a lieu lorsque dans son jeu, sans que l'adversaire puisse rien compter, ou du moins avant son tour de parler, on compte jusqu'à trente points ; dans ce cas, au lieu de compter trente, on dit quatre vingt-dix, et l'on continue à compter les points au-dessus, à partir de ce dernier nombre.

Le capot a lieu lorsque l'un des deux fait toutes les levées à lui seul. Il compte alors quarante points, tandis que dans les coups ordinaires celui qui fait un plus grand nombre de levées (faire les cartes) n'en compte que dix. On peut joindre le capot au pic et repic. Ce coup se présente rarement. On peut ainsi faire jusqu'à deux cents un points d'un coup.

Pour faire pic, c'est-à-dire pour compter soixante au lieu de trente, il faut être premier. Si l'on est dernier en effet et que le premier jette une carte, il comptera un, et eussiez-vous compté dans votre jeu vingt-neuf en faisant la levée, vous ne compterez que trente.

A la fin d'une partie, lorsque les deux joueurs sont également avancés, voici dans quel ordre se comptent les points : les cartes blanches d'abord, qui valent dix ; le point ensuite, puis les tierces, quatrièmes, etc.

De l'écart. — Lorsque chaque joueur a reçu les douze cartes qui composent son jeu, il les examine, et doit, pour mieux les connaitre, arranger ses couleurs, c'est-à-dire les cœurs avec les cœurs, les piques avec les piques ; et ainsi des autres.

Il doit d'abord considérer s'il a cartes blanches, c'est-à-dire absence de figures dans son jeu ; enfin, si l'un des deux joueurs a cartes blanches, après que l'autre a fait son écart, il les étale sur le tapis. Les cartes blanches valent dix points, qui sont comptés avant le point même, et qui servent à faire le pic et le repic, et à les parer. Les as sont considérés comme cartes blanches.

Le jeu examiné, celui qui est le premier à prendre fait son écart, c'est-à-dire qu'il choisit dans son jeu les cinq cartes qui lui semblent les moins nécessaires, pour en reprendre un égal nombre du talon.

Il ne peut point en prendre plus de cinq, mais moins s'il veut, c'est-à-dire, une, deux, trois ou quatre ; il est alors en droit de voir les cartes qu'il laisse, et qu'il pourrait prendre.

Le dernier en cartes est libre de ne pas prendre toutes les cartes qu'on lui aura laissées ; mais comme le premier il doit en prendre au moins une, et à son choix, deux, trois, etc., dans leur ordre de placement. S'il en laisse, il peut les voir, et le premier a droit de les voir aussi, en accusant toutefois la couleur dont il commencera à jouer ; si le dernier, ayant laissé des cartes, les avait mêlées avec celles de son écart, le premier est en droit de voir son écart, en disant toujours la couleur dont il jouera en entrant au jeu.

Si, par malice ou par mégarde, celui qui a dit : Je commencerai par telle couleur, commençait par une autre, le dernier aurait le droit de le faire commencer par la couleur qu'il voudrait.

En faisant l'écart, le but des joueurs est de gagner les cartes et d'avoir le point ; ce qui les oblige à porter ordinairement la couleur dont ils ont le plus, ou bien dont ils sont plus forts ; il conviendra donc de préférer quarante-un à quarante-quatre d'une autre couleur où la quinte ne serait point faite, quelquefois même la quinte y étant. Dans ces quarante-un, une seule carte peut faire une quinte majeure ou le point, et servir à gagner les cartes ; ce qui n'arriverait pas en portant les quarante-quatre, à moins qu'il n'y eût une rentrée extraordinaire.

Si l'on joue pour un grand coup, il faut jouer différemment que lorsqu'on joue pour un petit coup, parce que l'on s'abandonne pour le grand coup, absolument à la rentrée, qui est fort incertaine, au lieu que pour un petit coup, l'on porte un jeu que la rentrée, quelle qu'elle soit, doit rendre meilleur et suffisant pour le faire, à moins que ce ne fussent absolument les cartes les plus opposées au jeu ou de moindre valeur.

Il faut encore, en écartant, tirer à se faire des quatorze ; on appelle *quatorze* quatre as, quatre rois, quatre dames, quatre valets, ou quatre dix ; et, à la faveur du quatorze d'as, on en peut compter un bien plus bas, comme celui de dix, par exemple, même quand l'adversaire en aurait un de rois, de dames ou de valets, parce que le quatorze le plus fort annulle le moindre dans la main adverse ; et, comme l'on compte, au défaut des quatorze, trois as, trois rois, trois dames, trois valets ou trois dix, il est encore bon d'y tirer : vous observerez que trois as valent mieux que trois rois, que le moindre quatorze empêche trois as, et ainsi de suite, et qu'à la faveur d'un quatorze, on compte non-seulement d'autres quatorze moindres, mais encore trois dix ou autres trois ; pourvu que ce ne soit point de neuf, de huit ou de sept, encore que l'adversaire ait en main trois d'une valeur au-dessus. Le moindre usage rendra familière cette règle.

Des quatrièmes, quintes, sixièmes, septièmes, huitièmes. — Le point est une quantité de cartes d'une même couleur que l'on a dans son jeu, et dont on assemble les nombres pour les accuser ; le point se compte, savoir : l'as onze, les figures dix chacune, et les autres cartes autant de points qu'elles en marquent ; le dix, 10 ; le neuf, 9, etc.

Le point assemblé, le premier à jouer l'accuse, et demande à son adversaire s'il est bon. S'il en a autant, il dit qu'il est égal ; et s'il en a plus, il dit qu'il ne vaut pas. Celui qui a le plus fort compte autant de points qu'il a de cartes ; si le point est égal, personne ne doit le compter. Il en est de même lorsque les deux joueurs ont les mêmes tierces, quatrièmes, et cinquièmes, ou quinte, etc. ; à moins que, par une quinte, quatrième ou tierce supérieure, il ne rende bonnes les tierces, quatrièmes ou quintes inférieure, qui pourraient être égales à celles de son adversaire.

Les tierces. — Il y a six sortes de tierces : la première, que l'on appelle majeure, est composée d'un as, d'un roi et d'une dame; la seconde, nommée tierce au roi, est composée d'un roi, une dame et un valet; la troisième dite à la dame, est composée d'une dame, un valet et un dix; la quatrième au valet est composée d'un valet, un dix et un neuf; la cinquième au dix, est composée d'un dix, un neuf et un huit; la sixième, qu'on appelle tierce basse ou fine, est composée d'un neuf, un huit et un sept. Vous observerez qu'il faut, pour faire une tierce, une quatrième, une quinte, une sixième, etc., que toutes les cartes soient de même couleur, soit en carreau, en trèfle, cœur ou pique.

Les quatrièmes. — Il y a cinq sortes de quatrièmes : la première, qu'on appelle majeure, est composée d'un as, un roi, une dame et un valet; la seconde, nommée quatrième au roi, se compose d'un roi, une dame, un valet et un dix; la troisième à la dame est composée d'une dame, un valet, un dix et un neuf; la quatrième au valet est composée d'un valet, un dix, un neuf et un huit; et la cinquième, dite quatrième basse, se compose d'un dix, un neuf, un huit et un sept.

Les quintes ou cinquièmes. — Il y a quatre sortes de quintes : la première, dite quinte majeure, se compose d'un as, un roi, une dame, un valet, un dix; la seconde, nommée quinte du roi, est composée d'un roi, une dame, un valet, un dix et un neuf; la troisième, dite à la dame, est composée d'une dame, un valet, un dix, un neuf et un huit : et la quatrième, dite quinte basse ou au valet, se forme d'un valet, un dix, un neuf, un huit et un sept.

Les sixièmes. — Il y a trois sortes de sixièmes : la première, dite majeure, est composée d'un as, un roi, une dame, un valet, un dix et un neuf; la seconde, dite au roi, est composée d'un roi, une dame, un valet, un dix, un neuf et un huit; et la troisième à la dame se compose d'une dame, un valet, un dix, un neuf, un huit et un sept.

Les septièmes. — Il y a deux sortes de septièmes : la première, appelée majeure, est formée d'un as, un roi, une dame, un valet, un dix, un neuf et un huit; la seconde, dite au roi, se compose d'un roi, une dame, un valet, un dix, un neuf, un huit et un sept.

Les huitièmes. — Il n'y a qu'une sorte de huitième, qui est composée des huit cartes d'une même couleur, depuis l'as jusqu'au sept. C'est à quoi il est bon de viser en faisant son écart, étant de l'avantage d'un joueur d'en avoir, car une tierce bonne vaut, à celui qui compte, trois points; une quatrième; une cinquième ou quinte, quinze; une sixième, seize; une septième, dix-sept; et la huitième, dix-huit, outre les points qui sont accordés pour le point. Par exemple, un joueur qui aurait une quinte majeure dont le point serait bon, compterait quinze pour la quinte et cinq pour le point, ce qui ferait vingt;

ainsi de la quatrième, pour laquelle on compterait quatre, et quatre pour le point s'il était bon, ce qui ferait huit. La même chose se fera à l'égard des sixièmes et huitièmes.

Celui qui a la plus haute tierce, quatrième, quinte, etc., annulle toutes celles inférieures. Par exemple, une tierce majeure annulle une tierce au roi qu'aurait l'adversaire, et ainsi des quatrièmes, quintes, sixièmes, septièmes, en observant que la moindre quatrième annulle la plus haute tierce, la moindre quinte la plus haute quatrième; la moindre sixième la plus haute quinte, et la moindre septième la plus haute sixième; une huitième annulle toutes les espèces de séquences.

A la faveur d'une tierce, d'une quatrième, etc., qui est bonne, on fait passer les moindres tierces, quatrièmes, etc., et l'on accumule ainsi les points, le jeu de l'adversaire étant annulé par le fait de la prééminence d'une partie de celui du joueur.

Manière de jouer. — Lorsque chacun des joueurs a pris du talon les cartes qui lui sont destinées, il doit assembler son jeu pour voir ce qu'il a à compter. Après avoir compté le point, le joueur doit examiner s'il n'a pas de tierces, quatrièmes, quintes, etc., afin de compter autant de points.

Le point, les tierces, quatrièmes, quintes, etc., doivent être mis sur table lorsqu'ils sont déclarés bon, afin qu'on puisse en compter la valeur; car si un des joueurs, qui aurait accusé le point, ou des tierces, quatrièmes, quintes, etc., qu'on lui aurait dit valoir, oubliait de les montrer et jouait sans les avoir comptés, il ne pourrait plus y revenir; son adversaire compterait son point, encore qu'il fût moindre et ses tierces, quatrièmes, quintes, etc., quoiqu'elles fussent plus basses, pourvu néanmoins qu'il les montrât lui-même avant de jeter sa première carte; sans quoi, c'est-à-dire s'il avait jeté, il ne serait plus temps d'y venir, et alors ils ne compteraient ni l'un ni l'autre. Lorsque l'on a compté avec soin les tierces, quatrièmes, quintes, etc., il faut examiner si l'on a des quatorze.

S'il n'y a point de quatorze dans le jeu, on cherche à compter trois as, trois rois, trois dames, trois valets, ou enfin trois dix, les plus hautes annulant toujours les inférieures.

Après donc que chacun a examiné son jeu et vu, par les interrogations faites, ce qu'il a de bon, le premier commence à compter; la première chose qu'il compte, ce sont les cartes blanches, qui valent dix points : s'il les a, il commence alors en disant : Dix cartes blanches valent dix; et s'il a le point, il l'étale et compte. S'il a cinq cartes en points, dix et cinq pour le point font quinze; s'il a ensuite une quatrième bonne, il l'étale également et ajoute quatre points à quinze, qui font dix-neuf; s'il a en outre un quatorze ou trois as, ou trois de quelque autre chose qui soit bon, il les ajoute encore: et, après avoir compté tout son jeu, il joue une carte, en comptant un point pour la carte qu'il joue.

Après que le premier a joué sa carte, le dernier, avant de jouer, montre son point, s'il l'a bon, ses tierces, ses quatrièmes, quintes, etc., ses cartes blanches, s'il les a; et, après avoir additionné tout ce qu'il a à compter, il lève la carte que le premier a jouée s'il le peut, ou bien fournit de la couleur s'il ne peut pas prendre; et lorsqu'il prend la levée, il joue de la couleur qu'il veut.

De la manière de compter. — Après que chacun a examiné son jeu, et connu, par les interrogations faites, ce qu'il peut y avoir de bon, le premier commence à compter (nous lui supposerons un jeu fourni pour servir d'exemple) : 1° il compte les cartes blanches et dit; dix de cartes blanches valent dix; (il étale ensuite le point, et supposez qu'il ait cinquante en points) dix et cinq pour le point, font quinze. Vient la quatrième bonne qu'il étale également, et ajoute quatre points à quinze, qui font dix-neuf; dix-neuf et quinze précédens font trente-quatre (vient un quatorze); quatorze pour le quatorze et trente-quatre font quarante-huit, et quarante-neuf, continue-t-il en jetant une carte sur le tapis, si cette carte est un as, un roi, une dame, un valet ou un dix.

Le premier ayant compté ainsi et joué sa carte, l'autre joueur, avant de jouer, l'imite; et, après avoir additionné comme lui tout ce qu'il peut avoir à compter, il lève la carte jouée s'il le peut, en en mettant une plus forte, ou bien une plus faible, mais de la même couleur; lorsqu'ensuite il prend la levée, il joue par la couleur qu'il lui plaît.

On nomme toujours la couleur dont on joue; en même temps on ajoute au compte de son jeu autant de points que l'on joue de figures, d'as ou de dix; ors même qu'on n'en joue point, on ne laisse pas de nommer de temps en temps son point pour ne point l'oublier; aussi entend-on presque continuellement les joueurs de piquet répéter entre leurs dents le nombre qu'ils espèrent accroître.

Lorsqu'il lui arrive que le point et diverses séquences ne sont pas bons, parce que ceux de l'adversaire sont meilleurs, le premier commence à compter par un en jetant sa carte. Il va sans dire que le premier annonce ses séquences et quatorze de la même manière que le point, et que les réponses sont semblables, suivant les cas.

Celui qui prend la levée rejoue toujours; on continue de la sorte jusqu'à ce que les douze cartes soient jetées, et celui qui obtient la dernière levée compte deux points. Chacun compte ensuite ses levées; celui qui en a le plus compte dix pour les cartes, ce qui s'appelle les gagner. Lorsque les levées sont égales, personne ne compte.

Quand le nombre convenu des points est terminé, et que l'on recommence une partie, si le perdant veut jouer, on coupe pour savoir à qui fera le premier, à moins qu'au commencement de la partie on ne soit convenu que la main suivrait.

Lorsque par erreur on a écarté une carte qui faisait un quatorze, et que les trois restantes sont bonnes, on doit le dire à l'adversaire, s'il le demande à temps. Si l'on n'a qu'un seul quatorze qui doit valoir, on n'est pas tenu de spécifier; on dit seulement quatorze; mais si l'on peut en avoir plusieurs, on est obligé de les nommer.

PIQUET A ÉCRIRE (le). La partie se joue ou au malheureux, ou à tourner. Si l'on joue au malheureux, le joueur qui marque est relevé par l'un des joueurs qui attendent; si l'on joue à tourner, on commence par un côté, et l'on continue à tourner du même côté, quel que soit le joueur qui marque ou qui soit marqué. Ainsi, en commençant, l'un des joueurs joue avec celui qui se trouve à sa droite; après le coup, ce second joueur joue avec le troisième, et ainsi de suite. Cette manière est la plus ordinaire, et elle rend la partie plus égale.

Il faut convenir, avant de commencer à jouer, du nombre de rois et de tours que l'on jouera, si c'est six, neuf ou douze rois plus ou moins; un roi deux tours, et un tour veut dire deux coups. Il faut, pour qu'un tour soit joué, que chacun des deux joueurs ait mêlé une fois; on convient ensuite de la valeur de chaque point, soit 5 centimes, 10 au-dessus, puis on tire la main.

On joue, du reste, selon les règles du piquet.

Cependant l'on compte à demi-tour les points que l'on fait de plus que son adversaire; en les comptant avec des jetons, par exemple, on suppose que du premier coup l'un des deux joueurs ait fait vingt points et son adversaire dix : ce sont dix points que le premier a de plus, et qu'il marque avec des jetons jusqu'à ce que le second coup soit joué. Si dans le second coup le possesseur des dix points n'en faisait encore que dix, et que le second joueur en obtînt quarante, ce serait vingt points que celui-ci aurait de plus que lui de ce second coup, parce que de quarante points il faudrait en soustraire vingt : savoir, dix du coup précédent et dix du coup suivant; par conséquent, il resterait vingt points que l'on écrirait pour le perdant, et ainsi des autres coups. Au surplus, la table suivante indiquera la méthode qu'il convient d'employer pour marquer ceux qui perdent : on observera seulement que tous les points qui se trouvent au-dessous de cinq sont comptés pour rien, et que cinq points au-dessus sont comptés pour dix. Par cette raison, quinze points en vaudront contre le marqué autant que vingt-quatre, c'est-à-dire qu'ils seront marqués pour vingt, et ainsi des autres. Si l'on est trois joueurs, on fait trois colonnes; à la tête de chacune, on met le nom du joueur, et on marque sur cette colonne à mesure qu'il est marqué.

Table de douze rois et vingt-quatre tours joués.

A	B	C
30	50	60
40	40	100
100	50	40
50	50	90
70	50	70
90	60	100
50	50	50
60	80	20
490	390	550

Voilà les colonnes de chaque joueur marquées des points qu'ils ont perdus dans le cours de douze rois qu'ils ont joués. Les totaux sont de 490, 390, 550, qui produisent ensemble 1410 points, qu'il faut diviser en trois personnes, ce qui fait pour chacune 470 points ; cette division faite, chacun prend sa rétribution, de telle sorte que B, qui n'a que 390 points, en gagne 80, parce qu'il manque de ce nombre pour se remplir des 470 qui font son tiers de 1410 points ; et A, marqué de 490 points, en perd 20, parce qu'il a le même nombre au-dessus de 470 ; et par la même raison, C perd 60 points. Lorsqu'il y a quelque dizaine de surnuméraire, elle est au profit de celui qui perd le plus.

On paie ordinairement une consolation à ce jeu ; elle est de 20 par marque, plus ou moins, selon qu'on en est convenu : de manière que si elle est de 20, le joueur marqué de 30 par le jeu a 50 en perte, et ainsi des autres ; cette consolation est pour le gagnant.

PIQUET A TROIS ET A CINQ, SANS ÉCRIRE. Chaque joueur prend la valeur de six autres marques en cinq fiches et dix jetons ; chaque fiche vaut dix jetons, et chaque jeton est compté pour dix marques ; en sorte qu'un joueur marqué de trente paie en mettant trois jetons.

Au reste, le jeu marche comme en écrivant ; mais au lieu d'avoir un encrier au bout de la table, on a un corbillon dans lequel on place ce dont on est marqué, et que l'on partage également entre tous les joueurs lorsque la partie est terminée.

La consolation se paie par le marqué comme il vient d'être dit ; mais, au lieu de dix dont il est marqué par le jeu, il en met trente (ou trois jetons) dans le corbillon, et cinquante au lieu de trente, ainsi du reste. Outre cette consolation, il doit en payer une autre, et celle-ci est de deux jetons pour celui qui l'a marquée, et d'un jeton aux autres joueurs ; il reçoit cette seconde consolation lorsqu'il marque, ou que les autres jouent entre eux.

Quand les coups de deux joueurs sont égaux, ou qu'il ne reste pas à l'un plus de quatre points qu'à l'autre, il y a *refait* ; alors celui qui est marqué après ce refait paie au corbillon vingt marques de plus ; après deux refaits, il paie quarante, et ainsi de suite ; à moins cependant que l'on ne soit convenu qu'afin d'empêcher les refaits on marquera à un point : en ce cas, pour que le refait ait lieu, il faut que les deux coups soient parfaitement égaux.

La partie étant achevée, ce qu'indique la carte où l'on a marqué le nombre de tours convenu, et que le corbillon est partagé par parties égales entre les joueurs, chacun, sans embarras, voit ce qu'il perd ou gagne, et les jetons impairs et surnuméraires qui n'ont pu être partagés sont le bénéfice du joueur qui perd davantage.

PIQUET NORMAND, OU A TROIS. Les règles du piquet à deux sont applicables à celui-ci, sauf les exceptions suivantes :

1. Après avoir tiré à qui fera, celui qui mêle fait couper le joueur placé à sa gauche, puis il distribue à chaque joueur dix cartes par deux et trois, à sa volonté, mais jamais par quatre.

2. Il reste au talon deux cartes ; celui qui donne a le droit de les échanger contre deux des cartes qui lui sont échues.

3. Les huitième, septième, sixième, quinte, quatrième, etc., se comptent comme dans le piquet à deux, ainsi que les quatorze, les trois as, les trois rois, les trois dames, etc.

4. Lorsqu'en comptant son jeu, le premier à jouer va jusqu'à vingt sans jouer une carte, il compte quatre-vingt-dix ; mais il ne compte que soixante s'il lui a fallu, pour arriver au nombre vingt, jouer une ou plusieurs cartes : mais il faut pour cela que le joueur qui arrive au nombre vingt ait le point, et qu'il attaque ce nombre avant que l'un des deux autres joueurs ait fait une levée.

5. Celui qui a fait le plus de levées compte dix pour les cartes.

6. Le capot arrive assez souvent à ce jeu ; il vaut quarante points comme au jeu de piquet ; mais ces quarante points se partagent entre les deux autres joueurs, c'est-à-dire que chacun d'eux compte vingt points. Si les deux joueurs étaient capots, le troisième joueur qui serait parvenu à faire toutes les levées marquerait seul les quarante points.

7. L'un des trois joueurs ayant atteint le premier le nombre cent, ou cent cinquante ou deux cents, suivant que la partie a été fixée, se retire ; les deux autres joueurs luttent l'un contre l'autre au piquet à deux, celui qui succombe perd alors la partie contre les deux joueurs.

PIQUET VOLEUR, OU A QUATRE. Ce jeu se joue deux contre un. On tire la main ; celui qui fait donne par deux et trois cartes, de façon que chaque joueur en ayant huit, il ne reste rien au talon. Celui qui est premier annonce son point, ses quintes, quatrièmes, quatorzes, etc. Si son jeu est bon, son partenaire compte tout ce qu'il a dans son jeu. Comme aux autres parties, les cartes comptent dix, et le capot quarante.

Le piquet à quatre exige dans le joueur une grande attention, car de la combinaison de son jeu avec celui de son partenaire dépend toujours le gain de la partie.

POQUE (jeu du). On joue à ce jeu depuis trois personnes jusqu'à six : n'est-on que trois ou quatre, on se sert d'un piquet; est-on six, on y ajoute les six. On tire la donne au sort, parce qu'elle est avantageuse. Les joueurs reçoivent chacun cinq cartes données par deux et trois : ils prennent chacun un enjeu, qui est ordinairement de vingt jetons et de quatre fiches (chaque fiche valant cinq jetons), dont on détermine la valeur conventionnelle.

On a ensuite six poques, c'est-à-dire six cassetins de la grandeur d'une carte, et fort bas de bord : on les met sur la table, au milieu, et chacun d'eux a son nom écrit : l'un est marqué as, l'autre roi, le troisième dame, le quatrième valet, le cinquième dix et neuf, et le sixième le poque proprement dit. Un jeton est mis par chacun dans chaque poque. Le donneur tourne alors la dernière carte du talon (celle qui vient après la distribution). Si cette carte répond à l'une de celles marquées sur les poques, il tire les jetons qui sont dans le poque correspondant à la retourne.

Cela fait, chacun examine son jeu, et regarde s'il n'a point poque, c'est-à-dire deux, trois ou quatre as, et ainsi des autres cartes inférieures, les as étant les cartes supérieures du jeu.

Le premier à jouer doit dire pour lever le poque, je poque d'un jeton, de deux, ou plus, s'il le juge à propos : si ceux qui le suivent ont aussi poque, ils peuvent tenir au prix où est porté le poque, ou bien renvier de ce qu'ils veulent, ou l'abandonner sans vouloir hasarder de perdre le renvi qu'il faudrait payer s'il perdaient.

Les renvis faits, chacun dit quel est son poque et le met bas, et celui qui a le plus haut, non seulement gagne ce qu'il y a dans le poque, mais encore tous les renvis qui ont été faits. Quand quelqu'un des joueurs dit, je poque du tout, et que chacun se tait, soit qu'on n'ait pas poque, ou qu'on l'ait trop bas, le joueur qui a parlé le premier lève le poque, sans être obligé de montrer son jeu.

Le poque de retour (on nomme ainsi deux sept en main) et un poque de retourne valent mieux que les deux as en main, et ainsi des autres cartes. A plus forte raison, les poques de trois, de quatre cartes sont-ils successivement supérieurs l'un et l'autre, encore que le poque moindre pour le nombre des cartes se trouvât plus fort en points.

Le poque étant levé, on voit dans son jeu si l'on n'a point l'as, le roi, la dame, le valet, ou le dix de la couleur de la retourne : celui qui a l'un ou l'autre, ou plusieurs, lève les poques marqués aux cartes correspondantes, et ceux qui ne sont pas levés restent pour le coup suivant.

Quant à la manière de jouer les cartes au poque, on doit toujours se défaire de ses plus basses, parce qu'il arrive souvent que, ne pouvant rentrer au jeu, elles resteraient dans la main, ce qui serait un grand préjudice, car lorsqu'un joueur gagne la partie en se défaisant le premier de son jeu, il faut payer autant de jetons à chacun qu'on se trouve de cartes dans la main.

Il est prudent de se défaire promptement des as : il faut même les jeter avant tout autre chose, puisqu'on ne risque pas pour cela de perdre la primauté, et qu'on ne saurait mettre des cartes par-dessus : il convient ensuite de jouer ses cartes autant de suite qu'il est possible, comme six, sept, huit, etc.

Supposez donc qu'on commence à jouer par un sept, on dira (si on a le huit de même couleur) sept, huit, car autrement, comme au *hoc*, on dirait sept sans huit, ainsi de suite. S'il arrivait que tous les joueurs ne se trouvassent pas avoir le neuf à la suite, celui qui a commencé à jouer recommence de la même manière. Cela se pratique jusqu'à ce que l'un des joueurs, s'étant défait le premier de ses cartes, ait gagné la partie; alors il tire un jeton pour chaque carte restant entre les mains des joueurs, sans que cela les dispense de payer à chacun encore un jeton pour chaque carte, comme nous l'avons dit plus haut.

Les levées appartiennent au joueur qui met la plus forte carte.

QUARANTE DE ROI (jeu du). Le nombre de points que produit le coup principal du jeu en a fourni le titre. Ce jeu, assez peu connu, mais intéressant, est dit à *partenaires*, car il se joue entre quatre personnes, associées deux à deux.

On se sert pour le quarante de rois d'un piquet; les cartes ont leur valeur ordinaire; la plus haute est le roi, et la plus basse, le sept.

Les associations s'indiquent par le sort : nous avons déjà donné la manière de les obtenir, mais en voici encore une autre, spécialement propre à ce jeu. Les cartes mêlées et coupées, un des joueurs les retourne et les jette l'une après l'autre devant chaque joueur, jusqu'à ce qu'il ait paru un roi; alors on s'abstient de continuer à jeter des cartes devant la personne à laquelle le roi est échu, mais on en jette devant les autres joueurs, jusqu'à ce qu'ils aient chacun un roi. Cette manœuvre terminée, les deux possesseurs des rois rouges sont partenaires l'un de l'autre, et ceux qui se trouvent avoir les rois noirs deviennent leurs adversaires. Si le hasard voulait que les mêmes joueurs eussent les quatre rois; on réunirait alors ces rois et, en les tournant du côté blanc, on les ferait tirer aux quatre joueurs.

Les associés convenablement placés, et le sort ayant désigné le donneur, on joue le jeu de la partie, et l'on convient ordinairement que le gain sera de cinquante points : toutefois, ce nombre peut être augmenté ou diminué, à la volonté des joueurs. Il est assez d'usage que les associés restent ensemble jusqu'à ce qu'un des deux partis ait gagné et donné la revanche.

Le donneur distribue huit cartes à chacun, par une fois deux, et deux fois trois, ou deux fois trois et une fois deux : cet ordre, une fois adopté, ne doit plus être interverti. Le donneur termine par retourner la dernière, carte qui lui appartient, et qui marque l'atout. Cette carte doit rester sur le tapis jusqu'à ce que le donneur parvienne à son tour de jouer.

La parole appartient successivement à tous les joueurs, en commençant par la droite du donneur. Ainsi, avant de jouer, chacun doit annoncer les *marquans* de son jeu, car aussitôt qu'on a joué une carte, ce qui a été oublié est perdu.

Des cliques.—Les marquans à annoncer sont ce que l'on nomme les *cliques*; elles consistent en trois ou quatre valets, trois ou quatre dames, et trois ou quatre rois; mais il n'y a à chaque coup qu'une seule de ces cliques qui puisse être valable et produire des points. Trois valets peuvent être infirmés par trois dames; trois dames, infirmées par trois rois; trois rois, infirmés par quatre valets, ou quatre dames, et quatre dames infirmées par quatre rois, qui forment le *quarante de rois.* Ainsi, par exemple, si le premier joueur dit, *trois valets*, et que le second ait trois dames ou rois, il répond : *cela ne vaut pas.* La parole passe ainsi à tous les partenaires, et celui qui a la clique supérieure marque les points qu'elle fait compter. Ces points sont de six pour trois valets, reconnus bons; de huit pour trois dames; de dix pour trois rois; de treize pour quatre valets; de vingt pour quatre dames, et de quarante pour quatre rois.

Après avoir annoncé et marqué sa clique, s'il en a une, le premier à jouer jette la carte qu'il lui plaît; le joueur suivant fournit de la couleur jouée, s'il le peut; mais il n'est pas obligé de forcer, il peut d'ailleurs renoncer pour couper et pour surcouper. L'objet que doivent se proposer les associés, est réunir dans les levées qu'ils font l'un et l'autre le plus de figures possible, parce qu'il n'y a que les figures qui produisent les points. Un roi en vaut cinq, une dame quatre, et un valet trois. Il s'ensuit donc qu'à chaque coup de la partie il y a quarante-huit points à gagner en jouant, sans compter les points de la clique reconnue valable.

Un principe de rigueur, c'est que les partenaires doivent se favoriser mutuellement : ainsi, quand l'un a connaissance qu'une levée où se trouve déjà une figure peut être prise par son associé, il doit, selon les circonstances, ajouter à cette levée une autre figure, par préférence à une basse carte qui ne compte pas.

Le coup étant joué, les partenaires réunissent leurs levées, et comptent les points qu'elles contiennent, puis les ajoutent aux points marqués précédemment.

Lorsqu'on sait que son associé a des rois dans son jeu, ou qu'on en a soi-même, on doit s'efforcer de faire tomber les atouts, afin qu'il n'en reste plus pour couper les rois lorsqu'on viendra à les jouer.

Par le même motif, les adversaires doivent éviter de jouer les atouts, afin d'en conserver pour couper les rois des autres joueurs.

QUINTILLE (la). Ce jeu se joue à cinq personnes.

Les joueurs se placent comme à la bouillotte. (Voy. ce mot).

Pour la composition de ce jeu (voy. *pique-médrille*); pour la couleur favorite ou de préférence, et pour les fiches nommées *poulans* (voy. encore à ce dernier jeu). Quant à l'ordre, à la valeur des cartes, aux matadors, aux renvis, à la parole, au sans-prendre (voy. *hombre*). Comme au pique-médrille et au jeu précédent, les cartes qui suivent les trois premiers matadors sont matadors surnuméraires. Le joueur qui ouvre et conduit le jeu se nomme aussi l'hombre; les autres cherchent à le faire perdre et à faire codille.

Voici cependant quelque chose de particulier à ce jeu : les petites cartes d'une couleur autre que celle d'atout se nomment fausses cartes, et l'action de s'en défaire s'appelle *se défausser*. On dit qu'on est en cheville quand on n'est ni le premier ni le dernier à jouer. *Coster* se dit d'un joueur en cheville qui, ayant une carte-roi et une autre inférieure, jette celle-ci plutôt que celle-là, parce qu'il espère que la carte supérieure à celle qui n'est pas roi ne se trouvera pas dans la main de la personne avant laquelle il joue. On obéit, c'est-à-dire on fournit de la couleur jouée. La remise est le coup où l'hombre fait la bête sans que son adversaire ait gagné codille.

L'hombre peut s'associer à quelqu'un, et alors il partage la perte et le gain avec son partenaire. Si, dans leur partage, il se trouve un jeton impair, l'hombre le paie en cas de perte, et le recueille en cas de gain.

Tous les paiemens, pour lesquels on renvoie aux différens jeux nommés ci-dessus, se font doubles depuis le neuvième tour de la partie, que, pour cette raison, on nomme tour double : c'est le dernier. A mesure que les bêtes se multiplient, elles augmentent de quinze jetons.

QUINZE (jeu du). Ce jeu a quelque analogie avec la bouillotte. Le nombre quinze qui est son coup important l'a fait ainsi nommer.

On y peut jouer deux, trois, quatre, cinq et six personnes, et l'on emploie deux jeux entiers. Une pratique particulière à ce jeu, veut que l'on réunisse ensemble, pour former un jeu, les piques et les trèfles des deux jeux, et d'autre part les cœurs et les carreaux; cela fait le jeu rouge et le jeu noir. On décide ensuite de combien de tours sera composée la partie.

On s'occupe de la place que les joueurs occuperont autour de la table. S'il y en a, par exemple, cinq, on tire du jeu cinq cartes, savoir : un roi, une dame, un valet, un dix et un neuf, qu'on mêle, et qu'on présente ensuite aux joueurs, pour que chacun en prenne une. Celui qui tire le roi choisit la place qui lui convient; la dame se place à la droite du roi, le valet à la droite de la dame, le dix à la droite du valet, et le neuf à la gauche du roi. Le neuf en outre désigne le donneur. Alors chacun forme sa cave, en mettant devant soi l'argent qu'il veut risquer au jeu : on peut aussi former la cave de jetons en leur donnant une valeur convenue. Il est d'usage de convenir que la cave pourra bien excéder telle somme, mais qu'elle ne pourra être au-dessous. Chacun met ensuite un jeton, ou une pièce de monnaie suivant la convention, et ces mises forment ce qu'on appelle le jeu ou la passe.

Il est bon de faire remarquer ici que le donneur prend les cartes qu'il distribue, non en dessus, comme à l'ordinaire, mais en dessous du talon; il commence par en donner une à chacun. Alors chacun prend successivement la parole, et ou l'on passe, c'est-à-dire que l'on ne joue pas, ou l'on propose soit le jeu, soit une partie, ou même la totalité de sa cave. Le premier cas a lieu, non seulement lorsqu'on a mauvais jeu, mais encore lorsqu'il est beau, parce qu'alors on se réserve le droit de renvier celui qui jouera le premier,

S'il arrive que chacun passe, tout le monde remet au jeu, et l'on donne de nouvelles cartes. Cette seconde donne est confiée au donneur de la première, et il ne doit ni mêler, ni couper.

Il continue sa distribution jusqu'à ce qu'il ne reste plus au talon assez de cartes pour en donner une à chacun, et en conserver en outre deux dans la main.

Lorsqu'ayant la parole, un joueur ouvre le jeu, soit en disant qu'il fait le jeu ou la passe, soit en proposant une somme quelconque, qui ne peut être inférieure à la passe (à moins qu'il n'ait plus qu'un reste de cave devant lui), le joueur suivant est obligé d'accepter la proposition, ou de dire qu'il passe. Alors il ne peut, en ce dernier cas, revenir sur le coup; mais s'il a accepté de jouer ce que l'autre a proposé, il peut, s'il le juge convenable, renvier, et si le premier joueur n'accepte point le renvi, il perd ce qu'il a d'abord proposé.

Remarquez que lorsque le joueur qui a la parole a passé sans qu'aucun joueur précédent ait ouvert le jeu, il peut rentrer en concurrence avec ceux qui viennent à ouvrir ou à proposer. La même règle s'applique à tous ceux qui ont passé, lorsque auparavant il n'a été fait aucune proposition.

Si celui qui a ouvert le jeu, ou proposé de jouer une somme quelconque, vient à être renvié, et qu'il accepte le renvi, il demande carte au donneur qui tient dans sa main le talon. Celui-ci détache alors une carte de dessous le talon et la lui tend : elle se met à découvert sur la première carte du joueur, et celle-ci reste ouverte jusqu'à la fin du coup.

Sa carte reçue, le joueur prend la parole : il peut alors dire qu'il s'y tient, ou proposer en renviant. Dans l'un et l'autre cas, les joueurs qui sont engagés sur le coup peuvent renvier si cela leur convient; et ceux qui refusent d'accepter le renvi perdent ce qu'ils ont exposé avant leur refus.

Le joueur qui approche le plus du point de quinze, sans l'excéder, gagne ce qu'on a joué. Dans le cas où les points de deux personnes seraient égaux, la primauté l'emporterait. Cette primauté appartient au joueur qui est le plus près de la droite du donneur.

La valeur des cartes se détermine par la quantité de points qu'elles présentent. Ainsi l'as compte pour un point, le deux compte pour deux, etc. Les figures en marquent dix.

Lorsque les renvis proposés sur la première carte demandée sont terminés par l'acceptation des joueurs, celui qui a demandé une première carte peut en demander, s'il le juge à propos, une nouvelle, et successivement en prendre plusieurs autres, tant qu'il n'a point excédé le nombre de quinze; mais s'il excède, il crève ou brûle, perd irrévocablement, et doit abandonner son jeu. On doit remarquer, du reste, qu'à chaque nouvelle carte demandée, tous les joueurs intéressés sur le coup ont la faculté de renvier.

Quand le premier joueur, n'ayant point crevé, ne veut plus ajouter de cartes à celles qu'il a demandées pour former son jeu, il l'annonce en disant « basta » (il suffit), ce qui équivaut à s'y tenir.

C'est alors au joueur qui suit à former son jeu : pour cela il agit comme le premier, et ainsi successivement des autres. Quand tout le monde a formé son jeu, et qu'il n'y a plus lieu aux renvis, le premier accuse son jeu et le met à découvert. Si le second, sans avoir crevé, a un point supérieur, il le montre et gagne; mais si le premier a gagné sur le second, celui-ci coule son jeu au rebut sans le montrer. Tous les autres joueurs agissent de même.

REVERSIS (jeu du). Ce jeu charmant est d'origine espagnole ; quoique sa vogue ait beaucoup diminué, il se joue cependant encore dans beaucoup de maisons.

La boîte, la donne des cartes, leur valeur et la manière de les jouer. Le reversis se joue avec un jeu de cartes complet, moins les dix que l'on en retire. On emploie pour compter la boîte à jeu ordinaire, composée de quatre paniers carrés et un rond, ou cagnotte. Chaque panier carré est composé, 1o de cinq jetons qui valent chacun cinq fiches; 2o de dix contrats qui valent chacun dix jetons ou cinquante fiches; 3o enfin de vingt fiches, de sorte que la boîte équivaut à cinq cent quarante-cinq fiches. Le panier rond sert à contenir les paiemens dont il sera parlé ci-après.

Le reversis se joue à quatre. On tire les places, c'est-à-dire que l'on commence par placer les quatre paniers sur la table; on prend ensuite une fiche de chaque couleur que l'on met dans le panier rond. Chacun des joueurs en prend une, et se place à l'endroit où est le panier dont la couleur correspond à celle de la fiche qu'il a tirée. Les quatre joueurs sont assis : l'un d'eux prend le jeu de cartes et en fait quatre paquets, un pour chacun, et celui dans lequel se trouve le valet de cœur est celui qui commence à donner.

Quand le jeu commence, chaque joueur met au panier deux jetons, et celui qui donne en met trois : cette contribution forme le fonds des remises; elles se renouvellent toutes les fois que le panier est vide; ce fonds se nourrit par la contribution d'un jeton à chaque donne, par celui qui donne, et par les amendes, dont il sera parlé ci-après. Ensuite la donne circule toujours par la droite; c'est celui qui est le plus près à la droite de celui qui donne qui joue le premier, et ainsi de suite. L'as prend le roi, le roi prend la dame, la dame le valet, le valet le neuf, etc. On donne onze cartes aux trois personnes avec qui l'on joue et douze à soi. On ne peut donner les onze cartes qu'en trois fois : une par trois, et à soi quatre, et ensuite deux fois par quatre; tout autre façon est interdite. Carte retournée fait refaire, à moins que tous les joueurs ne jugent le coup bon, pour abréger. Celui qui, ayant mal donné, ne s'en serait pas aperçu, ou n'en aurait pas averti avant que l'écart fût fait, paiera au panier quatre jetons d'amende : le coup sera nul, et il perdra en outre cette fois-là sa donne sans pouvoir la racheter.

Des trois cartes du talon, la première est pour le premier joueur à droite de celui qui donne, la seconde pour le deuxième, et la troisième pour le troisième; celui qui donne écarte sans reprendre : c'est ce qui compose la partie.

Le joueur qui voit la carte de l'écart qui lui revient, et qui écarte ensuite, ne peut gagner la partie ni placer son quinola, si par hasard il l'avait, ni faire le reversis; néanmoins, s'il rompait le reversis ou forçait le quinola, l'un serait rompu et l'autre bien forcé; mais il ne recevrait rien pour avoir rompu le reversis, et point de consolation pour le quinola forcé. Il en serait de même du joueur qui prendrait sa carte sans écarter, il n'a droit à aucun paiement; mais le reversis rompu sera bien rompu, ainsi que le quinola forcé; c'est-à-dire que, dans les deux cas ci-dessus, le coup n'est pas nul à l'égard des autres. Quiconque joue sa carte avant son tour doit payer un jeton ou cinq fiches au panier.

Si un joueur se trouvait avoir écarté deux cartes au lieu d'une ne portant que dix cartes, il n'a droit à aucun paiement quelconque, à moins qu'il ne rompe un reversis ou ne force le quinola ; alors il en sera payé comme s'il n'avait écarté qu'une carte. Les paiemens qui ne lui sont pas dus sont les as ou quinola par lui placés, ainsi que la partie s'il la gagnait.

Toutes les cartes qui se trouvent sous le panier comptent pour la partie soit qu'il y en ait une de plus ou de moins. La partie appartient à celui qui la ramasse; cependant, tout autre joueur peut en avertir et régler le coup, s'il le juge à propos, mais toujours avant que l'on ait joué. On peut, en tout temps, examiner ses propres levées, mais il est interdit de toucher à celles des autres, si ce n'est à la dernière de toutes celles qui seront faites.

Le joueur qui renonce sans avoir quatre as, ou le quinola et trois as, doit mettre deux jetons au panier pour amende, et ne pourra toucher aucun paiement, à moins qu'en s'en apercevant il ne reprenne sa carte pour fournir de la couleur avant la levée de la main; la partie appartient à celui qui ne fait pas de levée, et, dans le cas de concurrence, à celui qui est le plus près à gauche du panier qui doit la payer.

Dans le cas d'égalité de points, elle appartient à celui qui a le moins de levées; et si les points et les levées sont égaux, elle appartient toujours au plus près à gauche du panier.

Quant à la perte de la partie, dans le cas d'égalité de points et de levées, c'est au contraire celui qui se trouve le plus éloigné, à gauche du panier, qui doit le payer.

La partie est formée par les points qui se trouvent par les quatre cartes de l'écart; les points s'y comptent comme les levées ; savoir : l'as quatre, excepté celui de carreau, qui y compte cinq, le roi trois, la dame deux, et le valet un, excepté celui de cœur, appelé le quinola, qui y compte quatre; on ajoute toujours quatre à ces points; c'est proprement ce que l'on doit nommer la partie, attendu qu'il pourrait arriver que les quatre cartes de l'écart fussent toutes blanches, et que celui qui les gagnerait ne comptât rien.

Du reversis. — Le reversis n'a lieu que quand on fait toutes les levées, c'est-à-dire capot. Dès que les neuf premières levées sont faites, le reversis est entrepris. Celui des joueurs qui aurait placé le quinola n'a plus de droit au panier; de même si celui qui l'a entrepris a forcé le quinola, ou le force par la suite, il ne fait pas la remise, parce que, perdant son droit au panier, par le seul fait des neuf levées par la même personne, il serait injuste qu'il fît la remise dans le cas contraire. Alors si l'on ne fait les deux autres levées, le reversis est dit rompu à la bonne, s'il est à la onzième levée, ou simplement rompu, s'il l'est à la dixième.

On ne peut rompre le reversis contre celui qui l'aurait entrepris qu'en faisant une des deux dernières levées.

De la remise. — Il n'y a que celui qui fait le reversis qui puisse tirer la mise, s'il a joué son quinola à l'une des neuf premières ; il n'y a que lui qui puisse la faire, si son reversis est rompu à l'une des deux dernières levées : autrement il ne fait pas la remise ni ne la retire, s'il a son quinola aux deux dernières levées, soit qu'il fasse le reversis, ou qu'il soit rompu, fût-il même forcé à la dernière bonne.

Du quinola. — La remise est attachée au valet de cœur, qui est la carte importante du jeu. Toutes les fois que l'on donne le quinola en renonce, on tire la remise ; cela s'appelle placer ou donner le quinola : toutes les fois, au contraire, qu'il est forcé, c'est-à-dire que l'on est obligé de le donner sur un cœur, lorsqu'on n'a pas l'espagnolette, il faut payer la remise égale au contenu du panier. Il en est de même toutes les fois que l'on est obligé de jouer le quinola : cela s'appelle quinola joué ou gorgé, excepté néanmoins le cas où celui qui aurait le quinola l'aurait joué à l'une des neuf premières levées et ferait le reversis ; c'est le plus grand coup que l'on puisse faire à ce jeu, parce qu'on tire la mise et qu'on se fait payer du reversis.

Mais d'un autre côté, si dans l'espérance de faire le reversis, on a joué le quinola à l'une des neuf premières levées, et qu'il soit rompu à l'une des deux dernières, il paie le reversis rompu, et fait en outre la remise : c'est le coup le plus cher. Ainsi pour peu que l'on doute de son reversis, il est prudent de ne le jouer qu'à une des deux dernières levées.

Dans les autres cas, où l'un des joueurs fait ou manque le reversis, et qu'un autre place le quinola, ou bien que son quinola est forcé, ce joueur ne tire la mise, ni ne la fait ; en un mot, du moment où il y a un reversis entrepris, il n'y a point de remise, parce qu'alors le quinola redevient valet de cœur, excepté seulement pour celui qui l'entreprend et qui l'aurait joué avant la dixième levée, parce que, si son reversis est rompu, il fait la remise, et la retire, s'il ne l'est pas.

De l'espagnolette.—Trois as et le quinola, quatre as et le quinola, ou seulement quatre as réunis dans la même main, font ce qu'on appelle l'espagnolette. Ce coup, très compliqué, difficile à jouer, renverse à peu près tout ce qui vient d'être dit.

L'espagnolette a le droit de renoncer à toutes couleurs ; il place, de cette façon, son quinola, quoique souvent seul dans sa main, et tire conséquemment la remise ; il donne, comme il lui plaît, les as à droite, à gauche ou en face.

Il gagne presque toujours la partie, de quelque manière qu'il soit placé. On dirait que l'on ne joue que pour lui ; et en effet, s'il joue bien, tous les avantages du jeu sont pour lui.

Mais, n'ayant le droit de renoncer que pendant les neuf premières levées, il doit fournir de la couleur , s'il en a, aux deux dernières levées ; si, par mégarde, il a gardé une grosse carte, et qu'on le fasse rentrer, il perd la partie, quand bien même il ne ferait qu'une levée blanche : s'il a placé son quinola dans les neuf premières cartes, il fait la remise et rétablit le panier tel qu'il était. Il est également tenu de payer les as doubles à ceux qui les lui auraient déjà payés.

Si l'espagnolette avait gardé son quinola dans l'espérance de le placer à la bonne, il se trouverait, par le fait, gorgé, s'il rentrait à la dixième carte. Cependant l'espagnolette ne fait pas la remise, si le quinola est placé par l'un des autres joueurs.

Toutefois s'il arrivait qu'un des joueurs entreprît le reversis, et qu'il le rompît, fût-ce même par le quinola forcé en sa main, à l'une des deux dernières levées, non seulement il ne ferait ni la remise, ni ne perdrait la partie, puisqu'il est de principe qu'il n'y a de remise pour personne dès qu'un reversis est entrepris et que le quinola n'a pas été joué dans les neuf premières levées, mais encore on lui paierait le reversis rompu.

L'espagnolette n'est pas censé avoir perdu son droit pour avoir fourni de la couleur que l'on demande, et même pour avoir mis au-dessus pourvu que la levée ne lui reste pas ; en un mot, il est libre et non forcé de renoncer.

S'il est le premier à jouer, qu'il joue cœur, et que le quinola se trouve seul dans quelque main, il en tire la consolation et ne perd pas pour cela ses droits, si cette levée ne lui reste pas.

Si, ayant par mégarde fait une levée dans le courant du jeu, il joue lo cœur, et force le quinola, il en reçoit de même la consolation ; mais il ne peut plus renoncer et ne peut gagner la partie qu'autant que les points de ses levées seraient au-dessus de ceux des trois autres ; c'est-à-dire qu'il rentre dès ce moment dans la classe des autres, sans qu'on puisse lui reprocher d'avoir précédemment renoncé. Il en est de même si, étant entré malgré lui à la dixième carte, il lui restait un cœur à jouer, et qu'il forçât, par ce hasard, le quinola à la dernière bonne, c'est-à-dire qu'on lui paierait la consolation double, comme étant à la dernière bonne ; et ce, sans égard à ses précédentes renonces.

Faire entrée signifie faire levée.

Lorsqu'un joueur fait le reversis, l'espagnolette paie seul pour tous les partenaires.

Si l'un des joueurs entreprend le reversis, et qu'un autre le rompe à la bonne, l'espagnolette qui a joué de son droit paie, outre le reversis, à la décharge de celui qui rompt, c'est-à-dire 64 fiches à la décharge de celui à qui il est rompu ; parce que l'espagnolette doit rompre le reversis à la bonne, et reçoit 64 fiches de celui auquel il l'a rompu.

Comme l'espagnolette n'est pas obligé de rompre le reversis par un as, il suffit d'avoir une carte au-dessus de celui qui a entrepris le reversis, en sorte que si un autre en fait la levée, c'est celui-là qui reçoit les 64 fiches non pas de l'espagnolette, mais de celui auquel il l'a rompu. Par exemple, un joueur a entrepris le reversis, et il lui reste un huit de trèfle. Celui qui est espagnolette en a le neuf, par conséquent il est censé avoir rompu le reversis, quoiqu'on ait le valet de trèfle, qui fait faire la levée, parce que, sans le valet, il l'eût lui-même rompu, et qu'il est assez puni de ne pas toucher les 64 fiches qui passent à celui qui avait le valet.

L'espagnolette peut aussi faire le reversis ; et dès-lors son jeu n'est plus qu'un jeu ordinaire.

Si l'espagnolette avait placé son quinola, et qu'il y ait un reversis fait ou marqué, il ne tirera pas la remise d'après la règle générale, qu'en reversis fait ou rompu, il n'y a pas de remise, excepté pour celui qui l'entreprend et qui le fait encore, lorsqu'il l'a jouée à l'une des neuf premières levées.

Si par as, roi ou dame de cœur, l'on forçait le quinola à l'espagnolette et à quelque époque du jeu que cela arrivât, ce dernier ferait la remise, et paierait ainsi que les deux autres joueurs ce qui est dû à celui qui le lui aurait forcé, d'après les règles ci-dessus , excepté toujours s'il y a reversis fait ou rompu, les deux dernières levées ne changent rien à la règle générale, qu'en faveur de celui qui fait les onze levées.

Le quinola forcé, placé ou joué aux dernières levées, ne fait pas la remise, ni sur la levée, fût-il joué par celui qui fait le reversis.

S'il n'y a pas de reversis, et que l'espagnolette n'entre pas, il jouit de tous les autres droits.

Des paiemens. — Le joueur qui donne un as en renonce touche une fiche de celui qui fait cette levée ; si c'est l'as de carreau, il en recevra deux ; si c'est le quinola en renonce, il recevra un jeton ou cinq fiches.

De même le joueur à qui l'on force un as paie une fiche à celui qui le force, et deux si c'est l'as de carreau.

Si quelqu'un force le quinola, il touche un jeton de chaque joueur, et deux de celui qui tenait le quinola.

On paie immédiatement.

Un ou plusieurs as, ainsi que le quinola, se paient au joueur qui gagne la partie comme s'ils eussent été forcés ; mais c'est à lui de s'en souvenir et de les demander. Tous ces paiemens sont doubles en vis-à-vis. Ils sont encore doubles à la première et à la dernière bonne, qui est la onzième levée ; en sorte que si par hasard on forçait le quinola en vis-à-vis à la première ou dernière bonne, on recevrait huit jetons ou quarante fiches de son vis-à-vis, et deux jetons de chacun des autres joueurs ; mais si on le forçait de côté, celui-ci paierait quatre jetons, le vis-à-vis quatre, et le troisième n'en paierait que deux.

La partie se paie aussi double, si c'est le vis-à-vis qui la gagne.

Lorsqu'on ne veut pas doubler en vis-à-vis, on en convient avant de commencer le jeu.

Tous ces différens paiemens cessent dès qu'il y a reversis, soit que le reversis se fasse ou qu'il soit rompu à l'une des deux dernières levées. On rend alors tout ce qui s'était payé pendant le coup, sans se le faire demander ; c'est-à-dire, qu'on rend à celui qui a payé, afin que personne ne paie ni plus ni moins que le reversis.

Le reversis se paie seize fiches par chaque joueur, et trente-deux par le vis-à-vis.

Celui qui rompt le reversis à la dixième ou onzième levée, reçoit soixante-quatre fiches de celui qui l'avait entrepris ; les autres n'ont rien à payer que la restitution des as reçus, ainsi que celle du quinola, s'il a été payé.

ROMESTECQ (Jeu du). Le *romestecq* tire son nom de deux de ses termes réunis, *Rome* et *stecq*.

Le nombre des joueurs est variable : il peut être de deux, quatre ou six personnes. Si l'on est six, le joueur du milieu prend les cartes et les donne à couper à celui qui se trouve au milieu en face, pour savoir à qui fera; car c'est, dit-on, à six, fort avantageux de donner. Celui qui amène la plus haute carte peut mêler, ou ordonner à l'un des joueurs de le faire, si cela lui convient mieux. Lorsqu'on n'est que quatre, celui qui coupe la plus belle carte donne, et il y a beaucoup d'avantage à être à sa droite, parce qu'on est partenaire du donneur qui vous communique le jeu : ce premier en cartes marque ordinairement le jeu avec des jetons qu'il reçoit dans ce but. A défaut de jetons il se sert d'un crayon. Quand la partie est à deux, celui qui ne donne pas marque.

Le donneur donne à chaque joueur cinq cartes par deux et une, ou bien par trois et deux, il n'importe, pourvu qu'on observe de donner toujours de la même manière. Que l'on soit deux, quatre ou six joueurs, le jeu dont on se sert n'a que trente-six cartes, c'est-à-dire depuis les rois jusqu'aux six. Il n'y a point de *triomphe* ou d'*atout* au romestecq, et le talon reste sur le tapis sans qu'on y touche.

Le nombre des points dont se compose la partie est égal à celui des cartes; trente-six, lorsqu'on est six joueurs; à deux ou à quatre elle est de vingt et un : au reste, cela est de convention, ainsi que la valeur de la partie.

Quant à la valeur des cartes, elle est comme à l'ordinaire, sauf ses exceptions : la première est que l'as, étant la principale carte du jeu, enlève toutes les autres; la seconde, c'est que l'ordre de la couleur détermine la valeur des cartes, c'est-à-dire que pour qu'une carte supérieure enlève une inférieure, il faut qu'elle soit de couleur semblable, car autrement si l'inférieure est jetée la première sur le tapis, elle enlève la supérieure; cela doit être puisqu'il n'y a point d'atout pour couper.

Le *romestecq* a plusieurs termes assez bizarres, dont, avant d'aller plus avant, je vais donner l'explication : ces termes sont le *virlique*, le *double ningre*, le *triche*, le *village*, la *rome*, et le *stecq*. Ces deux derniers forment le nom du jeu.

Le virlique.—Lorsque d'emblée il arrive en main à un joueur quatre as, ou quatre rois, ou quatre autres cartes quelconques, le *virlique* a lieu et fait gagner la partie; si plusieurs joueurs ont des virliques, les plus hautes cartes l'emportent,

Le double ningre. — Ce coup se compose de deux as avec deux rois, ou de deux as avec deux dix, et ainsi des autres quatre cartes de deux façons, réunies d'emblée dans la même main; il vaut trois points quand on ne le *gruge* pas, c'est-à-dire si la partie adverse ne peut le lever.

Le triché.—C'est la réunion de trois as, trois rois, trois dames, trois valets ou autres cartes inférieures; le triche d'as ou de rois vaut trois points, s'il n'est point grugé : d'autres cartes, il n'en compte que deux.

Le village.—Assez singulier, ce coup exige deux dames et deux valets de même couleur, par exemple, si les dames sont de trèfle et de carreau, il faut que les valets soient de couleurs pareilles; ainsi des neuf et des dix, des sept et des huit et autres cartes plus basses, si les couleurs se contrarient le village est détruit; s'il est bon, il vaut deux points à son possesseur.

La double rome.—Deux as ou deux rois venus d'emblée composent ce coup, qui se paie deux points : si les as ou rois ne sont point grugés, il en vaut quatre.

La rome.—Deux valets, deux dix, deux neuf, ou deux autres cartes d'une même espèce, font la rome qui produit un point au joueur qui l'a.

Le stecq.—Est une marque qu'on efface pour celui qui fait la dernière levée.

Une chose particulière à ce jeu, c'est que les cartes ne doivent pas, lorsqu'on les jette sur le tapis, être nommées par des noms propres, comme roi, dame, etc. Ainsi, par exemple, si vous jouez les cartes du second coup, composé d'un as de cœur et d'un as de pique, d'un roi de trèfle et d'un roi de carreau, au lieu de les désigner ainsi il faut dire en jetant une de ces cartes : *double ningre*, *pièce de ningre*, etc., et de même pour les autres coups, *pièce de virlique*, *pièce de village*, *pièce de double rome*, etc. On perdrait la partie pour avoir oublié seulement ces noms.

La marche du jeu se conçoit maintenant : commencer par bien examiner son jeu pour voir si l'on a quelques coups; jouer à son tour en les annonçant à mesure qu'on jette les cartes; faire attention à pouvoir fournir de la couleur jouée, ou, à son défaut, jeter les plus basses cartes, et prendre garde que celles des coups ne soient pas grugées; tâcher en même temps de faire le plus de levées possibles, et prendre garde surtout de faire *stecq*, c'est-à-dire la dernière, qui, à nombre égal de levées, détermine le gain : voici ce qu'il faut pour réussir au romestecq.

Le premier en carte marque pour tous les joueurs à mesure qu'ils annoncent un coup, ou pour mieux dire, il efface, car il a commencé par marquer les trente-six ou vingt et un points de la partie; et quand l'un des joueurs a fait le nombre convenu, il a gagné.

TONTINE (jeu de la). On peut jouer à la tontine douze ou quinze personnes, et plus on est plus on s'amuse. Un jeu entier est nécessaire. Avant de commencer, chacun des joueurs prend douze, quinze ou vingt jetons, plus ou moins, qu'il fait valoir ce qu'il juge à propos. Un corbillon, placé au centre de la table, reçoit trois jetons de chacun, et se nomme la *tontine*, puis le donneur tourne une carte de dessus le jeu pour chaque joueur, et en prend une pour lui. Le talon se place à l'écart pour mêler avec les cartes du eu au coup suivant.

Celui qui se trouve avoir un roi tire du corbillon trois jetons ; a-t-il une dame, il en tire deux, un valet, il en tire un ; celui qui a un dix, ne tire ni ne met rien. Le possesseur d'un as donne un jeton à son voisin de gauche; celui d'un deux, paie deux jetons à son second voisin de gauche ; a-t-on un trois, on paie trois jetons à son troisième voisin du même côté. Celui qui a un quatre, met deux jetons au corbillon ou tontine ; un cinq n'en met qu'un au même endroit ; un six paie deux, un sept un, un huit deux et un neuf un.

Il est important de payer ou de se faire payer tout de suite, de crainte d'oubli ; ensuite le premier à jouer ramasse les cartes et les mêle : le coup se joue toujours de la même façon et chacun donne à son tour.

Ceux qui ont perdu tous leurs jetons sont *morts*; mais ils peuvent ressusciter à gauche par les cartes qui paient de ce côté, comme nous l'avons vu ; et un joueur ayant un seul jeton, joue comme s'il en avait dix ou douze ; et s'il perd deux jetons ou trois d'un coup, il est quitte en donnant celui qui lui reste. Les morts ne reçoivent de cartes et ne mêlent, quoique leur tour vienne, que lorsqu'on les ressuscite, ne serait-ce qu'avec un jeton ; dans ce cas, ils jouent de nouveau, et enfin le joueur qui reste seul avec quelques jetons, gagne la partie et tire ce que chacun a mis au corbillon.

TRIOMPHE (jeu de la). Comme au piquet, les cartes se mêlent et se coupent, la main se tire. On donne les cartes par deux et trois, jusqu'à concurrence de cinq à chaque joueur, la onzième est la retourne.

On peut, dans le courant d'une partie, proposer de refaire et offrir le point. Quand il y a de part et d'autre quatre points, on peut proposer de recommencer la partie, de la remettre, ou de donner un point de sept ; mais il faut que les propositions se fassent avant d'avoir tourné l'atout pour le cinquième point ; si l'on attend que la retourne soit faite, il faut jouer le coup. Celui qui refuse le point qu'on lui a offert doit faire la vole; s'il ne la fait pas, l'adversaire gagne, et marque lui-même deux points. Lorsqu'un des joueurs a renoncé ou sous-forcé, si l'adversaire ne s'en aperçoit pas, la galerie a droit, jusqu'à la fin du coup, de le dire ; dans ce cas, chacun reprend ses cinq cartes, celui qui a fait la faute met tout son jeu en évidence sur le tapis. Si c'est le dernier en cartes qui l'a faite, il est forcé de jouer seulement une fois de la couleur que lui nomme son adversaire. Si c'est le dernier, sur son jeu mis en évidence le premier joue comme il lui plaît.

Celui qui renonce, lorsque son adversaire a fait une ou deux mains, et qui, ayant repris ses cartes, se procure, en jouant d'une autre façon, la vole à laquelle il n'avait osé prétendre ne gagne qu'un point.

Lorsque le point est refusé, si le joueur qui l'a offert renonce à la couleur perdue, quoiqu'il en ait, et que l'adversaire abatte son jeu, jugeant qu'il doit avoir la vole, celui qui a renoncé est obligé, par la renonce, quand il ne peut fournir à la couleur qu'on lui demande, de se défaire de celle qui fait l'avantage de l'adversaire.

Lorsqu'il y a des levées en évidence sur le tapis, appartenant à l'un comme à l'autre joueur, il n'y a pas de faute pour celui qui renonce ou sous-force ; mais si l'un a enlevé, et l'autre laissé ses levées, il y a faute pour celui-ci seulement qu'il renonce ou sous-force.

On ne doit point jouer trois cartes à la fois ; celui qui le fait, en disant : je prends ou je coupe, est censé avoir renoncé ou sous-forcé, si la carte avec laquelle il veut couper et prendre ne se trouve pas au-dessus, et les trois cartes sont censées être jouées dans l'ordre qu'elles ont été jetées sur le tapis.

TRENTE ET UN (le) se joue de même que le vingt-et-un ; mais chaque joueur prend trois cartes ; le coup principal est de trente et un. Deux figures, un ou deux dix et un as forment le trente et un d'emblée.

TRENTE ET QUARANTE ou TRENTE ET UN (le). Ce jeu se joue avec trois cent douze cartes, c'est-à-dire avec six jeux entiers qu'on a mêlés ensemble.

Comme il se trouve dans les cartes deux couleurs, la rouge et la noire, on met sur le tapis deux cartons, un noir et un rouge. Les pontes, dont le nombre est illimité, font leur jeu ensuite ; le lecteur est assez familiarisé avec les termes de jeux de hasard pour savoir faire son jeu et placer la somme que l'on veut risquer. Au trente et quarante elle se place sur l'un des cartons, au gré de chaque ponte, qui met autant d'argent qu'il le juge à propos. Cet important préliminaire achevé, le banquier, dont l'emploi a été tiré au sort, mêle les cartes, les fait couper, en découvre une qu'il met à plat au milieu de la table, tenant toujours le jeu de la main gauche ; il continue de la droite à découvrir les cartes et à les placer l'une après l'autre jusqu'à ce que les points qu'elles présentent étant réunis, ils ne sont pas au-dessous de trente et un, et ne s'élèvent pas au-dessus de quarante.

Les figures comptent dix points, et les autres cartes autant de points qu'elles en présentent ; ainsi l'as compte un point, les deux pour deux points, les trois de même, etc. A mesure que les cartes sont tirées, le banquier en appelle les points, tire et pose les cartes en silence, en énonçant seulement le nombre total, après avoir tiré chaque rangée.

Les cartes tirées en premier lieu sont pour la couleur noire, et celles qu'on tire ensuite sont pour la couleur rouge.

Si le point amené pour la couleur noire approche plus du trente et un que celui qui est amené pour la couleur rouge, les pontes gagnent une somme égale à celle qu'ils ont mise sur le carton noir, et le banquier l'annonce en disant : « la rouge perd. » Il tire alors ce qu'on a mis sur le carton rouge, et double ensuite ce qu'il y a sur le carton noir.

De même si le point qui approche le plus de trente et un est amené pour la couleur rouge, le banquier l'annonce en disant : « La rouge gagne. » En ce cas, il tire ce qu'on a mis sur le carton noir, et double les mises que porte le carton rouge.

Lorsque les points amenés pour la couleur rouge sont égaux à ceux amenés auparavant pour la couleur noire, il en résulte un *refait*, c'est-à-dire qu'il n'y a ni perte ni gain pour personne, quand les points égaux sont de trente-deux à quarante. Le refait est donc un coup nul.

Le jeu jusque-là est parfaitement égal ; mais cette égalité va bientôt disparaître à l'avantage du banquier : nous ne nous trompons pas. Lorsque celui-ci ayant amené trente et un pour la couleur noire, ramène encore le même point pour la couleur rouge, il gagne la moitié de l'argent qu'on a exposé sur les deux couleurs.

Observez que des dix points de trente et un à quarante, les uns arrivent plus facilement que les autres: ainsi, par exemple, celui de quarante ne peut se faire que quand la dernière carte est un dix ou une figure.

Le point de trente-neuf se fait par 10 et 9 ;

Le point de trente-huit par 10, 9 et 8 ;

Le point de trente-sept par 10, 9, 8 et 7 ;

Le point de trente-six par 10, 9, 8, 7 et 6 ;

Le point de trente-cinq par 10, 9, 8, 7, 6 et 5.

Le point de trente-quatre par 10, 9, 8, 7, 6, 5 et 4.

Le point de trente-trois par 10, 9, 8, 7, 6, 5, 4, et 3.

Le point de trente-deux par 10, 9, 8, 7, 6, 5, 4, 3 et 2.

Le point de trente-un enfin, par 10, 9, 8, 7, 6, 5, 4, 3, 2 et 1.

Que le point 31 arrivera	13 fois
Tandis que celui de 32 n'arrivera que	12
Celui de 33 n'arrivera que	11
Celui de 34	10
Celui de 35	9
Celui de 36	8
Celui de 37	7
Celui de 38	6
Celui de 39	5
Celui de 40	4

Comme il faut la réunion de deux de ces points pour former un coup, et que le nombre proportionnel ci-dessus se monte à 85, le carré de cette somme est la quantité où tous ces evénemens doivent se reproduire en raison du nombre des causes qui leur appartiennent.

Le trente et quarante ne comporte point de fausse taille. Si le banquier vient à se tromper en comptant, comme tous les pontes comptent avec lui, ils peuvent sur-le-champ lui faire remarquer une erreur, et une carte tirée de trop est réservée pour le coup suivant. Si deux cartes tombent accidentellement ensemble, on distingue toujours aisément celle des deux qui doit être comptée la première, et, du reste, le banquier détache les cartes trop à découvert pour être soupçonné. Comme il ne craint pas la spéculation des joueurs de figures, il agit librement, et ne peut pas plus suspecter les pontes que ceux-ci ne peuvent le suspecter lui-même. On conçoit que s'il y avait fausse taille, en cas de cartes doubles, on pourrait la faire naître à chaque instant, puisque les cartes passent par toutes les mains: il serait facile de les coller ensemble exprès.

Toutefois, bien que le jeu de trente et quarante ne compte point de fausse taille, à raison de la nature du jeu, qui rende les pontes témoins et observateurs des fautes du banquier, néanmoins lorsqu'il arrive que celui-ci commet une erreur grave non aperçue d'abord, il est obligé ensuite si l'erreur est reconnue et que les cartes ne soient pas brûlées, de payer les mises.

VINGT ET UN. Ce jeu a beaucoup de rapport avec celui de la *Ferme*. On y joue en nombre indéterminé, augmentant les cartes relativement à la quantité des joueurs ; on prend ordinairement un jeu entier pour huit, dix, et même douze personnes. Chacun prend vingt-cinq ou trente jetons, qu'il fait valoir ce qu'il veut. On tire ensuite au sort à qui mêlera, et le donneur prend le titre et la qualité de *banquier*. Après avoir mêlé et coupé, il donne deux cartes en deux fois à chaque joueur ; et tenant toujours le talon en main, il regarde son jeu, tandis que les autres examinent aussi le leur. Si quelqu'un a vingt et un, il dit : « Vingt et un d'emblée, » et met ses cartes à bas. Le banquier agit de même s'il a le même vingt et un. Mais voyons d'abord la valeur des cartes et la manière la plus convenable pour obtenir vingt et un.

Les cartes ont leur valeur ordinaire, c'est-à-dire comptent les points qu'elles marquent, et les figures valent dix ; mais, par un privilége particulier, les as valent à la fois un et onze. Ainsi, pour le vingt et un d'emblée, on a, ou un dix et un as, ou une figure et cette même carte. Supposez que l'on ait deux as, que l'on demande *carte*, et qu'il vienne un neuf, on prend un des as pour onze, l'autre pour un, ce qui fait douze, afin d'avoir vingt et un : on a toujours la ressource de changer ainsi la valeur des as à volonté.

Le vingt et un d'emblée est le coup supérieur ; le joueur qui l'a, reçoit deux jetons du banquier, et jette ses cartes au bas du flambeau, et les autres jouent. Si le vingt et un est entre les mains de celui-ci, chaque joueur lui paie deux jetons, et tout le monde jette son jeu au flambeau sans jouer. En s'abstenant de mêler et de faire couper (ce qui ne se fait que la première fois), le banquier donne de nouveau, et s'il n'a pas vingt et un d'emblée, il tient le talon de la main droite, et attend que le premier à jouer parle. Si celui-ci ne trouve pas son jeu à son gré, il demande *carte*, et le banquier la lui donne de dessus le talon, en la jetant sur la table sans la retourner. Si cette carte ne suffit pas, le joueur dit *carte encore*, et ainsi de suite jusqu'à ce qu'il ait ce qu'il désire. Dans le cas qu'il ne le ferait pas, on ne payerait toujours qu'un jeton, il vaut mieux s'y tenir et courir cette chance que de payer tout de suite en risquant de crever. Le banquier ne peut et ne doit point calculer ainsi, parce que s'il s'en tient à un nombre bien bas, comme seize ou dix-sept, il est presque assuré que les deux tiers des joueurs auront des points plus forts, et que par conséquent il vaut bien mieux qu'il s'efforce d'avoir un vingt et un. Lorsqu'il a un point supérieur à ceux d'un autre joueur, sans que ce point soit vingt et un, comme je suppose vingt, il dit : « Je paie en cartes » et ne donne rien.

Quand le banquier a épuisé le jeu de cartes, il prend une partie du celles que l'on a mises au flambeau, à mesure que les tours ont été joués, et, après les avoir mêlées et fait couper, il donne pendant un tour, et cède au tour suivant son emploi à son voisin de droite.

Le tour fini, les joueurs doivent réunir toutes les cartes jouées et les mettre au flambeau. Quand un joueur a perdu sa mise, il ne quitte pas le jeu pour cela; il est libre de mettre une nouvelle mise ou d'emprunter des jetons de l'un des riches joueurs, ou, mieux encore, de donner la valeur que représente l'enjeu de vingt-cinq jetons,

VINGT-QUATRE (jeu du). Ce jeu ressemble à l'impériale , la principale différence est qu'à ce jeu on peut jouer jusqu'à cinq joueurs et que la retourne prend le nom de virade.

Quand on est deux personnes au vingt-quatre, on prend un jeu de cartes depuis les rois jusqu'aux cinq. Est-on trois, on ajoute les quatre; quatre joueurs, ou ajoute encore les trois; et cinq, les deux. Dans tous les cas, les joueurs reçoivent douze cartes chacun. Les cartes ont leur valeur ordinaire; l'as, comme à l'impériale, ne vaut qu'un point.

Il y a au vingt-quatre, le jeu de points et le jeu de figures alternativement. Ainsi en commençant la première partie par le jeu de figures, la seconde aura le jeu de points; mais c'est ordinairement de convention, quoique pourtant il soit plus ordinaire de commencer par le jeu de figures : il est important au reste d'en convenir, car au jeu de points, l'as, le deux, le trois, le quatre et le cinq (et si l'on n'est que deux, le six et le sept), se comptent à la virade; tandis qu'au jeu de figures, c'est le roi, la dame, le valet, le dix et le neuf qui ont le privilége de compter. Cette disposition amène fréquemment des contrariétés piquantes. Quand on est au jeu de points, la virade est d'une dame, ou autre carte analogue; vient-on au jeu de figures, la virade arrive d'un as, ou autre petite carte.

Les impériales sont de deux sortes : ou quatre rois, quatre dames, quatre as, etc., ou la réunion, sans interruption, des principales cartes de semblable couleur; dans ce dernier cas, les impériales sont au moins de cinq cartes; elles sont préférables de six, et sont encore meilleures de sept et plus, ainsi toujours en augmentant : elles s'emportent comme au piquet par la force des cartes. S'il y a concurrence, la couleur de la virade ou de l'atout l'emporte, autrement la préférence est au joueur qui a la main.

Le point et les marquans, soit impériales, ou cartes que fait valoir la virade, se comptent chacun pour quatre points, ou un jeton, et sont marqués en faveur de celui qui les obtient. Les levées excédant le nombre de six se marquent ainsi qu'à l'impériale; le joueur qui a plus tôt acquis vingt-quatre points, gagne la partie et recueille ce qu'on a mis au jeu. Il est inutile d'ajouter que c'est de ce nombre vingt-quatre que ce genre d'impériale tire son nom.

WHISK ou de WHIST (jeu de). Ce jeu est d'origine anglaise et jouit aujourd'hui d'une aussi grande faveur dans les salons de Paris que dans ceux de Londres. Nous allons rapporter ici l'éloge bien mérité que fait l'*Académie universelle des Jeux* de ce jeu amusant :

« C'est de tous les jeux de cartes le plus judicieux dans ses principes, le plus convenable à la société, le plus difficile, le plus intéressant, le plus piquant, et qui est combiné avec le plus d'art. » La multiplicité de ses combinaisons, les vicissitudes qu'il offre, les surprises qu'il excite en donnant aux basses cartes le droit de faire des levées auxquelles on ne s'attendait point; enfin les espérances et les craintes successives qui piquent l'attention jusqu'au dernier moment, justifient complétement ce jugement favorable. Le hasard agit dans le whisk, mais la science y domine.

Nous allons maintenant exposer les préliminaires et les règles du jeu : le whisk se joue sur une table ordinaire avec un jeu complet de cinquante-deux cartes. On est quatre joueurs, deux contre deux. La main tirée, chaque joueur doit toujours avoir devant soi quatre jetons pour marquer les points. On convient de ce que vaut la fiche. Lorsque les partenaires sont placés l'un en face de l'autre, on convient de l'ordre des parties, qui se font généralement en liées.

Le donneur distribue les cartes une à une au nombre de treize à chaque joueur, en commençant par sa gauche. Il retourne ensuite la dernière qui fait atout. Chaque carte de cette couleur, ou d'atout, peut, comme à l'écarté, la triomphe, etc., servir à faire la levée en cas de renonce, en l'absence de la couleur jouée. Il ne reste qu'une seule carte au talon.

Il importe de faire plus de levées ou de gagner plus de points que les deux adversaires : c'est le principal but du jeu. L'as lève le roi, le roi lève la dame, la dame le valet, celui-ci le dix et ainsi de suite jusqu'au deux qui est la plus basse carte. Les levées se nomment aussi *hicks* : chaque hick que l'on fait au-dessus de dix fait gagner un point. Pour gagner la partie, il faut avoir dix points.

Le joueur qui joue avant son tour donne par cela seul aux adversaires le droit de lui faire jouer sa carte tant qu'ils le jugent à propos, pendant toute cette donne, pourvu qu'ils ne lui fassent point faire de renonce : ou si l'un des adversaires est le premier à jouer, il peut se faire nommer, par son partenaire, les couleurs qu'il lui doit jouer : dans ce cas, il doit entrer dans la couleur qui lui est indiquée.

On ne peut point accuser une renonce jusqu'à ce que la levée soit faite, ou que celui qui a renoncé ou son associé ait rejoué.

Dès qu'on renonce, les adversaires sont en droit de compter trois points, et ceux qui ont renoncé, quand même ils seraient complets, doivent rester à neuf : la renonce se marque à quelque point que le jeu se puisse trouver.

Si quelqu'un appelle avant que d'avoir huit points, il est libre aux adversaires de faire redonner; ils peuvent même se consulter ensemble s'ils veulent faire redonner ou non.

Dès qu'on a vu la triomphe, il n'est plus permis de faire souvenir son partenaire d'appeler.

On ne peut plus compter les honneurs du précédent, dès qu'on a tourné une nouvelle triomphe, à moins qu'on ne les ait demandés auparavant.

Si quelqu'un sépare une carte des autres, chacun des adversaires peut l'appeler, pourvu qu'il la nomme et qu'elle ait été détachée; mais s'il nomme par erreur l'une pour l'autre, il est permis aux adversaires d'appeler, durant toute la donne, la plus haute ou la plus basse carte dans la couleur qui leur convient.

On ne peut renoncer. Le premier qui s'aperçoit que l'adversaire a renoncé, avant la main levée, peut demander la plus haute ou la plus basse carte de la couleur jouée.

Si, en donnant, une carte se retourne, les adversaires de celui qui a fait la faute peuvent redonner.

Sur une carte quelconque jouée, si le dernier joueur joue avant son tour, il ne peut faire la levée ni la coupe, pourvu qu'on ne fasse pas redonner.

On ne doit relever ses cartes qu'à la fin de la donne.

Lorsqu'un joueur jette ses cartes à découvert sur la table, s'imaginant avoir perdu, si son partenaire ne donne pas, il a gagné, il dépend des adversaires d'appeler telle carte de son jeu qu'ils jugent à propos, pourvu qu'ils ne fassent pas renoncer sa partie.

Lorsqu'un joueur est assuré de faire toutes ses cartes, il peut les montrer sur table; mais s'il y avait, par hasard, une seule perdante, il se trouverait exposé à voir appeler toutes ses cartes.

Personne ne doit demander à son partenaire, pendant qu'on joue, s'il a joué un honneur.

Si quelqu'un, ayant huit points, appelle, si son partenaire lui répond, et si les adversaires ont jeté leurs cartes, et qu'il paraisse que l'autre n'a pas deux points par les honneurs; dans ce cas, ils peuvent se consulter ensemble, et sont les maîtres de laisser subsister la donne ou non.

Il en est de même si un joueur répond, n'ayant pas un honneur.

Celui qui donne doit laisser sur la table la carte de la retourne jusqu'à ce que ce soit à lui de jouer; une fois cette carte relevée il n'est pas tenu de répondre si on lui demande quelle elle était.

Récapitulation des règles du jeu,

Dix points font la partie, et l'on en marque autant que l'on a d'honneurs.

Il faut à propos faire usage de fausses cartes. (Ce terme désigne celles qui ne tiennent à rien, qui n'ont par conséquent aucune valeur, et sont très-propres à jeter.)

Il faut jouer la plus forte couleur, et lorsque l'on a beau jeu, jouer *à rebours*; cette expression signifie jouer d'une manière opposée à celle qu'on observe ordinairement. Exemple : vous êtes fort en atout, vous procédez comme si vous étiez faible, cela s'appelle *jouer à rebours*.

st bon de jouer à travers la couleur forte de votre adversaire, et jusqu'à la plus faible : jouez atout si vous en avez quatre ou cinq, et beau jeu d'ailleurs.

Quant aux séquences, choisissez-les de préférence : la quatrième (séquence de quatre cartes), la quinte (séquence de cinq cartes) doivent être mises à profit ; la dernière est la plus avantageuse ; elle se compose de l'as, du roi, de la dame, du valet, du dix de même couleur. (La quinte majeure.)

Ne jouez pas, mais seulement voyez venir dans une couleur dont vous avez l'as et la dame.

Quand vous jouez de petits atouts, commencez par le plus haut. Ne coupez pas une couleur lorsqu'il est présumable que votre partenaire y coupe. Si vous n'en avez que de cette sorte, placez-les dès que vous le pouvez.

Si vous n'avez qu'une seule carte d'une couleur, et deux ou trois petits atouts, jouez cette carte unique.

Ne forcez jamais vos adversaires avec une très-bonne carte, à moins que vous n'en ayez une meilleure encore. Conservez autant qu'il se peut, une carte supérieure, afin de rentrer en main, et de jouer votre forte couleur.

Conservez le plus long-temps possible l'atout que vous avez tourné, c'est-à-dire la carte de la retourne.

Si vous êtes faible en atout, et que votre associé le soit également, prenez bien garde à la manière de vous défaire des principales cartes de la couleur de votre adversaire.

Lorsqu'il vous paraît que les adversaires ont encore trois ou quatre atouts et que ni vous ni votre partenaire n'en avez point, gardez-vous de le forcer à couper et à se défaire d'une fausse carte ; mais cherchez plutôt la couleur de votre partenaire, si vous n'en avez point du tout, afin d'empêcher que les autres ne fassent leurs atouts séparément.

Jouez par la plus haute carte les séquences d'atout ; les quintes par la plus basse, et tierces ou quatrièmes par la plus haute.

Rappelez-vous que l'on donne la préférence aux couleurs dans lesquelles on porte des séquences, parce qu'elles sont les meilleures qu'on puisse jouer, et qu'elles font tenir la main dans d'autres.

Il faut tâcher de faire d'abord des levées quand on est faible en atout , on doit agir tout différemment en cas contraire.

Il convient de jouer une couleur dont on a l'as, dès qu'on a trois cartes de semblable couleur, à l'exception néanmoins des atouts.

Mais quand vous avez une couleur dont l'as est aussi dans votre jeu, gardez-vous de la jouer, si vous avez séquence ou quinte d'une autre couleur, parce que l'as viendrait au besoin au secours de cette couleur forte, et vous la ferait faire sitôt que les atouts sont tombés.

Ne surcoupez point votre adversaire lorsque vous êtes faibles en atouts ; mais, dès que vous y êtes fort, allez-y d'une fausse carte.

Si votre adversaire de droite entre par une couleur dont vous avez l'as, le roi et la dame, mettez l'as préférablement à cette dernière, parce que vous donnez ainsi le change à votre adversaire, ce qui vous sera fort avantageux, même en induisant votre partenaire en erreur.

Déclarez votre couleur forte quand vous n'êtes fort que dans celle-là, et que vous faites atout pour pouvoir le passer ; si vous êtes fort dans plusieurs ou dans toutes, il n'est pas nécessaire de la déclarer ou découvrir.

Jouez dans la couleur où vous avez le roi, de préférence à celle où vous avez la dame, bien qu'elles soient composées de cartes égales pour le nombre et la valeur : la raison en est qu'il y a deux à parier contre un que l'adversaire de gauche ne porte point l'as, et bien plus encore qu'il le porte : si l'on jouait dans la couleur de la dame, on pourrait très probablement perdre cette carte et jouer désavantageusement.

Quand vous portez les quatre meilleures cartes d'une couleur, jetez la meilleure, afin de faire connaître la situation de votre jeu à votre partenaire.

La dame tournée à votre droite, si vous avez l'as, le dix et un atout, laissez passer l'adversaire de droite s'il entre par un valet. Il est en effet probable que vous ferez une levée, et il n'y a en jouant ainsi aucune possibilité de faute.

Si on a fait deux fois atout, sur quatre cartes jouées, et que vous pensiez que votre partenaire n'en ait pas de plus haut que le huit, quoiqu'il en porte trois. Il joue son troisième atout, si son voisin le couvre du valet, que le roi soit chez le troisième adversaire, et que vous portez l'as et la dame d'atout, jouez l'as, car il y a neuf à parier contre huit que le dernier joueur a le roi, et vous le faites tomber avec votre as.

De la feinte. — C'est un moyen qu'un joueur exercé fait valoir pour son avantage. Lorsqu'on vous joue une carte dans la couleur de laquelle vous avez la meilleure carte et une inférieure à celle-ci, vous vous décidez à jouer l'inférieure. en courant le risque que l'adversaire la prenne d'une supérieure, vous le faites, car si cela n'arrive pas, ou qu'il manque d'une carte supérieure, il est probable que vous ferez sûrement par là une levée.

De la navette.—On appelle faire la navette quand chacun des associés coupe une couleur et que chacun d'eux joue à son partenaire celle dans laquelle il coupe. C'est un coup avantageux et estimé.

Tenir le jeu (tenace).—Dernier à jouer, on a la meilleure et la troisième carte d'une couleur. On tient les adversaires en haleine lorsque la couleur se trouve sur le tapis : comme, par exemple, si l'on avait l'as et la dame d'une couleur, et que l'adversaire y jouât ; on fait alors ces deux levées, et de même toutes les autres, quand ce ne serait qu'avec des cartes inférieures.

De la favorite. — Depuis quelques années, et surtout dans les grandes sociétés de la capitale, on a imaginé, pour donner plus d'intérêt et d'activité au whisk, de l'augmenter d'une couleur favorite, qui est fixée par celle de la retourne au commencement de chaque partie, et chaque fois que cette couleur est atout, tout double dans le cours de cette partie ; ainsi les trois honneurs, qui ne valent ordinairement que deux points, en valent quatre alors ; les quatre honneurs huit, et chaque levée se paie comme deux. Cette nouveauté rend, comme on le voit, le jeu plus vif et plus cher, puisqu'il est assez fréquent de gagner le robre en deux coups ; une levée et quatre honneurs faisant une partie, ainsi que trois levées et deux honneurs: de telle sorte que l'on peut facilement faire dix, douze, même quinze robres dans une soirée, tandis qu'ordinairement on n'en fait que quatre à cinq lorsqu'il n'y a point de favorite. Il est à présumer que cette modification a été introduite, afin d'égaliser les moyens des joueurs, et de diminuer la supériorité de quelques-uns d'eux, car la favorite augmente les chances du hasard, et par conséquent diminue l'influence des combinaisons.

De l'enfilade. — S'il est ordinaire de faire un nombre en deux coups, moyennant la nouveauté précédente, grâce à celle-ci on peut le perdre ou le gagner en un seul coup ; cette manière de jouer, que l'on nomme enfilade, consiste à transporter sur la partie suivante le nombre de points excédant les dix qui complètent la première partie. Ainsi, par exemple, si le parti qui est à neuf fait quatre points le coup suivant, comme il ne lui en faut qu'un pour gagner la première partie, il en marque trois sur la seconde. En jouant à la fois la favorite et l'enfilade, on peut donc gagner le robre d'un seul coup, puisque six levées et quatre honneurs qui composent une partie ordinaire de dix points, en font vingt en une favorite.

Quelquefois on paie à chaque coup les levées faites par le parti gagnant : mais cet usage, ainsi que les modifications dont nous venons de traiter, sont purement de convention ; une société les admet tandis qu'une autre les repousse. Avant de commencer le jeu il faut toujours s'informer des usages de son partenaire, et ne les point ignorer ; voici pourquoi nous avons cru devoir expliquer ces deux additions du jeu de whisk.

Méthode pour faciliter la mémoire.—Placez avec soin vos cartes par couleur, dans leur ordre naturel. Mettez à gauche vos atouts ou triomphes, de toutes couleurs.

Lorsque le jeu est commencé, si vous vous apercevez que vous avez la meilleure carte qui reste dans une couleur, placez-la à la gauche de vos triomphes.

Si vous avez la meilleure carte, moins une bonne, d'une couleur dont il faille vous souvenir, mettez-la à la droite de vos triomphes.

Pour vous rappeler aisément de la première couleur dans laquelle votre partenaire est entré, posez-en une petite au milieu de vos atouts, si vous en avez plusieurs, et si vous n'en avez qu'un seul, à sa gauche.

Si vous donnez, mettez l'atout que vous avez tourné à la droite de tous les autres, et ne vous en défaites que le plus tard possible, afin que votre associé voyant que cette triomphe vous reste, puisse jouer en conséquence.

Nous allons indiquer à présent les moyens qu'il faut employer pour reconnaître quand les adversaires renoncent dans une couleur, et comment on peut se souvenir quelle est la couleur.

Les couleurs que vous avez placées à droite étant supposées, vous représentez vos adversaires dans l'ordre dans lequel ils se trouvent au jeu, à droite et à gauche : si vous soupçonnez que l'un d'eux renonce dans une couleur, mettez une petite carte de cette couleur parmi celles qui représentent cet adversaire; par cette méthode vous vous rappellerez non-seulement qu'on a renoncé, mais encore qui a renoncé, et dans quelle couleur.

Si arrivait que la couleur qui représente l'adversaire soit celle dans laquelle on a renoncé, changez-la contre une autre, mettez dans celle-ci, au milieu, une petite carte de la couleur-renonce; si vous n'en avez point, mettez-en une autre à rebours, n'importe de quelle couleur, à l'exception seulement des carreaux.

Ayant trouvé le moyen de vous rappeler la couleur dans laquelle vous pouvez de même vous remettre en mémoire celle de vos adversaires, en mettant la couleur par laquelle ils sont entrés, à la place qui les représente à droite et à gauche; en cas que vous eussiez déjà pris d'autres couleurs pour les représenter, changez-les contre les couleurs dans lesquelles chacun des adversaires est entré.

Il faut se servir de cette méthode lorsqu'il est plus important de se souvenir de la première entrée au jeu des adversaires, que de chercher la couleur dans laquelle ils ont renoncé.

De la marque et des paiemens. — Nous savons déjà que dix points composent la partie, et qu'ils se marquent ainsi que les honneurs.

Lorsque deux partenaires ont huit points, celui qui a deux honneurs peut appeler, ou demander à l'autre s'il a le troisième : si la réponse est affirmative, la partie est gagnée d'emblée sans jouer.

Les points se marquent avec les quatre jetons que chaque joueur a devant lui.

Un, deux, trois points se marquent avec un, deux ou trois jetons, en plaçant l'autre à part, ou le plaçant sur ceux qui servent à marquer.

Les quatre jetons disposés en carré indiquent quatre points.

Pour marquer les points supérieurs jusqu'à neuf exclusivement, on place un jeton au-dessus ou dessous des autres, disposés en ligne horizontale.

Quoique hors de ligne, ce jeton marque trois points lorsqu'il se trouve au-dessus, et cinq lorsqu'il est au-dessous.

Le nombre de neuf est indiqué par la disposition de trois jetons en ligne diagonale, le quatrième étant placé sur celui du milieu.

On marque ce que l'on gagne avec des fiches : nous avons dit qu'au commencement de la partie l'on convient de leur valeur.

La partie se paie une, deux ou trois fiches : ou bien simple, double ou triple, suivant le nombre de points qu'ont gagnés les adversaires.

Elle est simple et ne vaut qu'une fiche, quand ils ont cinq points ou au-dessus : elle est double, et par conséquent en vaut deux, lorsqu'ils comptent quatre points et au-dessous : elle est triple, et se paie trois fiches quand ils ont le nombre de points fixés précédemment; elle est encore triple et se paie trois fiches quand les adversaires n'ont aucun point.

Outre le produit d'une, deux ou trois fiches qu'amène le gain de chaque partie, ceux qui gagnent les deux parties réunies ou le robre, reçoivent encore des fiches de pari ou de consolation,

La consolation est ordinairement de deux fiches; elle peut être plus forte si l'on en est convenu, mais elle n'excède jamais quatre fiches.

Ainsi, deux partenaires reçoivent sept fiches quand ils ont gagné une partie triple et une partie double, et ils en gagnent neuf, s'il a été convenu que la consolation serait de quatre fiches.

Si les deux parties ne sont pas gagnées de suite, on détruit le nombre des fiches qu'a produit aux gagnans le gain de la troisième partie; de telle sorte que le produit d'un robre gagné, composé d'une partie triple ou d'une partie double, est réduit à six fiches quand les adversaires ont gagné la troisième partie simple.

Quand deux partenaires font ensemble toutes les levées, ce coup qui se nomme la vole, ou le chelem (comme au boston), leur fait recueillir huit fiches, si la consolation est de deux, parce que le chelem par lui-même vaut six fiches; mais alors on ne compte pas de points pour les levées et les honneurs, et la partie demeure comme elle se trouve.

Si, comme il arrive souvent, les joueurs conviennent à l'avance que le chelem ne sera pas payé, alors les tricks et les honneurs se paient comme à l'ordinaire.

LIVRE TROISIÈME.

Jeux Composés et préparés

BILLARD (jeu de). Chacun connaît la forme de la table sur laquelle on joue le jeu de billard. Elle est composée de quatre parties principales : la table, le tapis, le fer et l'encadrement des bandes. Aux quatre coins et au milieu des longues bandes sont pratiqués les trous qu'on appelle *blouses*, destinés à recevoir les billes.

La table est haute de trente-six pouces environ, de douze pieds de longueur et de six pieds de largeur, prise entre les bandes. La table est entièrement recouverte d'un tapis vert.

Ce jeu consiste à pousser avec une queue, dont on tient le gros bout, une bille qui, en frappant celle de l'adversaire, la fait tomber dans une blouse, tout en évitant de se blouser soi-même.

Le billard a un quartier d'où l'on joue en commençant la partie. Pour savoir à qui jouera le premier, les joueurs donnent leurs coups ensemble, et celui qui approche le plus près de la petite bande a *le* droit de commencer. On mesure de l'œil le chemin que doit suivre la bille, ce qui s'appelle mirer. Si une fois la main placée pour ajuster, on touche la bille en mirant, on perd un point ou deux, suivant les conventions. Quand on joue dans le quartier, il est de rigueur de ne pas avoir le corps ou les pieds hors la direction de la grande bande. On ne doit pas non plus jouer sans avoir au moins un pied sur le parquet, ni, après avoir visé, abandonner la queue des deux mains.

Lorsqu'en ajustant un joueur touche légèrement sa bille et s'empresse de la pousser ensuite, son adversaire a le droit d'exiger le point, et de plus ceux perdus par suite d'un second coup, s'il en arrivait ainsi. Le replacement des billes est à la volonté de l'adversaire, sans aucun égard pour le second coup donné. Celui qui bâtonne sa bille perd trois points, et la prend en main, au choix de son adversaire. Si celui-ci réclame seulement le point ou les points de manque de touche, la bille reste où elle est. On appelle bâtonner, frapper une bille d'abord sur son centre, puis une autre fois par les côtés de la queue.

La mise de chaque joueur s'appelle *acquit*.

Acquit (donner l'). — Ce coup consiste à chasser sa bille d'un seul coup de queue vers le haut du billard, en jouant du but. L'acquit se donne à la poule, à la partie blanche, à la partie russe et à celle à quatre billes. Pour que l'acquit soit bon, il faut que la bille dépasse les blouses du milieu. Si le joueur n'est pas content de son acquit, il peut réclamer la pénitence à la poule seulement. Encore ne peut-il exercer ce droit qu'autant que sa bille n'est pas arrêtée.

Billarder.— C'est chasser deux billes à la fois d'un même coup, sans coup distinct : on perd un point.

Blouser. — Est faire entrer la bille dans la blouse.

Bricoller.— Est faire une bille après avoir frappé une des bandes du billard.

Caramboler. — C'est toucher deux billes avec la sienne : on y gagne deux points.

Coller. — C'est approcher de la bande du billard la bille de son adversaire. Décoller est le contraire.

Croiser. — Envoyer une bille contre une bande d'où elle revient vers la bande opposée, tandis que sa propre bille, après avoir choqué celle de l'adversaire, va frapper la bande adjacente, et croise en revenant la ligne que suit l'autre bille.

Doubler le billard. — Faire parcourir deux fois sa longueur à une bille.

Doubler une bille. — C'est, en frappant celle de son adversaire, l'envoyer contre une bande opposée. On dit aussi doubler une bille lorsqu'on lui a fait frapper la bande opposée à la blouse dans laquelle elle vient tomber.

Doublé. — Bille faite après avoir frappé une bande dont l'élasticité l'a renvoyée dans la blouse opposée.

Main (être en). Un joueur est en main lorsque sa bille vient d'être faite par son adversaire, ou qu'il s'est perdu lui-même.

Masse.— Gros bout de la queue.

Mettre en main. — C'est commencer à jouer.

Mouche. — Point indiqué sur le tapis par une petite rondelle de taffetas : il y a quatre mouches, l'une au milieu du but, une autre au milieu du billard, une troisième vers l'extrémité du haut, et une quatrième enfin tout près de la petite bande, dont elle est éloignée d'une quantité égale à deux fois le diamètre d'une bille, c'est sur cette dernière qu'à la boule on met la bille de l'acquit à la pénitence.

Pénitence (mettre une bille à la). — La placer sur la mouche la plus près de la petite bande du haut.

Perdre (se). — Envoyer sa propre bille dans une blouse.

Queuter. — C'est avec un des bords de la pointe de la queue frapper un des côtés de la bille, au lieu de frapper le centre de sa bille avec le centre de la queue.

Faire fausse queue. — C'est donner un coup à faux sur la bille.

Celui qui touche sa bille deux fois avec la queue perd deux points, et ne peut rien acquérir par la suite du coup.

Celui qui remue une bille perd un point et ne compte rien, à moins qu'on ne la remue d'un commun accord, pour la remettre en place, si elle a été déplacée par accident.

L'adversaire qui demande les points d'une faute quelconque conserve le droit d'acquérir tous les points perdus par suite du coup.

Si on arrête la bille roulante d'un joueur qui n'est pas perdu, le joueur compte la valeur de la bille ; si c'est une rouge, on la place sur son point ; elle est en main, si c'est une blanche. Si la bille arrêtée appartient à celui qui l'arrête, l'autre joueur peut la faire placer contre la bande où elle allait, mais alors il n'acquiert pas les deux points. On compte la perte faite, et on ne perd rien si on arrête la bille perdue. Si une bille est arrêtée avant d'en avoir touché une autre sur laquelle elle se dirigeait, le joueur acquiert la valeur de la bille, comme s'il l'avait touchée, et continue.

Quand le joueur qui arrête une bille s'est perdu, il perd la valeur de la bille arrêtée.

Quand le joueur arrête ou dévie sa bille, il en perd la valeur s'il n'a rien, ou autant de points qu'il a précédemment gagnés. S'il arrête ou dévie sa propre bille avant qu'elle en ait touché une autre, il perd huit points : en tous cas, il prend la bille en main.

On ne peut perdre plus qu'on aurait gagné.

Le manque de touche, suivi de perte, est puni de trois points.

Le manque de touche simple est puni d'un point, à moins que l'adversaire ne permette de recommencer.

Le saut hors du billard compte comme si l'on s'était blousé.

Le saut droit de la bille adverse d'une autre que sa propre bille est nul dans les parties où il entre plus de billes : on les remet à leur place.

Si on joue une bille autre que la sienne, on perd un coup. Si la bille est blanche, elle est en main ; si elle est de couleur, elle se place sur la blouse ou à son poste, au choix de l'adversaire.

Si la bille faite est le casin, on le met d'acquit, ou il reste sur le bord de la blouse.

Si on joue avec la bille de son adversaire, on suit la règle précédente, et l'adversaire peut par la suite adopter celle des deux qu'il préfère.

Si on perd un point par son jeu, on ne saurait acquérir par le même coup.

Quand on donne l'acquit, on peut faire placer le joueur au milieu de la petite bande, à la distance de deux billes, et s'il s'est perdu trois fois donner l'acquit soi-même.

9

Quand, après avoir donné le coup d'acquit, ou touche sa bille une seconde fois, on est dans le cas de troisième coup.

Quand une bille sautant est rejetée dans le billard par un choc, elle est bonne.

La bille qui, étant sur la bande, est touchée et repoussée, et la bille qui reste sur la bande sont perdues.

On peut jouer du petit et du gros bout de la queue : mais il vaut mieux se servir du petit.

Une bille partagée en deux parties égales par la ligne du quartier est censée dedans.

Le joueur qui a perdu commence la suivante ; mais dans les parties à suivre, le gagnant a le droit de commencer.

On ne compte pas le coup où, pendant qu'une bille roule, une autre sur le bord d'une blouse y tombe : on la replace.

Quand la bille roulante arrive aussi près de la blouse, on place la bille tombée le plus près de sa place, sans toucher l'autre.

On s'en rapporte aux joueurs ou à la galerie pour savoir si une bille arrivée sur le bord d'une blouse s'est arrêtée ou est tombée par suite de son premier mouvement.

Partie Française. — La partie française se joue en vingt points, les points ne suivent point ; c'est-à-dire qu'après bille faite, le joueur ne continue pas, et ne reprend qu'après le coup de son adversaire.

Elle se joue avec trois billes, une rouge ou carambole, et deux blanches, qui sont celles dont se servent les joueurs.

La rouge se place sur la mouche du haut. Elle compte à toutes les blouses ainsi que les billes blanches.

Après avoir tiré le billard, le premier joueur tire du quartier sur la rouge ; le second joueur, si les deux billes sont rentrées, ne peut toucher l'une ou l'autre qu'en frappant la petite bande du haut. (*Coup de bas*).

Lorsque, la rouge faite, une bille blanche occupe sa place sur la mouche, la rouge se pose sur la mouche qui se trouve entre les deux blouses du milieu ; et, si la place de la rouge devient vacante avant que celle-ci ait été dérangée, on la replace sur la mouche du haut.

La partie française se joue aussi à quatre ; alors deux joueurs jouent de moitié contre les deux autres et alternativement chacun son coup.

A trois, si un des joueurs fait la chouette, il joue deux fois contre une fois des deux autres, et toujours avec sa bille. Les deux joueurs jouent alternativement et tous deux avec la même bille.

A trois, chacun pour soi, on joue alternativement : le premier sort en seize points ; les deux autres continuent et peuvent remettre la partie.

Dans la partie à trois, chacun pour son compte, il n'y a point de coups de bas ; la bille rouge rentrée au quartier se replace sur la mouche du haut.

Partie à suivre. — Cette partie se joue en vingt-quatre points à deux joueurs. Elle se joue comme la précédente, excepté que chaque joueur continue de jouer tant qu'il fait des points.

Elle se joue aussi à quatre, en vingt points.

Alors chacun des joueurs en second ne remplace son *partenaire* qu'après que celui-ci a perdu deux points, par sa propre perte, deux manques de touche, ou une bille faite par l'adversaire.

A trois, elle se joue comme la partie française, avec cette différence toujours que l'on ne discontinue pas de jouer tant que l'on fait des points.

Partie russe ou des cinq billes. — Elle est en quarante points; on la joue avec deux blanches, une rouge, une rose ou verte ou bleu de ciel, une jaune. Le point de la bille bleue est dans le quartier; les billes blanches comptent deux points, la rouge trois, la bleue quatre, la jaune six. Les blanches se font partout; la rouge et la bleue aux quatre coins; la jaune aux blouses du milieu; ailleurs elle perd six points.

Le joueur donne son acquit où il veut; mais s'il touche les billes, il perd autant de points que de billes touchées. On remet les billes à leur place.

Quand on donne l'acquit par erreur, et qu'on touche, on reste acquitté, et l'on perd.

Le second joueur doit viser d'abord la blanche, sinon il perd comme il est dit ci-dessus. Au second coup, il joue comme il veut.

Quand la place d'une bille faite est occupée, on la met sur le point vacant le plus éloigné du joueur; s'ils sont tous occupés on la met près de la petite bande la plus éloignée dans la direction des autres billes.

Quand un joueur arrête ou dévie une bille, qu'il la fasse rouler ou non, il la perd. Si c'est la bille de l'adversaire, elle ne perd rien; mais il peut la laisser où elle se trouve ou la prendre en main.

Partie du doublet simple à deux blanches et une rouge. — Sans suivre, elle va à douze points, et en suivant, à seize.

On bat d'abord sur la rouge. Quand la bille sur laquelle on joue frappe une bande et se blouse du côté opposé, c'est un doublet.

Quand une bille ayant frappé une bande en pousse une autre dans la blouse, c'est aussi un doublet.

Le coup dur, quand une bille touchant la bande est frappée en plein par une autre bille qui la fait entrer dans la blouse, est un doublet.

La bille au même, c'est-à-dire sans doublet, est nulle.

La blanche se place en main; la rouge, sur son point.

Doublet composé par bricole. — Ce jeu a lieu quand le joueur frappe la bande avant la bille.

Doublet composé l'une par l'autre. — Quand, dans ce jeu, on envoie la bille sur laquelle on a joué ou carambolé contre une troisième, la bille blousée est bonne.

La blanche faite au même se place sur le bord de la blouse où elle a été faite. On peut composer des doublets, ne pas compter la bricole pour doublet, faire perdre la bricole, et l'une par l'autre, comme les billes faites au même.

Partie à trois ou quatre joueurs. — Dans cette partie, on appelle faire la chouette jouer seul entre deux joueurs qui alternent.

Lorsque deux joueurs sont contre deux autres, ils se remplacent alternativement à la fin de chaque partie ; on change de partenaire, et après le tour on recommence le jeu.

Un joueur peut quitter avec le consentement des autres.

On débute par savoir qui joue le premier. Chaque partenaire peut conseiller ; mais s'il fait des fautes sans jouer, elles comptent.

Quand on est trois, le partenaire qui ne joue pas doit rester passif.

Celui qui joue sans en être empêché, quand c'est le tour d'un partenaire, fait bon jeu.

Partie de commande. — Elle se joue comme la partie à suivre, mais le joueur ne peut jouer que sur la bille que lui désigne son adversaire.

Lorsque le joueur qui commande nomme deux billes, le joueur joue sur celle qui lui convient.

Lorsqu'un joueur a commandé une bille, et que celui qui tire dessus manque à toucher avec l'intention de perdre un point, l'adversaire peut le faire recommencer s'il n'a pas la bande la plus près de la bille commandée, et si la bille n'est pas redescendue plus bas que celle nommée.

Cette partie se joue en seize et vingt points.

Partie à billes nommées. — Chaque joueur est obligé, avant de jouer, d'indiquer le coup qu'il veut faire, en désignant les billes et les blouses. Les bille et carambolage faits sans avoir été annoncés d'avance sont nuls.

Partie de la perte. — A cette partie on joue la perte seulement, ou la perte et le gain simple, ou la perte et le gain double, suivant la convention des joueurs.

Si l'on joue la perte seulement, celui qui fait des points sans se perdre ne compte ni ne perd rien ; mais s'il se perd du même coup, il gagne autant de points qu'il en a fait.

A perte et gain simples, celui qui fait des points les compte ; et s'il se perd en même temps, il ajoute les points de sa perte à ceux qu'il fait.

A perte et gain doubles, celui qui fait des points les compte ; et si, du même coup, il se perd, il compte double les points qu'il a faits.

A perte sans gain, celui qui fait des points sans se perdre perdra autant de points qu'il en aurait gagné en se perdant.

Partie blanche. — La partie blanche se joue en douze points, ou six marques.

Le premier joueur donne l'acquit.

Le second, pour tirer sur l'acquit, peut se placer à volonté.

L'acquit se donne d'un seul coup de queue, et au-dessus des blouses au milieu : celui qui doit tirer dessus a le choix de le faire redonner, s'il n'est pas d'un seul coup, ou de le trouver bon.

Si la bille de celui qui donne l'acquit revient au-dessous des blouses du milieu, après avoir touché la petite bande du haut, l'acquit est bon à moins qu'elle ne soit rentrée ; alors il se redonne.

Il n'y a pas de perte en donnant l'acquit.

Lorsqu'une bille reste sur la bande, elle est censée hors du billard ; le joueur ne gagne rien et donne son acquit : si c'est celle du joueur qui est sautée ou restée sur la bande, il perd deux points, et celui qui les gagne donne l'acquit.

Partie de la poule à deux billes. — Les joueurs prennent des numéros. Le premier donne l'acquit. Les autres se succèdent en jouant les uns sur les autres. Quand l'un est perdu, le suivant donne son acquit. Chacun joue avec la bille qui a reçu le coup. Le saut droit est bon. On perd par celui de sa propre bille.

Quand un joueur s'est perdu un nombre de fois déterminé, il se retire, et ainsi de suite. Le joueur qui n'est pas hors du jeu ne peut jouer la bille d'un autre. Si cependant il croit pouvoir la faire, il dit à haute voix et avant tout : Je prends à faire. Si plusieurs parlent à la fois sans qu'on distingue lequel, le sort en décide. Le propriétaire a la préférence aux mêmes conditions. On s'engage alors à faire les billes ou à prendre une marque. Le coup compte pour le propriétaire. Celui qui joue quand ce n'est pas à lui est marqué ; s'il fait bille, le joueur à qui elle appartient est marqué également. Quand un joueur fait faute, si un autre joueur s'en aperçoit, il requiert marque. Le demi-cercle du quartier n'existe pas dans la poule ordinaire.

Partie de poule de convention. — On peut jouer la poule au doublet, en suivant les règles indiquées plus haut ; en partie de poule jouant sur le plus près, à toutes billes, on commence à deux billes ; on rétablit le cercle ; on numérote chaque bille ; l'on doit jouer sur la plus proche du quartier en la faisant reconnaître ; si le joueur ne se perd point, les billes blousées ou sautées hors du billard prennent la marque. Qui touche une bille avant celle indiquée, est marqué, a la bille en main ; l'autre se replace.

Le joueur qui fait bille, continue toujours sur la plus proche.

Si celui qui a pris à faire, veut continuer en avertissant, il est chaque-fois préféré à tous, excepté au propriétaire.

On ne peut, pour jouer, ôter une bille qui gêne.

Si le précédent joueur est marqué pour avoir dérangé une bille, le suivant ne donne pas l'acquit, mais joue sur la bille de celui qui prend la marque.

Partie de la poule à blouse défendue, à toutes billes.—Ce sont les mêmes règles ; la marque se divise en deux points ; il faut manquer deux fois pour être marqué ; la bille n'est en main que lorsqu'elle a été dans une blouse ou sur le billard

Qui se perd sans toucher, perd une marque et un point ; le joueur qui a fait successivement toutes les billes ne donne point son acquit, mais reste où il est ; le suivant bat dessus, si la bille se trouve hors du quartier.

Si une bille sur laquelle on n'a pas joué va dans la blouse défendue, elle est bonne, pourvu que l'autre sur laquelle on a joué n'y soit pas.

Si la bille jouée est faite dans la blouse défendue, toutes celles faites par le même coup sont nulles et en main.

Quand il y a distance égale, le choix reste au joueur.

Partie dite de la mésangère. — Elle est à suivre, et en soixante points ; il y a deux billes blanches, deux jaunes et deux rouges ; on les met sur des mouches convenues ; les rouges en face des blouses d'en haut, à dix-huit pouces des blouses et des bandes ; les jaunes à l'alignement des blouses du milieu et des billes rouges : il n'y a point de demi-cercle au quartier.

Les billes rouges se font aux blouses du coin, et comptent quatre points, les jaunes au milieu, et comptent cinq, les blanches partout, et comptent trois ; les carambolages simples comptent un : les autres, deux.

Craie pour les queues de billard. — Faire infuser à froid deux tiers d'amidon eu plus si vous la voulez plus tendre, et un tiers de blanc d'Espagne, teindre en bleu par le bleu de Prusse, ou en vert en y ajoutant du stil en grains. Quand la pâte sera rendue assez consistante par l'évaporation, mettre en bâtons, et faire sécher.

DAMES (jeu de). Le jeu de dames est originaire de Pologne ; il fut joué pour la première fois, en 1727, au Palais-Royal, par un polonais et un officier du régent.

Le jeu de dames se joue à deux personnes. On joue avec des pions, dont douze sont en bois d'ébène ou de palissandre, douze en ivoire, en os, ou en bois de houx. Le damier est composé de petits carreaux ou cases noirs et blancs.

On joue en avançant le blanc sur du blanc, ce qu'on nomme faire un pas. Dans les dames à la française, les pions prennent en avant et en arrière, et ne peuvent sauter plusieurs cases en marchant.

Dame touchée, dame jouée. — Un pion est touché quand on a mis le doigt dessus.

Lorsqu'on veut toucher un ou plusieurs pions, on dit j'adouble, autrement la règle précédente aurait lieu, et l'adversaire pourrait faire jouer à son gré l'un des pions touchés.

Quand un pion a devant lui un pion de l'adversaire, et derrière celui-ci une case blanche vide, il passe par-dessus, l'enlève, et se place à cette case. Si le même cas se présente, il continue, et enlève tous pions par-dessus lesquels il passe de cette manière. Il ne doit enlever aucun pion qu'après s'être arrêté.

Si l'on néglige de prendre, l'adversaire peut souffler, c'est-à-dire s'emparer du pion, ou obliger à prendre.

Si, ayant à prendre d'un côté, on lève un autre pion par erreur, on s'expose à être soufflé, ain i que, lorsqu'ayant à prendre de plusieurs côtés, on ne le fait pas du côté le plus fort. Celui qui touche le pion à souffler n'est plus maître de faire prendre. Dès qu'on a joué, on ne peut plus souffler, et l'adversaire, s'il y a encore lieu, peut réparer son oubli au coup suivant. Un coup est censé joué lorsqu'on a placé ou quitté un pion. Un pion qui en prend plusieurs autres ne peut pas repasser par les mêmes cases, et est obligé de s'arrêter sur la case où il a passé déjà. On doit prendre les dames de préférence aux pions, à moins qu'il n'y ait trois pions contre une dame, ou même deux dames.

Quand un pion est arrivé sur la case de la dernière ligne de son adversaire, il devient dame. On le distingue en le recouvrant d'un pion de même couleur.

Si un pion, arrivé sur une case où il doit être damé, a encore à prendre, il demeure pion.

Une dame peut aller d'une extrémité à l'autre du damier, peut prendre sur toute la ligne s'il y a des cases libres.

Quand deux joueurs d'égale force restent l'un avec trois dames, et l'autre avec une dame sur la ligne du milieu, la partie est nulle. Si la dame n'a pas la ligne du milieu, quoiqu'il y ait plusieurs coups, l'adversaire ne peut pas obliger le possesseur de la dame unique à jouer plus de quinze coups. Si cependant il fait une remise, on lui accorde cinq coups, après lesquels il a perdu si l'autre joueur a conservé sa dame.

Dans quelques parties, lorsque le jeu en est arrivé là, on fixe le nombre des coups, et l'on ne peut l'excéder. Un coup n'est complet que lorsque les deux joueurs ont joué.

Quand, au bout d'une partie de cette sorte, un joueur qui n'a qu'une dame offre à l'autre qui a deux dames et un pion, ou une dame et deux pions, de les lui damer pour compter ensuite les coups limités, l'adversaire est forcé d'accepter, ou la partie est nulle.

Si, à la fin d'une partie, on a une dame et un pion, on doit donner le pion quand on le peut. On joue mieux avec une dame seule.

Quand un joueur a fait une fausse marche, l'autre peut tenir le coup pour bon, ou le faire recommencer.

Faire tout pour tout. — C'est donner à prendre un certain nombre, pour reprendre le même nombre.

Pionner. — C'est se faire prendre des pions, et en prendre alternativement.

Faire le coup du repos. — C'est se mettre derrière des pions en prise, et disposer un coup inévitable, en laissant marcher son adversaire.

Faire une lunette. — C'est séparer des pions derrière lesquels il y a une case vide, de manière à laisser entre eux une autre case où l'adversaire peut se placer.

On tire au sort à qui commencera pour la première partie; pour les autres, le gagnant joue le premier.

Jeu de dames à la polonaise. — Dans ce jeu, le damier a cent cases, il a quarante pions. On les place indifféremment sur les cases blanches ou noires; l'usage en France est de les placer sur les premières, et en Allemagne sur les secondes; les pions ne sautent pas plusieurs cases et ne prennent qu'en avant.

On appelle tric-trac au jeu de dames les deux cases blanches à l'extrémité du damier. Le tric-trac se place devant chaque joueur.

Dames rabattues. — Pour ce jeu, chaque joueur a quinze dames sur un tric-trac. Chacun les place sur les flèches de son côté. Il en met sur chacune des trois premières deux seulement, et trois sur les autres, en les superposant. Le commençant est déterminé par le plus gros dé; il jette ensuite le dé, et rabat deux ou trois dames, selon le nombre qu'il a fait. Le joueur qui amène six abat trois dames sur la case qui joint la bande de séparation: le cinq prend sur la cinquième case, et ainsi de suite.

Si on fait un doublet, on n'abat qu'un point, et l'autre joueur abat l'autre. Celui qui a fait le doublet recommence.

Quand les deux joueurs ont rabattu un nombre, ils ne le jouent plus, s'il revient. Le joueur qui a le premier rabattu toutes ses dames, les lève dans le même ordre où il les a jouées, à mesure qu'il regagne.

Quand un joueur, ayant abattu, fait un doublet, l'adversaire qui n'a point tout rabattu ne peut en profiter.

DOMINOS (jeu de). Les dominos sont ou simplement en os, ou en ivoire, ou composés d'une face d'ébène et d'une face d'ivoire.

Les jeux les plus usuels commencent par le double blanc et vont jusqu'au double six. Quelques-uns cependant ont le double sept et le double huit.

Chaque nombre s'allie à tous les autres. Ainsi, il y a double blanc, blanc et as, blanc et deux, etc.

Dans la partie ordinaire, on retourne tous les dominos pour cacher les points; on les mêle.

Chacun en prend six. Le reste mis à l'écart se nomme *le talon de la cuisine*.

Chaque joueur examine ses dominos; le premier à jouer en met un à plat sur la table, en le nommant. On commence ordinairement par un double. L'adversaire a moins de chances d'avoir dans son jeu le nombre demandé. Il est bon dans le cours de la partie de chercher à faire un *partout*, c'est-à-dire mettre des deux côtés le même nombre, soit pour fermer le jeu, quand tout un nombre est épuisé, soit pour faire *bouder*.

Le joueur boude, quand il n'a pas le nombre demandé. Il prend au hasard à la cuisine, jusqu'à ce qu'il trouve. S'il n'y en avait plus au talon, il prendrait le talon tout entier.

Celui qui place le premier tous ses dés, fait *domino*. Il gagne. Celui qui, le jeu fermé, a le moins grand nombre de points, gagne aussi.

Dans la partie du tête à tête, dans le cas où personne ne fait domino, chacun a six dés, et se propose de gagner cent points. Plus on a de points, le jeu fermé, plus on gagne. On doit placer le nombre dont on a le plus et se débarrasser de ses doubles.

On joue aussi la partie du tête à tête, aux points, à douze dés.

La partie de la poule se joue entre trois ou quatre personnes. Chacun met au jeu une somme convenue pour former la poule; cette poule doit appartenir au joueur qui le premier parvient à compléter cent points en sa faveur. Dans cette partie, on fait souvent le sacrifice de son intérêt particulier pour favoriser le joueur qui a le moins de points au préjudice de celui qui en a le plus.

La partie du *domino-voleur* se joue deux contre deux. On doit tâcher en général de fermer toujours le dé de son adversaire.

Supposons que devant poser le premier vous ayez en main un double dé avec trois ou quatre autres dés qui s'y rapportent, et un second double dé isolé avec un dé quelconque, vous jouerez bien en posant le double dé isolé parce que vous obligerez vos adversaires à ouvrir les dés auxquels les vôtres se rapportent; vous devenez ainsi maître du jeu, et vous ne pouvez pas manquer de faire domino.

Si votre jeu est disposé de manière à ne vous présenter aucun succès certain, vous devez être attentif au dé que votre partenaire pose, et faire dans ce dé un partout, si vous en avez un à faire.

Il faut aussi prendre garde à la position de vos adversaires; car s'ils jouent pour peu de points, il convient que vous avanciez vos gros dés, afin d'éviter de perdre sur le coup.

ÉCHECS (jeu d'). C'est un des jeux les plus anciens, les plus savans; il est aussi le plus noble de tous les jeux sédentaires. On attribue son origine à Palamède, qui le joua au siège de Troie avec quelques-uns de ses chefs ennuyés de rester dans l'inaction. D'autres prétendent que le jeu d'échecs nous a été donné par un ministre d'Ammolin, roi de Babylone, le philosophe Smersa, qui l'inventa pour amuser son maître, lequel était trop enclin à la cruauté. Bochartres fait venir le jeu d'échecs de la Perse par l'Arabie, parce que, dit-il, plusieurs termes sont des traductions ou des corruptions de mots perses ou arabes.

Dans *Iphigénie ou Aulide*, Euripide rapporte qu'Ajax jouait aux échecs en présence d'Ulysse. Dans l'Odyssée, Homère raconte que les princes amans de Pénélope jouaient à ce jeu devant le palais de cette princesse.

Dans l'Indostan, on y a joué depuis un temps que Williams Jones fait remonter à quatre mille ans. Sa découverte y est attribuée à une reine de l'île de Ceylan.

Le jeu d'échecs a été le délassement d'un grand nombre de souverains, parmi lesquels nous citerons Charlemagne et Henri IV, Charles XII, le grand Frédéric, Napoléon, etc. — Avant de passer à la description du jeu d'échecs, nous rapporterons une anecdote qui a fait du bruit dans son temps. Henri IV faisait sa partie avec Bassompierre, et tous deux étaient fort occupés. Tout à son jeu, Bassompierre, en levant un cavalier, laisse échapper certain soupir fort retentissant. Le partenaire était le bon Henri, mais enfin c'était le roi. Bassompierre, tout en rougissant, prend aussitôt son parti : « Au moins, sire, dit-il, ce cavalier n'est point parti sans trompette. » Henri IV répondit en riant aux éclats.

Les échecs se jouent sur une table carrée, que l'on nomme échiquier : cette table est divisée en soixante-quatre cases, aussi carrées, disposées sur huit de base et huit de hauteur. Ces cases sont alternativement de deux couleurs différentes, dans le sens de la base et dans celui de la hauteur, blanches et noires, suivant l'usage le plus général, ou blanches et brunes. Viennent après cela les échecs, qui sont trente-deux pièces, seize blanches et seize noires : ces pièces se distinguent en huit grandes et huit petites. Les petites, égales en figures et en valeur, assez semblables à un gros passe-lacet pointu, se nomment pions. Les grandes, inégales en valeur et en figures, consistent : 1. en deux tours, pions dont la tête représente effectivement une tour ; 2. en deux cavaliers, pions dont la tête représente une figure de guerrier ; 3. en deux fous ; 4. en un roi et une reine ou une dame. Les échecs se font en ivoire ou en ébène, ou en os et en bois de palissandre, ce qui est plus commun. On distingue sur l'échiquier deux sortes de cases contiguës l'une à l'autre : les unes ont un côté de commun à elles deux, et sont de couleurs différentes : on les appelle « cases contiguës de la première espèce ; » les autres n'ont qu'un angle de commun : on les nomme « cases contiguës de la deuxième espèce. »

Placement des pièces. — Deux joueurs s'asseyent en face l'un de l'autre, de chaque côté de l'échiquier, de manière que chacun ait à sa droite la case blanche angulaire : l'un prend les pièces noires et l'autre les blanches. (Les dames ne jouent jamais ou presque jamais à ce jeu, dont les combinaisons les effraient, nous ne répèterons pas le conseil donné relativement au choix de la couleur des pièces.) Chaque joueur arrange, de son côté, les pions sur la seconde bande de l'échiquier, savoir : les deux tours dans les cases angulaires, l'une à droite et l'autre à gauche ; les deux cavaliers à côté des tours, et les deux fous à côté des cavaliers. Le roi et la reine seront les deux cases restantes, de façon que la reine noire soit sur la case noire qui reste à remplir, et la dame blanche sur la case blanche.

Marche des pions. — Les pions marchent suivant les bandes perpendiculaires aux bases de l'échiquier, et avancent toujours vers ou dans le jeu de l'adversaire, et ne reculent jamais.

La première fois qu'on joue un pion, on peut lui faire faire un pas ou deux à volonté ; mais après le premier coup, il ne peut faire qu'un pas à la fois.

Si une pièce de l'adversaire est placée sur une case contiguë de la même espèce à celle occupée par le pion, et contiguë de la première espèce à celle où ce pion pourrait aller le coup suivant, alors le pion peut prendre la pièce ; ce qui se fait en enlevant cette pièce de dessus l'échiquier , et mettant le pion à la place de la pièce enlevée. Cette prise compte pour un coup. C'est ensuite le tour de l'adversaire ; et on ne joue pas, comme aux dames, autant de coups de suite qu'il y a de pièces à prendre. Ceci est applicable aux prises faites avec tout autre pièce. On n'est pas non plus forcé de prendre comme aux dames.

Si un pion blanc est poussé deux pas à son premier coup, et qu'un pion noir soit assez avancé pour prendre le pion blanc dans le cas où l'on ne l'eût poussé qu'un pas, le pion noir peut le prendre : c'est ce qu'on appelle prendre en passant. Ce pion noir doit se mettre non sur la case où est le pion blanc, mais sur celle où il aurait été si on ne l'eût poussé qu'un pas.

Enfin, si ce pion arrive à la base de l'échiquier où étaient les grandes pièces de l'adversaire, il devient une dame ou tout autre pièce (à l'exception du roi), au gré du joueur à qui il appartient, et il a, pour la suite de la partie, la valeur et la marche de la pièce que le joueur a voulu qu'il fût.

Marche des tours. — Les tours marchent suivant les bandes perpendiculaires aux bases, ou suivant les bandes parallèles à ces bases. Sur ces bandes, elles font un pas, deux ou trois à volonté, de manière qu'une tour, placée sur une base quelconque, peut faire un coup aux bases ou aux limites latérales de l'échiquier, pourvu néanmoins qu'il n'y ait pas de pièces dans sa direction. Dans ce dernier cas, si la tour et la pièce sont de couleur semblable, la tour pourra aller jusqu'à la pièce sans pouvoir passer par-dessus. Si la pièce appartient à l'adversaire, la tour n'en pourra pas plus passer par-dessus cette pièce, mais elle pourra la prendre : alors on enlèvera la pièce de dessus l'échiquier, et on mettra la tour à la place de la pièce enlevée.

Il en sera de même des autres pièces dont il nous reste à parler ; elles prendront la pièce de l'adversaire qui s'opposera à leur marche : les pions seuls prennent différemment.

Marche des cavaliers. — Un cavalier étant placé sur une case donnée (que nous nommerons B), un certain nombre de cases sont contiguës de la première espèce à B, au moins deux, au plus quatre. Un certain nombre de cases sont contiguës de la seconde espèce à ces cases contiguës de la première ; deux au moins, huit au plus. Or, le cavalier peut aller en un coup de la case B à l'une de ces contiguës de la seconde espèce, à volonté : ainsi il ira toujours du blanc au noir, ou du noir au blanc, et on pourra le jouer au moins de deux manières, et au plus de huit, bien entendu que la case où l'on se propose de jouer le cavalier ne sera pas occupée par une pièce de même couleur.

Marche des fous. — Les fous diffèrent des tours dans leur marche, en ce qu'elles suivent des lignes formées par des cases alternativement blanches et noires, contiguës de la première espèce, et que les fous, au contraire, suivent des lignes formées par des cases de même couleur, et contiguës de la seconde espèce.

Par conséquent, de deux fous qu'il y a dans chaque jeu, l'un placé d'abord sur le noir ne quitte pas cette couleur ; et l'autre placé sur le blanc ne le quitte pas davantage : le reste leur est commun avec les tors.

Marche de la dame. — Cette pièce renferme dans sa marche celles de la tour et du fou.

Marche du roi. — Cette pièce principale va en un coup de sa case de départ à l'une des contiguës à cette case, de la première ou seconde espèce, à volonté. De plus, le roi et la tour n'ayant été joués ni l'un ni l'autre, si l'intervalle entre ces pièces est vide, la tour peut se mettre à côté du roi, et de ce même coup, le roi saute par-dessus la tour, et se met de l'autre côté : ce qui s'appelle roquer. Il y a deux rocs : celui du côté du roi et celui du côté de la dame. Nous ferons observer que les pièces du côté du roi se nomment pièces du roi, et celles du côté de la dame, pièces de la dame.

Nous avons annoncé deux rocs, les voici : dans celui du côté du roi, la tour du roi se place à la case de son fou, et d'un même coup le roi saute par-dessus et se place à la case de son cavalier. Dans le roc du côté de la dame, et d'un même coup, le roi saute par-dessus pour se mettre à la case du fou de sa dame.

Dans ces deux cas, on peut bien jouer les tours à côté du roi sans roquer, c'est-à-dire sans faire sauter le roi ; mais on ne peut pas le faire sauter sans mettre les tours à côté de lui. Dans plusieurs cas, le roi ne peut pas roquer ; et je l'expliquerai bientôt.

On ne gagne pas, aux échecs, la partie comme celle des dames, en prenant toutes les pièces de son adversaire, mais en lui prenant son roi seulement, quand toutes les autres pièces lui resteraient. Un joueur s'attache donc à faire marcher ses pièces pour défendre son roi le mieux possible, et attaquer plus vivement celui de son adversaire : celui-ci oppose la même résistance, et tente de semblables efforts.

Il est de règle que le roi ne peut se prendre par surprise ; ainsi quand on l'attaque, c'est-à-dire quand on joue une pièce qui le mettrait dans le cas d'être pris au coup suivant, s'il n'y était pourvu, on doit avertir l'adversaire de retirer son roi, ou plus généralement de faire cesser l'attaque. Cet avertissement se donne en disant, il y a échec. Si l'adversaire, sans être attaqué, met lui-même son roi en prise, on n'en pourra pas non plus profiter pour le prendre ; mais on l'avertira et il jouera un autre coup, s'il le peut ; car si l'adversaire, lorsque son roi n'est pas attaqué, ne peut pas jouer son coup sans mettre ce roi en prise, il ne joue pas, et la partie est remise. On dit alors qu'il est pat, ou que son roi est pat.

Mais si ce roi attaqué ne peut pas se retirer sans être pris par quelque pièce de l'adversaire, et s'il ne peut se couvrir d'aucune pièce, c'est alors qu'il est vraiment pris ; la partie est gagnée par ce coup, et le vainqueur annonce sa victoire, en disant échec et mat, ou plus simplement mat, si néanmoins il s'aperçoit de son avantage : car il arrive quelquefois que le joueur ne voit pas qu'il fait mat ; et alors un tel mat est dit aveugle. Mais, en France, la partie n'en est pas moins gagnée.

Voici les trois cas où le roi ne peut roquer :

1. Quand il reçoit échec ; 2. lorsqu'en se plaçant à la case qui lui est des-

tinée par le roi, il se trouve en prise, ou, comme on dit ordinairement, en échec ; 3. enfin, si la tour se trouve aussi en prise à la case qui lui est destinée par le roi. Dans ces trois cas, si un joueur voulait faire roquer son roi, on l'avertirait qu'il ne le peut, en lui disant dans le premier cas : vous êtes échec; dans le second, vous tombez sous l'échec ; et dans le troisième, vous passez sous l'échec.

Voici, d'après Philidor, une partie élémentaire d'échecs, pour faciliter la pratique des marches expliquées ci-dessus et dans les premiers principes. Le lecteur rangera les pièces des deux couleurs sur l'échiquier, comme s'il devait jouer une partie, puis il les jouera des deux côtés, comme nous allons l'indiquer. Cette répétition du jeu le familiarisera immanquablement avec ses règles et ses diverses combinaisons.

1. Blanc. — Le pion du roi, deux pas.
Noir. — Le pion du fou de la dame, deux pas.

2. Blanc. — Le fou du roi, à la quatrième case du fou de sa dame.
Noir.— Le cavalier de la dame, à la troisième case de son fou.

3. Blanc. — La dame, à la troisième case du fou du roi.
Noir. — Le cavalier de la dame à la quatrième case de la tour pour prendre le fou.

4. Blanc.--Ce fou donne *échec et mat*, en prenant le pion du fou du roi noir.

Note première. — Ce mat s'appelle l'*échec du berger* ; on n'en sait pas trop la raison. Un joueur attentif ne le souffre qu'une fois.

Première variante au troisième coup du noir.

Blanc. — La dame, à la troisième case du fou du roi.
Noir. — Le cavalier du roi, à la troisième case de son fou, pour éviter le mat qui vient lui être appliqué.

1. Blanc. — La dame, à la troisième case de son cavalier.
Noir. — Le cavalier du roi prend le pion.

2. Blanc. — Le fou donne échec et mat, en prenant le pion du fou du roi noir.

Note deuxième. — Ce mat est presque aussi simple que l'échec du berger : un commençant comprendra par ce coup qu'il ne faut pas toujours prendre une pièce; souvent un tel appât trompe un joueur faible, et lui cache le danger dont il est menacé. Il y a plusieurs autres défenses de ce mat, qui ne valent pas mieux, et qui n'ont d'autre effet que de le reculer d'un petit nombre de coups, ou contribuent au moins au désordre du jeu. Dans une seconde variante le noir opposera une meilleure défense.

Deuxième variante au troisième coup du noir.

3. Blanc. — La dame, à la troisième case du fou du roi.
Noir. — Le cavalier de la dame, à la quatrième case du roi.

4. Blanc. — La dame, à la troisième case de son cavalier.
Noir. — Le cavalier prend le fou.

Note troisième. — Vous jouez votre dame à cette case, parce que vous conservez l'espérance de donner le mat comme dans la première variante, s'il venait à déplacer son cavalier sans défendre d'une manière convenable le pion du fou du roi ; mais le cavalier rompt vos projets en prenant votre fou. Bien entendu qu'à votre quatrième coup, au lieu de jouer la dame où vous l'aviez jouée, vous ne pourriez pas prendre utilement le pion du fou de son roi ; car si vous l'aviez pris avec votre fou ou avec votre dame, il aurait pris l'un ou l'autre avec son cavalier, et par conséquent aurait gagné une pièce.

Continuation de la deuxième variante.

5. Blanc. — La dame reprend le cavalier.
Noir. — Le pion du cavalier de la dame, un pas.

6. Blanc. — Le cavalier du roi, à la troisième case de son fou.
Noir. — Le fou de la dame, à la deuxième case de son cavalier.

7. Blanc. — Le cavalier du roi, à la quatrième case du roi noir.
Noir. — Le cavalier du roi, à la troisième case de sa tour, afin de parer le mat.

8. Blanc. — Le pion de la dame, un pas.
Noir. — Le pion prend le pion.

9. Blanc. — Le fou prend le cavalier.
Noir. — Le pion du roi, un pas.

Note quatrième. Vous l'auriez fait mat s'il avait repris votre fou. Ainsi il perd une pièce pour n'avoir pas prévu ce coup, et n'avoir pas, par conséquent, attaqué le cavalier avec le pion de sa dame, au lieu de prendre le vôtre. Dans ce cas, vous, jouant le même coup, il aurait pris votre cavalier, vous auriez retiré votre fou, et il n'y aurait eu qu'une pièce pour pièce.

Continuation de la variante.

10. Blanc. — Le fou, à la deuxième case de la dame.
Noir. — Le pion de la dame, un pas.

11. Blanc. — La dame donne échec à la première case de sa tour.
Noir. — Le roi, à sa deuxième case.

12. Blanc. — Le cavalier du roi donne échec à la troisième case du fou de la dame noire.
Noir. — Le fou prend le cavalier.

13. Blanc. — La dame reprend le fou.
Noir. — Le pion du fou du roi, un pas.

Note cinquième. — Par le jeu de ce pion il prépare une retraite à son roi et le dégagement de ses pièces ; s'il avait poussé ce pion deux pas, vous lui auriez donné échec avec le fou, à la quatrième case de son cavalier de son roi. Ce roi se serait forcément retiré à la deuxième case de son fou, n'ayant pas d'autre place ; alors vous auriez pris sa dame avec votre fou.

Continuation de la variante.

14. Blanc. — La dame donne échec à la deuxième case du cavalier de la dame noire.
Noir. — Le roi, à sa case.

15. Blanc. — La dame donne échec à la troisième case du fou de la dame noire.
Noir. — Le roi, à la deuxième case de son fou.

16. Blanc. — La dame, à la quatrième case de son fou.
Noir. — La tour de la dame, à la case de son fou.

17. Blanc. — La dame prend le pion à sa quatrième case,
Noir. — La tour prend le pion.

Note sixième. — Vous devez défendre ce pion, plutôt que de prendre le sien qui était double. C'est ainsi que l'on nomme deux pions de même couleur, placés sur la base perpendiculaire. Un tel pion cependant n'est pas toujours un désavantage ; mais ce n'est pas trop le cas ici. Nous vous avons fait jouer ainsi afin d'avoir l'occasion de parler des pions doubles.

Continuation de la variante.

18. Blanc. — Le cavalier de la dame, à la troisième case de sa tour.
Noir. — Le pion du roi, un pas pour prendre sa dame.

19. Blanc. — La dame donne échec à sa cinquième case.
Noir. — Le roi, à sa case.

20. Blanc. — La dame donne échec à la troisième case du roi noir.
Noir. — Le fou couvre l'échec.

Note septième. — Il a attaqué votre dame en laissant sa tour en prise, parce qu'il a cru qu'il serait temps de la retirer après que vous auriez retiré la dame. Il n'a pas prévu que, retirant la dame par échec, après qu'il aurait paré l'échec, vous prendriez cette tour. Vous ne deviez pas lui donner le deuxième échec à la troisième case de son roi, car cela n'aboutit qu'à dégager ses pièces. Vous étiez aussi bien maître de son jeu en tenant votre dame à la cinquième case, d'autant plus qu'il n'osera vous proposer la dame pour dame, puisqu'il va avoir deux pièces de moins, et nous n'aurez perdu que du temps ; mais il y a des circonstances où un échec si mal donné vous eût fait perdre la partie.

Continuation de la variante

21. Blanc. — Le cavalier prend la tour.
Noir. — La dame, à la deuxième case de son fou.

22. Blanc. — Vous roquez du côté du roi.
Noir. — La dame prend le cavalier.

23. Blanc. — La tour de la dame, à la case de son fou.
Noir. — La dame prend le fou

Blanc. — La tour de la dame à la case du fou de la dame noire.

Nous allons encore indiquer ici deux parties, l'une pour montrer que les joueurs débutant chacun par le pion du roi, deux pas, celui qui a le trait joue mal et le perd en jouant au second coup le cavalier du roi à la troisième case de son fou ; l'autre, pour apprendre que souvent, lorsqu'une partie paraît désespérée, on la gagne contre toute attente. Tel a donné le mat à son adversaire, que lui-même semblait ne pouvoir l'éviter. Cet exemple fera voir qu'il faut être attentif à ces retours, et que l'on ne doit pas abandonner sans examen une partie qui paraît perdue. La première partie est empruntée au *Traité théorique et pratique du jeu d'échecs*, par une société d'amateurs ; la seconde est due au *Recueil du Jeu d'échecs*, par **M. Stama**.

Deuxième partie d'après **M. Leblond**.

1. Noir. — Le pion du roi, deux pas.
Blanc. — De même.

2. Noir. — Le cavalier du roi, à la troisième case de son fou.
Blanc. — Le pion de la dame, un pas.

3. Noir. — Le pion de la dame, deux pas.
Blanc. — Le pion du fou du roi, *idem.*

4. Noir — Le pion de la dame prend le pion.
  Blanc. — Le pion du fou du roi, *idem*.

5 Noir. —Le cavalier du roi, à la cinquième case.
  Blanc. — Le pion de la dame, un pas.

6. Noir. — Le pion du roi, un pas.
  Blanc. — Le cavalier du roi, à la quatrième case de sa tour.

NOTA. Ce sixième coup du noir est le coup juste qui lui fera gagner la partie.

7. Noir. — Le pion du fou de la dame, deux pas.
  Blanc. — Le pion du fou de la dame, un pas.

8. Noir. — Le cavalier de la dame, à la troisième case de son fou.
  Blanc.—Le fou du roi, à la quatrième case du cavalier de la dame noire,

9. Noir. — Le pion prend le pion.
  Blanc. — *Idem.*

10 Noir. — La dame donne échec à la cinquième case de sa tour.
  Blanc. — Le roi, à la case de son fou.

11. Noir. —Le cavalier, à la deuxième case du fou du roi blanc.
  Blanc. — La dame, à la case du roi

12. Noir. — La dame prend le pion.
  Blanc. — Le cavalier prend le cavalier

13. Noir. — Le pion prend le cavalier.
  Blanc, — La dame, à la troisième case de son fou.

14. Noir. — La dame donne échec à la dame blanche.
  Blanc. — Le roi prend le pion.

15. Noir.—La dame prend la tour.

Dans cette position, ce que le noir pourra faire de mieux sera de remettre la partie. On peut conclure de cette partie, sinon rigoureusement, mais du moins très probablement, que celui qui a le trait le perd, et en fait passer l'avantage à son adversaire, quand il joue le cavalier au second coup. Peut-être même en jouant votre troisième coup autre que celui qu'on vous a fait jouer, vous feriez encore repentir le noir d'avoir joué son cavalier à cette case, parce que le pion du fou de son roi étant retenu par ce cavalier, il ne peut pas le lier aux autres pour rester maître du centre de l'échiquier.

Si celui qui a le trait joue mal en jouant ainsi son second coup, on conçoit que ce coup serait encore plus mauvais, si, outre le trait, on lui faisait avantage du pion. Quand on a le pion et le trait, on ne doit jamais jouer les cavaliers devant les fous, au second coup, ni au suivant, si l'on n'y est contraint pour réparer quelque lourde bévue, ou pour profiter de celles de son adversaire.

TROISIÈME PARTIE D'APRÈS STAMA.

Situation des pièces noires.

1. Le roi, à la case de sa dame.
2. La dame, à la troisième case du roi blanc.
3. Le fou du roi, à la deuxième case du fou de sa dame.
4. Le fou de la dame, à la case de la tour.
5. Le cavalier, à la deuxième case du fou du roi.
6. La tour du roi, à la case du roi.
7. La tour de la dame, à la case du fou de la dame.
8. Le pion du fou de la dame, à la quatrième case de ce fou.
9. Un pion à la quatrième case du fou du roi.
10. Un pion, à la troisième case du cavalier du roi blanc.
11. Un pion, à la troisième case de la dame.
12. Un pion, à la quatrième case de la tour du roi blanc.
13. Un pion, à la deuxième case du roi.

Situation des pièces blanches.

1. Le roi, à la case de son fou.
2. La dame, à la troisième case du roi noir.
3. Le fou du roi, à la case de la dame.
4. La tour de la dame, à sa cinquième case.
5. Un cavalier, à la troisième case du cavalier de la tour de la dame.
6. Un cavalier, à la quatrième case de la tour de la dame.
7. Un pion, à la cinquième case du roi.
8. Un pion, à la quatrième case du roi.
9. Un pion, à la quatrième case de la dame.
10. Un pion, à la deuxième case du cavalier du roi.
11. Un pion, à la troisième case de la tour de la dame

JEU.

1. Blanc. — La dame, à la deuxième case de la dame noire, donne échec.
   Noir. — Le roi prend la dame.
2. Blanc. — Le cavalier prend le pion du fou de la dame, et donne échec.
   Noir. — Le pion prend le cavalier.
3. Blanc. — Le cavalier prend le pion, et donne échec.
   Noir. — Le roi, à la case de sa dame.

ESPÉRANCE (jeu de l'). On joue ce jeu avec deux dés entre plusieurs personnes. Chaque joueur met un ou deux jetons pour la poule. On tire au sort à qui a les dés. Si celui qui a les dés amène un as, il donne un jeton à son voisin de gauche; s'il amène un six, il met un jeton à la poule. S'il a ces deux nombres à la fois, il donne un jeton à son voisin de gauche, et en met un à la poule. S'il n'avait qu'un jeton, la poule aurait la préférence; tous les autres sont indifférens, excepté les doublets. Quand un joueur amène un doublet, au lieu de passer le cornet à son voisin, il le garde ; s'il amène encore deux doublets, il gagne la poule. Quand on n'a plus de jetons, on est mort, et on ne reçoit plus le cornet à son tour ; quand le joueur placé à sa droite amène un as, il le fait ressusciter en lui donnant un jeton. C'est de l'espérance de la résurrection que le jeu tire son nom.

Celui qui est possesseur d'un ou de plusieurs jetons, quand il n'en reste plus à aucun autre joueur, gagne la partie.

GAMMON (jeu de). Comme au trictrac et au revertier, il faut pour ce jeu les quinze dames, le tablier, les cornets, les dés, les fichets (de plus qu'à ce dernier jeu). On ne joue que deux personnes, en s'aidant d'un conseil, s'il y a lieu; on appelle les nombres les plus forts du dé les premiers; et les règles établies pour la valeur des dés lancés sont absolument les mêmes qu'aux jeux précédens.

Du placement des dames. — Pour entendre comment vous devez disposer le jeu et placer vos dames, imaginez-vous que vous êtes assis devant une table, auprès d'une fenêtre placée à votre gauche; que sur cette table il y a un trictrac ouvert, et que de l'autre côté de la table soit votre adversaire. Il faut alors mettre vos dames dans ce trictrac, savoir : deux sur la flèche qui est dans le coin à la droite de votre adversaire et de son côté; cinq sur la flèche qui est dans l'autre coin à sa gauche; trois sur la cinquième flèche de la table qui se trouve de votre côté et à votre droite, et les cinq dernières sur la première flèche qui joint la bande de séparation dans la seconde table, de votre côté et à votre gauche.

Votre adversaire doit faire la même chose : il doit mettre deux dames sur la première lame du coin qui est de votre côté à votre gauche; cinq sur la dernière lame du coin placée de votre côté à votre droite; trois sur la cinquième lame de son côté à sa gauche, et les cinq dernières sur la première lame qui joint la bande de séparation dans la seconde table de son côté à sa droite.

De la manière de jouer. — Ce jeu, qui a beaucoup de rapports avec le revertier, veut, comme lui, que les doublets se jouent doublement : on bat les dames de la même manière, et toutes les dames qui ont été battues sont encore, comme au revertier, mises hors du jeu, et le joueur auquel elles appartiennent ne peut jouer quoi que ce soit qu'il ne les ait toutes rentrées.

Au commencement de la partie, selon les dés que vous amenez, vous pouvez jouer ou les deux dames qui sont dans le coin à droite de votre adversaire, ou celles qui se trouvent dans le coin à sa gauche, ou bien celles qui sont dans les tables de votre côté, et faire des cases indifféremment dans toutes les tables (privilége qui donnait autrefois au jeu le nom de *toutes-tables*) : afin que vous ne fassiez pas marcher vos dames d'un côté pour l'autre, il importe que vos deux dames qui sont dans le coin à droite de votre adversaire viennent jusqu'au coin à sa gauche; de là vous les passez de votre côté à droite, et les faites ensuite aller avec tout le reste de vos dames dans la table située à votre gauche, parce que c'est dans cette table-là que vous devez passer votre jeu, et qu'il est essentiel que vous y passiez toutes vos dames avant d'en pouvoir lever aucune.

De la manière de rentrer. — Les détails que nous avons donnés au revertier sur la manière de battre les dames, nous dispensant d'y revenir ici nous allons immédiatement nous occuper des rentrées. On a observé qu'il fallait que vos deux dames, placées à la droite de votre adversaire, allassent à sa gauche, qu'elles vinssent de là à votre droite, et de votre droite dans la la table qui est à votre gauche, de votre côté, tandis que les deux dames de votre adversaire suivraient une marche semblable : par conséquent ces deux dames, qui font la tête ou pile du jeu ; toutes les dames qui ont été battues doivent rentrer par la table où l'on place ces *dames-tête*, c'est-à-dire que vous devez rentrer par la table où sont ces deux dames, tables situées, comme vous le savez, à la gauche de votre adversaire.

Il est facile de rentrer à ce jeu, car non seulement vous pouvez rentrer sur votre adversaire en le battant, quand il a quelques dames découvertes, mais encore vous pouvez rentrer sur vous-même, et mettre sur une même flèche autant de dames que vous voudrez. Par exemple, si, n'ayant point encore joué vos deux dames du coin ou tête de votre jeu, vous faites un bezet, et que vous ayez quatre dames à rentrer, vous pouvez les mettre toutes sur cette même flèche où sont vos deux dames; si vous avez quelque autre case dans la table de votre rentrée, vous pouvez de même y mettre le nombre de dames qu'il vous plaît. On nomme ces cases-là des *ponts*, parce qu'elles servent à passer, et sont fort utiles.

De la conduite à tenir au gammon. — Il y a dans ce jeu quatre piles de dames : 1º celle qui fait la tête du jeu, et qui se compose des deux dames placées dans le coin à la droite de votre adversaire; 2º les cinq dames dans le coin à sa gauche; 3º les trois dames qui se trouvent sur la cinquième case de la table qui vous touche à gauche; 4º les cinq dames mises sur la première flèche qui joint la bande de séparation dans la seconde table. Si du premier coup que vous jouez vous faites six ou cinq, il faut jouer une des dames de la tête et la mettre sur la seconde,

Faites-vous un six et un as, jouez un six de votre seconde pile, un as de la troisième, et faites une case.

Amenez-vous trois et as, jouez le trois de votre troisième pile, l'as de la quatrième, et faites également une case ; en un mot, il faut tâcher de faire quatre ou cinq cases de suite autour de vos troisième et quatrième piles, afin d'empêcher votre adversaire de passer les dames de sa tête ou première pile.

Quand vous avez quatre ou cinq cases, si vous pouvez encore caser, gardez-vous d'en manquer l'occasion, et joignez toujours vos cases tant que vous pourrez; si votre adversaire se découvre lorsque votre jeu est ainsi avancé, il ne faut point hésiter; si, au contraire, son jeu était plus avancé que le vôtre, et qu'il se découvrît, il ne faudrait pas le battre, car souvent les bons joueurs tendent des piéges pour faire tomber dedans, et gagner ensuite la partie double, ou du moins avoir la simple assurée. Il convient donc d'examiner, avant de battre, si votre adversaire ne pourra pas vous battre à son tour, et en cas qu'il vous batte, si vous pouvez rentrer facilement.

De la manière de lever et finir le jeu.—Lorsqu'on a passé toutes ses dames dans la table de la quatrième pile, on lève à chaque coup de dé toutes les dames qui donnent sur la bande du trictrac, de même qu'au revertier et au jeu de retour du trictrac.

Pour chaque doublet on lève quatre dames, quand on en a qui donnent justement sur le bord; si la case que l'on devait lever se trouve vide, et qu'il y ait des dames derrière pour jouer le doublet que l'on a fait sans rien lever, il faut le jouer; s'il n'y a rien derrière, on lève celles qui suivent la flèche, d'où le doublet amené devait partir. Celui qui a le premier levé toutes les dames gagne la partie simple.

De la double.—On joue souvent en deux ou trois parties, et même en plus grand nombre, parce que ce jeu va assez vite.

Quelquefois aussi on joue à la première partie, et l'on convient que le joueur qui gagnera la partie double, recevra le double de ce qu'on a joué.

On gagne la partie double quand on a levé toutes ses dames avant que l'adversaire ait passé toutes les siennes dans la table de sa quatrième pile, et qu'il en ait levé une; autrement le gain ne regarde que la partie simple. Quand on joue en plusieurs parties, et que l'on gagne double, on marque deux parties : le gagnant recommence et a le dé.

Des avantages.—Les avantages que l'on peut faire au *gammon* étant les mêmes que ceux du *revertier*, nous y renvoyons nos lecteurs. Outre les avantages communs à ces deux jeux, il y a encore pour celui qui nous occupe, toute table, *ambezas*, *à bas le dé*, et autres qui dépendent de la convention des joueurs. Comme ces titres annoncent assez leur nature, il est inutile que nous nous arrêtions à les expliquer.

JACQUET (jeu du). Pour bien comprendre ce qui suit, il est essentiel de consulter les articles *trictrac* et *toutes tables*. Le jacquet se joue dans le tablier du trictrac. Les règles des dés sont les mêmes, les doublets s'y jouent doublement. Le joueur qui est sorti le premier gagne, selon les conventions, un trou ou deux. Chaque joueur met un talon de dames dans un coin en face de lui, de manière à placer les deux talons aux deux bouts de la transversale du trictrac. Les deux joueurs jouent la première dame seulement, jusqu'à ce qu'elle soit arrivée dans la partie opposée à leurs talons respectifs; ensuite on joue soit en abattant le talon, soit en jouant les dames abattues.

OIE (jeu de l'). Ce jeu de tableau est fort ancien, et a fourni l'idée de tous les jeux analogues. On y joue depuis quatre personnes jusqu'à douze ou quinze. Il faut avoir le tableau du *jardin de l'oie* que nous allons décrire, l'étendre sur une table, ou, pour mieux faire, le coller sur une planche ou tablette de même grandeur, afin qu'il ne se relève et ne se déchire pas par les angles.

On tire au sort à qui jouera le premier, puis on prend un cornet dans lequel on met deux dés ; on les agite, on les lance au milieu du jeu, et, prenant une marque particulière, que doit avoir chaque joueur, on va marquer le numéro qui correspond sur l'une des cases au numéro sorti du cornet. Chacun met auparavant un enjeu convenu.

Le tableau porte soixante-trois cases disposées circulairement. De neuf cases en neuf cases se trouve la figure d'une oie, de laquelle on compte le même point. Ainsi, lorsque le numéro 4 vous conduit à la case 10, vous allez à 14 ; mais comme cette case présente encore une oie, on va à la case 18; comme celle-ci porte encore une oie, on pousse jusqu'à la case 24. On voit que s'il n'y avait point d'exception à cette règle, d'oie en oie, on irait du premier coup au jardin de l'oie (case 63), qui est la case qui fait gagner; mais il y a des exceptions. La première, c'est que lorsqu'on fait 9 par 5 et 4, on va sur la case 53, qui représente deux dés, dont l'un marque 5, et l'autre 4; la seconde, c'est que si l'on fait par 6 et 3, on va à la case 26, où sont également tracés deux dés, portant l'un 6 et l'autre 3.

Si vous amenez plus qu'il ne faut pour arriver au jardin de l'oie depuis la case où vous êtes placé, il faut rétrograder. Ainsi, supposez que vous soyez case 57, si vous amenez 9, vous irez à 60 ; amenez 7, après avoir touché 63, au jardin de l'oie, vous rétrograderez jusqu'à la case où vous terminerez votre 9.

A la case 6 il y a un pont ; arrivé là, on paie un jeton, et on va se placer case 12.

A la case 19 est une hôtellerie ; on paie également un jeton, et l'on y reste jusqu'à ce que chacun ait joué deux fois.

A la case 32 se trouve un puits ; il faut y rester jusqu'à ce qu'on vienne vous trouver, et que l'on vous envoie à la case d'où on est parti. Vous payez encore du reste un jeton.

A la case 41 est un labyrinthe ; là, vous payez un jeton, et retournez à la case 30.

A la case 52 il y a une prison ; vous payez l'amende ordinaire, vous restez jusqu'à ce qu'on vous délivre, et retournez à la première case.

Enfin, la case du jardin de l'oie, si l'on y arrive justement, fait gagner la partie, et prendre l'enjeu.

Le jeu de l'oie compte diverses variétés : le jeu des merveilles de la nature et de l'art ; le jeu de l'histoire ancienne et moderne , des monumens de Paris ; le jeu de la guerre, où sont représentés l'enrôlement, le siége, etc.; le jeu de l'histoire de France,de la révolution, de la mappemonde, des termes de marine.

LOTO (jeu de). On joue à ce jeu avec une boîte de carton qui contient vingt-quatre tableaux, dont trois sont bleus, trois rouges, trois jaunes et trois verts : ces tableaux sont partagés transversalement , et de manière à ce que la ligne de partage se rapproche plus du haut que du bas. Ils portent sur des cases des numéros, tantôt doublés, tantôt à la suite, tantôt séparés par des cases de la couleur du fond.

Dans un autre compartiment de la boîte sont renfermés :

1° Deux sacs, l'un contenant deux cents jetons rouges, l'autre les 90 numéros de la défunte loterie. Ces numéros sont marqués sur autant d'une sorte de dés, ayant la figure du calice persistant du gland, si on l'avait poli; sur la face plane est le numéro, et pour ne point confondre 9 avec 6, 19 avec 61, etc., ce qui arriverait fréquemment lorsqu'on tire les numéros au hasard, une petite ligne est tracée pour l'indication du numéros ; ainsi on a 9, 6.

2° Un corbillon.

3° Une tablette présentant de petits enfoncemens hémisphériques pour placer les numéros tirés.

Loto simple à tableau couvert. — On prend chacun trois tableaux qu'on place devant soi, l'un au-dessus de l'autre sur une table. On convient du prix de la partie ; l'un des joueurs mêle les numéros en recevant le sac, puis y plongeant la main droite, en sort un, qu'il nomme à haute voix, et le place sur la tablette que l'on a mise auprès de lui. Alors chaque joueur, prenant dans la main quelques jetons rouges qui remplissent le corbillon placé au milieu de la table, place un des jetons sur le numéro correspondant sur leurs tableaux au numéro sorti. Comme les numéros sont souvent doubles, ceux qui ont ce numéro répété plusieurs fois le marquent. On continue ainsi jusqu'à ce que l'un des joueurs ait couvert le premier tableau.

Loto au premier quine. — Le système du jeu de loto est celui de la loterie : un numéro sorti seul sur un tableau est un *extrait* ; deux numéros à la suite l'un de l'autre forment un *ambe*; trois, un *terne* ; quatre, un *quaterne*; cinq, un *quine*, ce qui couvre toute la ligne transversale du tableau ; car de quelque manière que soient disposés les numéros, ils ne dépassent jamais sur la ligne le nombre cinq.

On tire les numéros comme précédemment, et celui qui fait le premier quine gagne la partie.

Troisième manière de jouer le loto. — Voici le jeu véritable. On y peut jouer depuis deux jusqu'à douze personnes ; chacun prend deux tableaux : on tire seulement quinze numéros, et chacun marque ; ensuite, selon qu'on a ambe, terne, quaterne ou quine, on prend deux, trois, quatre ou cinq jetons de ceux que chacun a mis à la poule en commençant, d'après la convention que l'on en a dû faire. Comme il est très rare de faire quine, et que c'est le coup principal, on convient souvent que ce coup annule les autres et enlève la poule tout entière.

Autre manière. — On joue encore au loto d'une autre manière. Celui qui tire les numéros est le banquier, et les autres joueurs reçoivent de lui le prix des ambes, ternes, etc., à moins qu'il n'amène un coup plus considérable. Ainsi, si parmi les autres joueurs il se trouve un quaterne, et qu'il n'ait qu'un terne, il paie au possesseur de ce coup ; mais ceux des joueurs qui n'ont que des ambes paient à leur tour au banquier.

Depuis quelque temps on a de nouveaux tableaux de loto : au lieu de présenter une surface de tableau, ils se plient longitudinalement par moitié, comme un livre. Ils n'offrent point non plus d'intervalle entre les numéros, qui se suivent sans interruption, et dans l'ordre ordinaire des chiffres. Cette innovation n'est pas heureuse et n'a eu aucun succès.

PLEIN (jeu du). Ce jeu ressemble au trictrac et au revertier. On lui donne le nom de *plein* parce que son but est de remplir ou faire le plein, c'est-à-dire que les joueurs s'efforcent de parvenir à mettre douze dames couvertes et accouplées dans la table du grand jan, que l'on appelle aussi grand plein au trictrac.

Les dames, les cornets, les dés, le tablier, tout est réglé comme à ce jeu ; les joueurs n'y sont pas en plus grand nombre ; on jette les dés avec force, et les coups en sont déterminés d'après les usages du trictrac et du revertier ; les doublets s'y jouent doublement comme à ce dernier jeu et au gammon. Lorsqu'on sait jouer au trictrac, on apprend avec la plus grande facilité le jeu du plein, qui demande bien, il est vrai, quelques combinaisons, mais qui dépend en grande partie du hasard. Ce que nous avons déjà dit sur le trictrac et le revertier nous interdit de longs détails, qui ne seraient que des répétitions.

Chaque joueur ayant empilé ses dames sur la première case ou flèche de la table, la plus éloignée du jour (comme au trictrac), on abat beaucoup de bois, on couche ensuite six autres dames toutes plates sur les flèches du grand jan, parce qu'ayant du bois abattu il est après cela plus facile de couvrir.

Il est permis de mettre une seule dame dans le coin, qu'on nomme au trictrac coin de repos.

Il est important de ne point forcer son jeu, et d'avoir toujours les grands doublets à jouer. Celui qui a plus tôt couvert toutes ses dames dans la seconde table a gagné la partie; mais, au contraire des jeux précédens, il n'a pas le dé pour la revanche, et on tire à qui il appartiendra.

REVERTIER. (jeu du). Ce jeu consiste à faire faire à ses dames tout le tour du trictrac, et à les faire revenir dans la même table d'où elles sont parties.

Le revertier se joue dans un trictrac : comme à ce dernier jeu, il faut trente dames, quinze d'une couleur, et quinze d'une autre, deux cornets et des dés, c'est à celui qui amène le plus gros dé à commencer; on nomme le plus gros nombre le premier; les doublets portent les noms particuliers qu'on leur donne au trictrac. On lance les dés de la même manière, et les règles établies pour qu'ils soient valables ou non, sont exactement les mêmes. Le privilége de rompre les dés, la convention qu'il faut faire d'avance à cet égard, sont encore les mêmes qu'au trictrac.

On ne peut jouer que deux ensemble; cependant, si l'un des joueurs est beaucoup plus faible que l'autre, il peut prendre un conseil, de son consentement.

Il faut préalablement disposer son jeu : pour cela, chacun empile ses dames de telle sorte que celles avec lesquelles vous devez jouer soient dans le coin de votre adversaire, de son côté, et que celles qui doivent lui servir soient dans le coin de votre côté, et à votre gauche.

Cela fait, commencez la partie. Vous ne pouvez faire aucune case, c'est-à-dire mettre deux ou plusieurs dames accouplées l'une sur l'autre dans les deux tables du trictrac, qui sont du côté de la pile de votre adversaire. Pour entendre cela plus facilement, imaginez que vous jouez contre moi, et que par conséquent le tas de vos dames est dans le coin, à ma gauche, sur la première flèche de la bande qui me touche. Les miennes sont pareillement de votre côté et à votre gauche. Nous avons tiré le dé, c'est à vous de jouer le premier, et vous amenez terne. Vous ne pouvez faire une case, mais vous devez jouer ce terne de manière que vous ne mettiez qu'une dame sur chaque flèche ou lame.

Avant d'aller plus loin je vais vous donner deux avis. Le premier, c'est qu'il vous faut conduire vos dames qui sont empilées à ma gauche, jusqu'au coin qui est à ma droite ; de là vous les passerez sur les flèches qui sont de votre côté à votre gauche, et les ferez aller jusqu'à votre droite ; puis moi je suivrai exactement la même marche.

Le second avis est que les doublets se jouent doublement, c'est-à-dire que l'on joue deux fois le doublet qu'on amène, soit avec une seule dame, ou plusieurs. Si vous avez fait terne, qui ne se compose que de six points, vous êtes obligé d'en jouer douze; quand le doublet est du premier coup, par conséquent vous ne pouvez le jouer que de votre tas, alors il vous faut jouer d'abord trois 3, avec une seule dame que vous mettez sur la neuvième case, et jouer le quatrième 3 sur la troisième case.

Il arrive souvent qu'on ne peut jouer tous les nombres que l'on amène : par exemple, quand du premier coup on fait sonnez, on le joue seulement une fois, parce qu'on ne peut mettre sur les flèches du côté de son tas de bois qu'une dame seule, et qu'on ne saurait jouer tout d'une dame, parce que le passage se trouve fermé par le tas de bois de l'autre joueur ; souvent aussi l'on est obligé de passer ses dames de son côté : quand après avoir joué un ou deux coups, on fait un gros doublet que l'on ne peut jouer du côté où est sa pile de dames ; c'est ce qu'il faut éviter autant que possible, et pour cela se donner d'abord tant que l'on pourra tous les grands doublets, comme terne, carme, quine ou sonnez, afin de pouvoir les jouer ensuite, s'ils viennent, sans gâter son jeu.

De la tête.—Quoique vous ne puissiez mettre qu'une seule dame sur les lames du côté de votre tas, il y a toutefois une flèche sur laquelle vous en pouvez placer à volonté. Cette flèche, nommée *la tête*, est la onzième case, c'est-à-dire la dernière en comptant depuis votre tas, ou, pour être plus clair, c'est la flèche du coin qui est à la droite de votre adversaire. Il faut avoir soin de la bien garnir, parce que l'on case ensuite plus facilement, il n'y a aucun risque d'y mettre sept ou huit dames.

Des cases et de la manière de battre.—Quand vous avez mené une partie assez considérable de vos dames, de la gauche à la droite de votre adversaire, et que votre tête est bien garnie, il faut commencer à caser du côté de la pile de l'autre joueur, contre elle le plus près que vous pourrez, en joignant vos cases autant qu'il vous sera possible, et faisant des *sur-cases*, lorsque vous ne pourrez caser, ou passant toujours des dames de votre tas à votre tête.

Or, ces *sur-cases*, qui consistent à mettre une ou deux dames sur une lame où il y en a déjà deux accouplées, sont d'une grande utilité. On les nomme *batadours*, parce qu'elles servent à battre les dames découvertes, sans que l'on soit forcé de se découvrir soi-même.

Lorsque vous avez fait quelques cases auprès de la pile de votre adversaire, si vous trouvez l'occasion de lui battre une ou deux dames, il faut la saisir. On appelle *battre une dame*, lorsqu'on met une de ses dames sur la flèche où est placée celle de son adversaire. L'on peut encore en passant battre une ou deux dames avec une seule. Par exemple, vous faites cinq et quatre ; vous jouez d'abord le cinq, et vous battez une dame ; puis de la même dame dont vous avez joué le cinq vous jouez le quatre ; et vous couvrez une de vos dames, ou bien vous battez une autre dame.

Vous donnez toutes les dames battues hors du jeu, au joueur auquel elles appartiennent, ou bien il les prend de lui-même et ne peut plus jouer qu'il ne les ait toutes rentrées.

De la manière de jouer. — Chacun doit rentrer les dames qu'on lui a battues, du côté et dans la table où se trouve la pile de bois; mais pour cela il faut trouver des passages ouverts. On ne peut rentrer sur soi, mais on peut rentrer sur son adversaire en le battant, quand il se trouve quelques-unes de ses dames découvertes.

Lorsqu'on rentre, on compte toutes les flèches, même celle où est le tas de bois, laquelle est la première, et par conséquent la rentrée de l'as. Ainsi le joueur qui a fait des as, ayant encore des dames sur sa pile, ne peut rentrer.

Comme le plus haut point d'un dé est six, et qu'on ne rentre que par le nombre que chaque dé amène, il est clair que l'on ne saurait rentrer que dans la première table, celle où se trouve le tas de bois.

Il est donc établi que vous ne pourrez rentrer que dans cette table, et que vous ne pourrez rien jouer tant que vous aurez des dames à rentrer. Vous voyez bien que si vous aviez deux ou plusieurs dames à la main, et que votre adversaire eût fait plusieurs cases dans cette première table, en sorte qu'il restât seulement une case vide, il vous serait inutile de rentrer une dame, parce que votre adversaire jouant ensuite, ne manquerait pas de battre cette dame, et ce serait du temps perdu. C'est pour cela que lorsqu'un joueur a plus de dames à la main qu'il ne trouve de rentrées ou passages ouverts, l'on dit *qu'il est hors de jeu*, et il laisse jouer son partenaire jusqu'à ce que celui-ci ouvre des passages.

Prenez bien garde de découvrir aucune dame dans la table de rentrée de votre adversaire, après avoir mis des dames de votre tas sur toutes les cases ou les dames de la table de votre rentrée; car bien que j'aie dit précédemment que celui qui a plus de dames à la main qu'il n'a de rentrées, soit *hors de jeu*, il lui est permis de rentrer toujours une des dames qu'il a à la main. Si vous avez quelque dame découverte, et que votre adversaire soit assez heureux pour la battre, dans le temps où vous vous êtes fermé tous les passages, vous auriez perdu la partie, lors même qu'il aurait encore plusieurs dames à la main; et la raison qui vous fait perdre, c'est qu'en vous battant, votre adversaire a joué; que c'est ensuite à votre tour, et que cependant vous ne le pourriez pas du tout, malgré que vous ayez une dame à la main, parce que les passages vous manqueraient pour rentrer.

De la conduite à tenir à ce jeu.—Quand vous êtes parvenu à mettre votre adversaire hors de jeu, appliquez-vous à faire des cases jointes et serrées, depuis le tas de bois de votre adversaire, et surtout gardez-vous d'épouser d'abord des cases éloignées dans la seconde table auprès de la tête de votre adversaire.

Dès que vous aurez six cases ou tabliers, ou même sept de suite, et bien joints, poussez vos cases dans la *table-tête* de votre joueur, et joignez toujours bien vos cases, en laissant quelques-unes de vos dames découvertes dans sa table de rentrée, afin qu'il soit obligé de rentrer et de vous battre.

Est-il rentré et vous a-t-il battu, il est contraint de jouer tous les nombres qu'il amène, de telle sorte qu'insensiblement il passe son jeu dans votre *table-tête*, pendant que vous menez les dames qu'il vous a battues.

Si, après être rentré, votre adversaire n'avait pas encore assez *vidé*, c'est-à-dire passé son jeu dans votre *table-tête*, il faudrait vous faire encore battre ; car tandis que vous rentrez et ramenez les dames qu'il vous a battues, il est forcé de jouer et de toujours passer son jeu, parce que tant que vous avez six cases jointes, il ne peut pas jouer les dames qui sont sur son tas ou dans les cases de sa rentrée ; ainsi il est obligé de jouer tout ce qui est sur sa tête et dans les autres tables, et de passer dans votre *table-tête*.

De la double.—En commençant le jeu l'on convient de jouer la partie double ou simple. Pour entendre ce que c'est que la double, il faut se rappeler ce qui a déjà été dit, que l'on rentre les dames battues dans la table du tas, dans laquelle, comme dans les autres tables, il y a six flèches, dont la première est occupée par la pile des dames. Or, supposez que vous avez des dames sur votre tas ; qu'en outre, vous avez quatre dames sur quatre autres lames de cette même table du tas, vous voyez que ce serait cinq lames occupées, et que n'ayant que six lames, et ne pouvant rentrer vous-même, il ne vous resterait qu'une entrée : si en cet état votre adversaire vous battait deux dames, vous seriez infailliblement *doublé*, parce que vous ne pourriez, n'ayant qu'un passage, rentrer ces deux dames. Quand on joue la double, le *doublé* perd le double de ce qu'on a joué.

Si, après que votre adversaire vous a battu et qu'il est rentré, il lui est venu des coups si contraires qu'il n'a pu faire de cases, et qu'il a été forcé de mettre plusieurs dames à découvert ; si vous pouvez, en rentrant les dames qu'il vous a battues, ou après être rentré, lui battre plusieurs dames, en sorte qu'il lui reste plus de dames que de passages, il est *doublé*, si, comme je l'ai dit, on est convenu de jouer la double.

De la manière de lever et finir le jeu.—Quand les chances et l'habileté sont à peu près égales entre les deux joueurs, et que ni l'un ni l'autre n'ont été doublés, il faut jouer et faire ses cases toujours jointes en s'approchant peu à peu de la tête de son adversaire.

Lorsque toutes les dames sont passées dans la table-tête de celui-ci, à chaque coup de dé alors on peut lever toutes celles que le nombre du dé porte sur la table du trictrac, de même qu'il se pratique au jeu de trictrac, lorsqu'on rompt un jan de retour.

Si néanmoins votre adversaire avait encore quelques dames derrière vous, il vaudrait mieux découvrir une de vos dames, la plus voisine de lui, pour vous faire battre, afin de lui faire entièrement passer son jeu ; car si vous leviez d'abord tout ce que vous pourriez jouer, ou que vous guindiez votre jeu sur la flèche de la tête de votre adversaire, il serait possible que vous fussiez par la suite obligé *de faire table*, c'est-à-dire de laisser une dame découverte, qu'il vous battrait d'abord ; puis vous seriez peut-être encore forcé d'en découvrir une autre qu'il vous battrait de nouveau, de manière que, faisant après cela quelques coups avantageux, il pourrait avoir levé avant vous.

L'on doit cependant se régler suivant la disposition du jeu de son adversaire ; car si son jeu était entièrement passé au fond de la table de votre tête, qu'il fût empilé sur deux ou trois cases, ou même sur quatre, qu'il n'eût qu'une ou deux dames, et même trois ou quatre derrière vous, et rien sur la tête, alors il n'y aurait rien à craindre pour vous, il serait inutile de vous faire battre, et vous pourriez en toute sûreté lever ou *trousser* tout votre jeu.

Celui qui a plus tôt levé toutes ses dames gagne la partie. En troussant, on joue les dés doublement comme dans le cours du jeu. Le revertier ressemble à cet égard *aux dames rabattues*. *Caser* est la moitié du jeu, *trousser* est l'autre moitié. Celui qui a gagné la partie a le dé pour la revanche.

Des avantages qui peuvent être donnés.—Ceux qui ont l'expérience de ce jeu donnent des avantages aux joueurs peu exercés, et ces avantages varient suivant le degré de force de celui qui les reçoit.

Le premier et le moindre des avantages, quoiqu'il ne laisse pas d'avoir de l'importance, est de donner le dé.

On accorde ensuite six et as abattus, ou bien quatre et trois, ou deux dames sur la tête, et même davantage à proportion de la faiblesse de l'avantagé ; il n'est pas possible de régler précisément l'avantage que chacun doit donner et recevoir, car cela dépend absolument de la disposition des joueurs.

Ainsi qu'aux jeux précédens (le trictrac et les dames), il faut avoir soin de dire *j'adoube*, lorsqu'on veut arranger son jeu, ou même seulement voir la couleur de la flèche ; car la règle *dame touchée dame jouée*, subsiste au revertier dans toute sa rigueur.

TOC (jeu du). Ce jeu est facile pour les personnes qui connaissent le trictrac ; elles n'ont aucune étude à faire, parce que l'un et l'autre ont les mêmes règles, la même marche et la même disposition. Seulement le toc est moins compliqué que le trictrac, parce qu'il n'embrasse que quelques-unes des parties de ce jeu. Son nom de *toc* lui vient de ce que le but des joueurs est de toucher et de battre les dames de leurs adversaires, ou de gagner une partie double ou simple par un jan ou par un plein. Ce jeu se réglant comme le trictrac, nous savons à l'avance qu'il faut y jouer avec les instrumens de celui-ci; que l'on joue deux seulement; que l'on tire le dé pour savoir à qui commencera; que les conventions reçues pour la valeur des dés sont invariables et en certain nombre; qu'en définitive, le dé est bon partout dans le trictrac, pourvu qu'il ne soit point en l'air; qu'enfin on doit jouer le dé rondement, et ne point affecter de le laisser seulement couler hors du cornet, pour tâcher de faire un petit nombre.

Ajoutons que les plus gros nombres s'appellent les premiers; que les doubles ne se jouent qu'une fois, et qu'on place ses dames sur la première lame de la première table pour les mener ensuite dans la seconde à son plein ou grand jan; toutes choses qui sont d'usage au trictrac.

L'on ne marque pas néanmoins comme à ce dernier jeu, car au lieu de points on marque un trou ou deux, selon le coup que l'on a fait. On joue en plusieurs trous : il dépend des joueurs d'en fixer le nombre; on peut même jouer au premier trou.

Pour comprendre cette variation du trictrac, imaginez-vous que vous jouez contre moi au premier trou; que j'ai mon petit jan fait, à la réserve d'une demi-case, et qu'au premier coup que je joue je fais mon petit jan par un nombre simple : si nous jouions au trictrac, je marquerais seulement quatre points; mais comme c'est au toc, le trou remplace les points, et la partie est gagnée, parce que nous étions convenus de jouer au premier trou.

Si en convenant de jouer au premier trou, nous convenons aussi de jouer à la double; si alors je remplis par deux moyens, ou par un doublet, ou que je vous batte une dame par deux moyens ou par doublet, ou enfin que je fasse quelque jan ou rencontre du jeu de trictrac par doublet, comme, par exemple, si je battais le coin, ou que, commençant la partie, je fisse jan de deux tables ou jan de mézeas par doublet, je gagnerais la double, et vous payeriez le double de la valeur jouée.

Les mêmes jans et coups du trictrac se rencontrent à ce jeu, tant à profit qu'à perte pour le joueur qui les fait.

Si l'on joue à plusieurs trous, celui qui gagne un trou de son dé a la liberté de s'en aller, ainsi qu'au trictrac.

Quand on parvient à battre les dames de son adversaire, on dit : *je fais toc*. Relativement à la manière de jouer, l'essentiel est de marcher le plus serré qu'on peut, et toujours couvert, autant qu'il se peut encore.

TOURNE-CASE (jeu du). Les instrumens et les préliminaires du tourne-case sont ceux du trictrac, excepté qu'on n'emploie que trois dames de chaque couleur. On met les dés dans un cornet. Il arrive rarement qu'il se trouve des coups douteux, à raison du petit nombre des dames; toutefois, lorsqu'il y a lieu, on a recours aux règles observées au trictrac et au revertier.

On met les trois dames à part, et l'on convient si l'on jouera la simple ou double, on tire le dé pour savoir à qui commencera. Si le sort décide pour vous, que vous ameniez d'abord six et cinq, vous ne pouvez jouer que le second, parce qu'au *tourne-case*, c'est une règle absolue qu'on ne joue jamais que le plus bas nombre : par conséquent, au lieu d'appeler, comme aux jeux précédens, le plus gros nombre le premier, on appelle le plus petit, et l'on ne nomme pas du tout l'autre. Si, après avoir fait six et cinq, vous amenez sonnez, vous n'en pouvez jouer que la moitié, et il faut jouer cette moitié avec la même dame avec laquelle vous avez déjà joué un cinq, parce que, si vous la jouiez avec une autre dame, il faudrait passer par-dessus celle dont vous avez joué le cinq, et à ce jeu il n'est point permis de passer aucune dame par-dessus l'autre ; il faut qu'elles se suivent et marchent alignées.

Il faut remarquer que les trois dames que vous aviez d'abord hors du trictrac, à votre gauche, doivent aller l'une après l'autre jusqu'au coin de la seconde table, qui est à votre droite. Votre adversaire doit également conduire ses trois dames depuis sa droite jusqu'au coin qui se trouve à sa gauche ; mais avant que ces dames puissent arriver à ce coin, que l'on peut nommer le coin de repos, elles sont plusieurs fois respectivement battues.

Comme les deux joueurs jouent et marchent également dans les mêmes tables et en face l'un de l'autre, chaque fois que le nombre du dé porte une dame sur une flèche qui se rencontre vis-à-vis de celle où il y a une dame de l'adversaire, cette dame est battue, et son possesseur est obligé de la prendre et de la rentrer dans le jeu.

A ce jeu l'on bat malgré soi, parce que jouer constamment le plus petit nombre et ne point passer par-dessus l'autre, sont deux règles fondamentales. Ainsi, votre joueur fait d'abord trois et deux, et joue le dernier nombre comme le plus petit. Si vous faites deux et as, vous ne pouvez pas battre et jouer le deux, et vous êtes contraint de jouer l'as d'après la règle.

Si votre adversaire fait six et deux au second coup, il faut, en vertu de la même règle, qu'il joue le deux de la même dame dont il avait joué le deux précédent, parce que c'est encore une des règles de ce jeu que, hors le coin de repos, on ne peut accoupler ses dames : or, l'adversaire ayant joué ce second deux, a sa dame sur la quatrième case de la première table de son côté ; vous avez votre as sur la première table aussi de votre côté : ainsi, si vous faites quatre et trois, vous ne pouvez vous dispenser de battre la dame de votre adversaire, c'est-à-dire de mettre votre dame sur la quatrième case de votre côté, vis-à-vis la sienne, parce que vous ne pouvez jouer le trois (qui est le plus petit nombre) qu'avec la dame dont vous avez joué l'as, puisqu'il ne vous est point permis de passer une dame par-dessus l'autre.

Votre adversaire, qui a été battu, reprend donc sa dame et joue ; s'il fait cinq et quatre, forcé de jouer ce dernier nombre, il vous bat à son tour.

La règle qui défend de passer ses dames l'une sur l'autre, fait que l'on joue souvent beaucoup de coups inutiles, surtout quand on a conduit ses dames, savoir : l'une dans un coin, et les deux autres tout auprès, en sorte qu'on ne peut les mettre sur le coin qu'en faisant un as, puis un deux, et l'on souhaite alors vivement d'être battu pour sortir de cette gêne.

Le joueur qui a mis le plus tôt ses trois dames dans un coin, gagne la partie ; s'il les y mettait toutes trois avant que son adversaire y en eût mis aucune, il gagnerait la double, si l'on était convenu de jouer ainsi.

TRICTRAC (jeu de). On ne peut jouer que deux personnes au trictrac ; ce sont ordinairement des hommes ; mais lorsque, ce qui est rare, une dame est l'adversaire, il est de la politesse de lui offrir les dames de couleur, comme je l'ai observé pour le jeu de dames.

Les instrumens de ce jeu sont, 1° une table dont le dessus présente une espèce de boîte sans couvercle, en forme de carré long, et profond d'environ deux pouces. Cette boîte parallélogramme est divisée en deux parties par une traverse moins haute que les bords : douze petits trous destinés à marquer les points sont percés le long des bords et distribués, moitié de l'autre ; enfin trois trous pareils sont percés à chaque extrémité du trictrac (car cette boîte se nomme ainsi) ; elle porte encore le nom de damier ou tablier du trictrac.

Vis-à-vis chaque trou, et de l'un à l'autre, vingt-quatre flèches de deux couleurs s'étendent sur le fond de la boîte ; elles doivent opposer leurs pointes, être séparées par un espace uni, et disposées de manière que si on enlevait la traverse qui les sépare, on verrait deux rangées de flèches de chaque couleur partager le fond de la boîte. Si l'une commence à un bout par une flèche de couleur claire, l'autre commence au même bout par une flèche de couleur foncée. Les flèches, lames ou languettes, sont ou vertes et blanches, ou vertes claires et brunes, etc. Souvent le trictrac se compose d'une boîte dont le couvercle porte un damier ordinaire ; alors on peut se servir à deux fins de cette boîte, qui se pose sur une table ordinaire : elle sert aussi à ranger les autres instrumens du jeu, que voici :

2° Quinze dames de chaque côté, un peu plus larges que les dames ordinaires, de même matière que celles-ci, et de deux couleurs ; 3° deux cornets ; 4° deux dés cubes ; 5° trois jetons plats en ivoire pour marquer les points ; 6° deux fiches pour marquer les trous ou parties.

Il faut, pour commencer, ou plutôt préparer le jeu, que chacun mette d'abord ses dames en masses sur deux ou trois piles, dans la première flèche ou lame de trictrac, et surtout l'on doit observer qu'il faut tourner le jeu de façon que la pile des dames soit du côté de derrière, c'est-à-dire en venant vers le joueur.

Pour jouer le soir, on place deux bougies sur les bords du trictrac, de chaque côté ; et comme alors la lumière est égale, il n'importe de quel côté l'on mette la pile des dames.

Les points que l'on marque, à mesure qu'on les prend, avec les trois jetons, se placent sur la pointe de la troisième flèche, à partir du talon (de la flèche où sont empilées les dames) : quatre points sur celle de la cinquième ; six points contre la bande ou traverse du milieu ; huit points de l'autre côté de cette bande, et dix points contre la dernière bande ou paroi de la boîte.

Lorsqu'on prend des points le second, on marque en *bredouille*, c'est-à-dire avec deux jetons que l'on conserve jusqu'à ce que l'adversaire prenne de nouveaux points, auquel cas on est *débredouillé* et l'on ôte un des deux jetons.

Ces préliminaires exposés, voyons comment on s'y prend pour jouer. Après que le sort ou la politesse a décidé qui commencera, un joueur prend les deux dés, les agite dans son cornet, du bord duquel il touche le fond du trictrac, et les lance de telle sorte qu'ils ne reviennent qu'après avoir été renvoyés de la bande opposée.

Le dé s'énonce en commençant par le plus grand nombre. Par exemple, si l'on amène un 3 et un 4, on dit 4 et 3. S'il vient deux nombres égaux, cela fait un doublet. Tous les doublets ont des noms particuliers qui n'appartiennent qu'au trictrac, le double-2 excepté.

Le double-as se nomme *bezet*.
Le double-trois se nomme *terne*.
Le double-quatre se nomme *carme*.
Le double-cinq se nomme *quine*.
Le double-six se nomme *sonnez*.

Après avoir lancé et nommé ses dés, on joue le premier coup, soit en prenant deux dames au talon pour les deux nombres qu'on a faits, et les jouant chacune sur la flèche éloignée de ce même talon, d'autant de flèches (celle du talon non comprise) qu'il y a de points dans chacun de ces deux nombres, soit en prenant pour les deux nombres une seule dame que l'on joue sur la flèche (celle-ci non comprise), qu'il y a de points dans les deux nombres ensemble.

Par exemple, si je fais 6 et 2, je compte les flèches et je pose une dame sur la sixième après celle du talon, laquelle se trouve de l'autre côté de la bande du milieu dans le grand jan (jan se prend ici pour partie de la boîte, mais ordinairement il signifie coup). Je compte de même les flèches pour arriver à la deuxième, qui se trouve bien en-deçà de cette bande dans le petit jan, et je pose une autre dame dessus. Ou bien, comptant toutes les flèches jusqu'à la huitième pour le montant de 6 et 2, je la trouve au commencement du grand jan, et je pose une dame dessus : cela s'appelle *jouer tout d'une*.

Au second coup, vous suivez le même procédé, mais vous pouvez prendre, soit du talon, ce qui est dit *abattre du bois*, ou des dames déjà jouées, autrement dites *abattues*. Si, par exemple, j'ai 5 et 3, après avoir joué le 3 je puis jouer le 5, ou d'une dame du talon, en la plaçant à la cinquième flèche (celle du talon non comprise, ce qu'il faut toujours observer), ou prendre celle déjà jouée de la quatrième, et la transporter dans le grand jan à 5 de distance, depuis la flèche d'où je la prends, et ainsi de l'autre dame. Je jouerais *tout d'une* si je voulais ; je puis également jouer du talon les deux nombres en deux ou en une seule dame ; en un mot, je puis jouer, ou de deux dames, ou d'une seule en prenant du talon, ou des dames placées antérieurement sur les flèches. Aux coups suivans, on a encore plus de facilité pour le choix.

En conséquence, il est de règle que l'on doit considérer toutes les flèches sur lesquelles sont posées des dames, comme autant de talons, d'où l'on peut prendre, ou les deux dames, ou la seule dame que l'on veut jouer.

La flèche sur laquelle il y a au moins deux dames placées se nomme *case.*

Manière de jouer, ou de jeter les dés.

Cela paraît bien simple ; cependant il y a plusieurs cas qu'il faut prévoir et décider par des règles invariables.

1° Il faut pousser les dés fort, de telle sorte qu'ils touchent la bande (la paroi du tablier), voisine de son adversaire.

2° Le dé est bon partout dans le trictrac, excepté quand les deux dés sont l'un sur l'autre, ou sur la bande au bord du trictrac, ou même s'ils sont dressés l'un contre l'autre, en sorte que tous deux ne soient pas sur leurs cubes.

Sur les piles des dames, sur une ou deux dames, sur les jetons, sur l'argent, le dé est bon, pourvu qu'il soit sur son cube, de manière qu'il puisse porter l'autre dé, c'est-à-dire qu'un autre dé demeure dessus sans tomber.

Le dé qui est en l'air, c'est-à-dire qui pose un peu sur une dame et se trouve soutenu par la bande du trictrac contre lequel il s'appuie, ne vaut rien. Pour savoir s'il est en l'air ou non, celui qui a joué le coup doit tirer doucement la dame sur laquelle il est ; s'il reste dessus, il est bon, parce que c'est une preuve qu'il est bien sur son cube ; si au contraire il tombe, c'est une marque qu'il était en l'air, et par conséquent qu'il n'est pas bon.

Si, en jetant les dés, il en passe ou saute un dans une des tables du trictrac, et que l'autre demeure dans l'autre table, c'est-à-dire que les dés se trouvent séparés par la bande, le coup vaut.

Il arrive quelquefois que les dés étant poussés fort, pirouettent et tournent long-temps, principalement quand ils sont usés, ce qui est désagréable. On peut du fond du cornet arrêter le dé qui pirouette, ce qui ne fait ni tort ni avantage aux joueurs, parce qu'il est incertain sur quel nombre le dé restera.

C'est ici qu'il faut placer l'explication que nous avons promise dans la dernière note, sur la convention de rompre ou de ne pas rompre les dés.

Rompre c'est renvoyer les des de son adversaire avec le côté de son cornet, ce qui rend le coup nul : on doit dire, *je romps*, et porter son cornet au devant.

L'on peut ordinairement changer de dés autant que l'on veut, et secouer le cornet plus ou moins long-temps ; lorsqu'on appréhende quelque coup, il est aussi permis de rompre les dés de son adversaire, mais cela n'a lieu que lorsqu'on n'est point convenu de ne pas rompre. Si on fait la convention contraire sans établir aucune peine, et qu'un des joueurs vienne à y manquer, l'autre peut jouer tel nombre qu'il voudra pour se dédommager : cependant, comme souvent par la situation du jeu ce dédommagement est chose insuffisante, il vaut mieux déterminer à l'avance une amende quelconque. Au reste, rompre plus d'une fois les dés est une grossièreté.

LIVRE QUATRIÈME.

—

Jeux de Hasard.

—•—

BIRIBI (jeu du). Ce jeu se joue encore dans les maisons publiques dont Paris sera légalement purgé. On se sert d'un tableau aux numéros duquel correspondent d'autres numéros renfermés dans un sac, d'où on le tire pour indiquer les parties qui viennent à gagner. Il y a toutefois cette différence entre le tableau de la belle et celui du biribi, que le premier contient cent quatre numéros, et que le second n'en compte que soixante-dix.

Ainsi que le jeu qui précède, le biribi a un banquier et des pontes en nombre illimité. Le banquier est tiré au sort : le premier à jouer, parmi les pontes, est toujours la personne placée à sa droite ; elle agit comme il a été expliqué pour la belle : le numéro est introduit dans le casque du sac, le jeu des pontes se fait, le banquier tirant et proclamant le numéro, paie les parties gagnantes sur lesquelles il s'étend absolument comme à la belle. Le paiement consiste en une somme équivalente à soixante-quatre fois la mise du ponte sur le numéro sorti.

CREPS (jeu du). Le Creps se joue avec des dés et un cornet, qui produisent trente-cinq variations.

Le joueur qui a le dé annonce le point sur lequel il veut que roule tout le jeu ; c'est ce qui s'appelle donner la chance. Elle se donne seulement depuis cinq points jusqu'à neuf, et par conséquent il y a cinq chances ; savoir : cinq, six, sept, huit et neuf. Si, du premier jet ou coup de dés, le joueur qui tient le cornet amène le point de chance qu'il a nommé, il gagne la partie, et par suite l'enjeu que son adversaire a mis sur la table en commençant ; mais comme il faut qu'il puisse perdre, il y a des krabs (des coups de dés) qui donnent lieu à la chance opposée que l'on ne connaît pas encore. Ces krabs sont au nombre de quatre, et sont les points, deux, trois, onze et douze.

Si la chance donnée est composée des points de cinq, ou de neuf, et que le joueur ayant le dé amène du premier coup un des krabs, il perd la partie.

S'il a donné la chance de six ou huit, et qu'il amène les krabs, deux, trois ou onze, il perd encore, excepté s'il vient à faire le krabs douze. Si pour chance il a donné le point de sept, il a contre lui les krabs deux, trois, douze, et seulement le douze en sa faveur.

Il est à remarquer que les krabs n'ont d'effet que du premier coup. Si ce premier coup amène quelque autre point, celui-ci devient l'opposé du point qui d'abord a été donné pour chance. Mais au lieu que le point de chance soit au premier coup en faveur du joueur portant le dé, il est à tout autre coup au bénéfice de ses adversaires, et ceux-ci ont contre eux le point amené en opposition au point de chance.

Le krabs n'est point du tout un jeu égal, comme le croient plusieurs personnes, car il est toujours désavantageux au joueur qui tient le dé.

On fait quelquefois des paris sur la manière dont un point sera formé. Ainsi, l'un parie que le point de huit sera composé de cinq et trois, tandis que l'autre soutient qu'il le sera de six et deux; mais alors, en ce cas, on ne peut pas mettre en opposition l'une de ces deux manières avec quatre et quatre; parce que celle-ci est simple et que les autres sont composées.

On dit au creps, barrer les dés, c'est annuler leur coup. Si quelque joueur poussait avec le bord du cornet les dés lancés, de manière à les retourner, ces dés alors seraient dits mêlés, et on aurait le droit de les barrer.

JEU DE CROIX ou PILE. Ce jeu très simple a exercé l'esprit des savans, jaloux de calculer les coups de hasard. Il consiste à jeter en l'air une pièce de monnaie ou une médaille, après être convenu d'appeler un côté *croix* et l'autre *pile*. Cette pièce tombée présente nécessairement une des deux faces. Or en la jetant, un des joueurs a dit (je suppose pile) : si la face présente pile, il a gagné ; et, dans le cas contraire, il a perdu. L'autre joueur prend la pièce à son teur et la lance, en disant croix ou pile, à son choix; car il n'y a aucun réglement sur l'ordre des mots que l'on doit prononcer, et un joueur est libre de dire toujours croix, s'il le juge à propos. Dans le *Dictionnaire de Mathématiques* on examine combien il y a à parier qu'un joueur amène croix, en jouant deux coups de suite. Suivant les principes ordinaires, il y a quatre combinaisons.

Premier coup.

Croix.	Croix.
Pile.	Croix.
Croix.	Pile.
Pile.	Pile.

De ces quatre combinaisons, une seule fait perdre et trois font gagner. Il semble donc qu'il y a trois contre un à parier en faveur du joueur qui jette la pièce. Si l'on pariait en trois coups, on trouverait huit combinaisons, dont une seule fait perdre et sept font gagner : ainsi il y aurait sept à parier contre un ; mais il n'est point prouvé que ce calcul soit bien exact. Suivant la remarque de d'Alembert, et pour ne prendre ici que le cas de deux coups, ne faut-il pas réduire à une , dit ce savant géomètre, les deux combinaisons qui donnent croix au premier coup, puisque, dès qu'une fois croix , par exemple, est venu, le jeu est fini, et le second coup est compté pour rien. Il s'ensuit de là que , selon son opinion, il n'y a dans cette hypothèse que deux contre un à parier. Par la même raison, il faut dire que, dans le cas de trois coups, au lieu de sept, il n'y en a que trois contre un à parier.

DÉS (jeu de). Le jeu de dés est très ancien. On sait que les dés sont des cubes solides marqués de points depuis un jusqu'à six. On les emploie dans le tric-trac, le reversis, et autres jeux de hasard. (Voy. Trictrac, etc.)

On joue aux dés, à deux, avec un cornet de cuir. On parie qu'on amènera tel nombre. On tient le cornet couvert , de la main gauche on le secoue, et on jette les dés sur la table.

On continue à jouer alternativement jusqu'à l'épuisement de l'enjeu.

Les doublets se nomment rafles, et se paient double si on les a devinés, et simples si on s'est trompé.

On peut avec deux dés amener trente-six coups différens, et avec trois dés deux cent seize coups, ou 36×6; avec deux dés il est rare que l'on fasse les doublets. Il y a deux manières de faire 3, trois de faire 4, quatre de faire 5, cinq de faire 6, six de faire 7, cinq de faire 8, quatre de faire 9, trois de faire 10, deux de faire 11, une de faire 12. Avec trois dés, il y a à parier 1 contre 8 qu'on amènera 10 et 11. La combinaison la plus facile est ensuite 9 ou 12, puis 8 ou 13, puis 7 ou 12, etc.

HASARD (jeu de). Le cornet et les dés sont les instrumens de ce jeu, qui dépend tout entier du hasard, comme l'annonce son titre.

On y joue à plusieurs joueurs, et le nombre en est indéterminé; mais une chose particulière à ce jeu, c'est que, quelque nombreux que soient les joueurs, on ne joue réellement que comme s'il n'y en avait que deux : l'un qui joue le premier, et l'autre, personnage collectif, qui représente la réunion de tous les joueurs. Ne nous occupons donc que de deux joueurs seulement, A, le premier, et B, celui qui agit pour les autres partenaires. A, prenant les dés, les poussera jusqu'à ce qu'il ait amené, ou 5, ou 6, ou 7, ou 8, ou 9. Celui de ces nombres qui se présentera le premier lui servira de chance ; B poussera ensuite les dés à son tour pour avoir une chance. Or, ses chances sont, ou 4, ou 5, ou 6, ou 7, ou 8, ou 9, ou 10, en sorte qu'il en a deux de plus que son adversaire, savoir : 4 et 10. Tous les joueurs que représente B ont la même chance que lui. Observez maintenant :

1o Que si **A**, après avoir donné à B une chance qui soit ou 6, ou 8, amène au deuxième coup la même chance, ou 12, il gagne, et que s'il amène bezet, ou 2 et as, ou 11. il perd.

2o Que s'il a donné à B la chance de 5 ou de 9, et qu'il amène au coup suivant la même chance, il gagne ; mais que s'il fait un bézet, ou 2, etc., ou 11, il perd.

3o Que lorsqu'il donne à son adversaire la chance de 7, il amène le coup suivant, ou la même chance, ou 11, il gagne; mais que s'il amène ou 2, etc., ou 12, il perd.

4o **A**, s'étant donné une chance différente de celle de B, gagnera s'il amène sa chance avant que d'amener celle de celui-ci, et perdra s'il amène la chance de B avant que d'amener la sienne.

5o Quand tous les deux ont perdu, on recommence le jeu, en donnant de nouvelles chances; mais A ne quitte le dé pour le donner au joueur qui le suit, que lorsqu'il a perdu.

HOCA (jeu du). Ce jeu se joue rarement. Il a été défendu par plusieurs bulles dans les États-Romains. Nous n'en parlons ici que pour en faire apprécier les dangers.

On joue au hoca de la manière suivante : on commence par étaler sur la table de jeu une grande carte divisée par raies diversement coloriées. Ces raies, qui se croisent, forment des numéros; le joueur, qui joue contre le banquier, met une somme quelconque sur l'un ou ou plusieurs de ces numéros.

Le jeu est tenu par un banquier, et le nombre des pontes est illimité. Le premier tient entre ses mains un sac, dans lequel sont des boules marquées des mêmes numéros qui sont écrits sur la carte. Après que ces boules ont été bien brouillées en les remuant autant que possible, un des pontes, qui a mis au jeu (car cent personnes peuvent mettre en même temps), tire une des boules; on en regarde le numéro; et si celui qui correspond sur la carte est couvert de quelque somme, le banquier est obligé d'en payer vingt-huit fois autant. Tout ce qui est couché sur les autres numéros est perdu pour ceux qui l'ont mis, et demeure au banquier, qui a toujours pour lui deux de ses raies de bénéfice, car il y en a trente sur lesquelles on met indifféremment, et il n'en paie que vingt-huit pour le numéro qui se rencontre. Ce jeu a donc beaucoup de rapport avec le biribi; mais la chance y est plus avantageuse au banquier.

LANSQUENET (jeu du). Ce jeu, très compliqué et très dangereux par les facilités qu'il offre aux escrocs, a été défendu et ne se joue presque plus Nous n'en parlons que parce qu'il fut autrefois en vogue, et qu'il est mentionné dans une foule d'auteurs classiques : on le joue avec un jeu entier.

Ceux qui tiennent la main se nomment coupeurs, les autres, pontes et carabins.

Quand les cartes sont mêlées, et que le coupeur qui tient la main a fait couper, il donne une carte à chacun des autres coupeurs.

Les cartes distribuées sont appelées cartes droites, pour les distinguer de celles qui doivent être tirées ensuite; chaque coupeur met sur sa carte droite une somme convenue.

D'autre part, tous les joueurs peuvent, avant que la carte du donneur soit tirée, mettre ce qui convient à une chance qu'on nomme la joie ou la réjouissance, et qui se place au milieu de la table.

Le jeu étant fait, tant sur les cartes droites que sur la réjouissance, le donneur se donne une carte qu'il découvre, puis il tire celle qui doit décider du sort de la réjouissance.

Il tire ensuite d'autres cartes, et c'est de la prompte ou tardive arrivée d'une carte semblable à celle qu'il s'est donnée que dépendent la perte ou le gain de tous les joueurs intéressés dans la partie.

Quand le donneur donne une carte droite double à l'un des joueurs, c'està-dire une carte de même espèce que celle déjà donnée à un autre coupeur, il gagne la somme convenue, que celui-ci a dû mettre sur sa carte : mais il est contraint de tenir deux fois cette somme sur la carte double.

Par la même raison, lorsqu'il arrive que le donneur donne une carte triple à l'un des coupeurs (l'on comprend qu'il s'agit d'une carte semblable à celles qu'il a précédemment données à deux autres coupeurs, lesquelles formaient la carte dite double), il gagne ce qu'on a dû jouer sur cette carte double, mais il est tenu de mettre quatre fois la somme convenue sur la carte triple. La somme convenue s'appelle le fonds du jeu.

S'il advient que le donneur donne une carte quadruple à l'un des coupeurs, il reprend ce qu'il a mis sur ses cartes droites simples ou doubles, s'il s'en trouve au jeu, mais il perd ce qui est sur la carte triple, et quitte aussitôt la main, sans donner aucune autre carte.

Enfin, si la carte quadruple que tire le donneur est pour lui, il gagne tout ce qu'il y a sur les cartes des autres coupeurs, et sans donner d'autres cartes, il recommence la main.

Observez que s'il arrive que la carte de la jouissance soit quadruple, cette chance ne va pas, et chacun retire l'argent qu'il y a mis.

Remarquez encore que lorsque la carte d'un coupeur vient à être prise, il doit payer le fonds du jeu à chacun des autres coupeurs qui ont une carte devant eux : c'est ce que l'on nomme arroser; mais dans ce cas, le perdant ne paie pas plus aux cartes doubles ou triples qu'aux cartes simples.

Toutes les fois que le donneur amène une carte semblable à quelqu'une de celles qu'il a tirées précédemment, il gagne ce qu'on a joué sur la carte tirée la première; mais si, avant d'amener des cartes semblables à celles

qu'il a déjà tirées, il amène la sienne, il perd tout ce que les pontes ou carabins ont mis sur les différences cartes qu'on a pu tirer jusqu'alors.

Je suppose, par exemple, que la carte du donneur soit un as, et qu'il y
ait d'ailleurs sur le tapis un six, un sept, un valet, etc., chargés de l'argent
des carabins ; si quelques-unes de ces cartes arrivent avant l'as, le donneur
gagnera ce qu'on y a mis ; mais si l'as est amené auparavant, il est obligé
de doubler, au profit des pontes, l'argent qui se trouve sur ces mêmes cartes.

Vous voyez, d'après ce que je viens d'expliquer, que la partie ne finit
que quand le donneur a retourné une carte pareille à la sienne. Par conséquent s'il arrivait que dans le cours de la partie il en retournât douze
autres semblables à celles-là, il ferait ce qu'on appelle pleine-main, ou
opéra, car il gagnerait tout ce que les carabins auraient joué dans cette
partie ; mais si, après avoir retourné les douze cartes qui diffèrent de la
sienne, il en retournait une semblable à cette dernière, il serait tenu de
doubler, au profit des carabins, tout ce qu'ils auraient joué sur ces douze
cartes, et il éprouverait ce qu'on appelle un coupe-gorge.

Si la carte du coupeur qui donne se trouve double , c'est-à-dire si ce
sont deux valets, deux sept, deux cinq, etc., il ne va, en ce cas, que la réjouissance et le fonds du jeu qui se trouve sur les cartes droites. Pour que les
carabins puissent, en pareille circonstance, jouer sans désavantage, il
importe qu'il se trouve sur le tapis d'autres cartes doubles que celle du donneur, car autrement il y aurait de l'inégalité dans les risques ; il serait probable alors que n'y ayant plus dans le jeu que deux cartes semblables à
celle du donneur, elles viendraient plus tard que celles qui seraient au
nombre de trois.

Il peut encore arriver que la carte du donneur soit triple d'une autre
façon, c'est-à-dire qu'elle soit composée de trois cartes semblables, comme
trois rois, trois dames, trois dix, etc. Il ne va également, en ce dernier cas,
que la réjouissance et le fonds du jeu placé sur deux cartes droites ; il faut
alors, avant que les carabins puissent jouer, qu'il soit venu d'autres cartes
triples pour établir l'égalité des risques.

Il y a encore au lansquenet les partis : ces partis consistent à mettre
trois contre deux, quand on joue avec carte double contre carte simple ;
ou deux contre un, si l'on joue avec carte triple contre carte double ; ou enfin trois contre un, quand on joue avec carte triple contre carte simple.

Comme il y a de l'avantage à tenir la main, le coupeur qui donne ou qui
taille a le droit de la conserver chaque fois qu'il lui arrive de gagner les
cartes droites des différens coupeurs, quand même il n'en gagnerait aucune
autre.

JEU DU PAIR et DE L'IMPAIR. On le joue avec trois dés, un tableau,
une espèce de double entonnoir et un cornet. Le tableau est divisé en deux
parties, dont l'une représente imprimé le mot *pair*, et l'autre, le mot *impair*.

Le double entonnoir est disposé de telle sorte qu'en y versant les dés avec le cornet, ils reçoivent différentes directions avant de tomber sur le tapis.

Les joueurs sont un banquier et des pontes dont le nombre n'est pas limité. Quand le premier a jeté avec le cornet les trois dés dans l'entonnoir, chaque ponte met la somme qu'il juge à propos sur la partie du pair et de l'impair; les mises faites, on lève l'entonnoir et l'on compte les points que présentent les dés sur la surface supérieure; si ces points réunis forment un nombre pair, le banquier recueille ce que les pontes ont mis au jeu sur la partie de l'impair, et il leur paie une somme égale à ce qu'ils ont joué sur la partie du pair; si, au contraire, les points réunis forment un nombre impair, le banquier recueille ce que les pontes ont placé sur le pair, et leur paie une somme égale à ce qu'ils ont joué sur la partie de l'impair. Jusque-là tout est égal; mais ce qui ne l'est point, c'est ce qu'il gagne lorsque les trois dés présentent les nombre quatre ou dix-sept : dans le premier cas, le banquier gagne ce qu'il y a sur la partie de l'impair, et il est dispensé de payer ce qu'on a placé sur le pair; dans le second cas, il recueille ce qu'on a mis sur la partie du pair, sans rien payer pour les mises faites sur l'impair.

PASSE-DIX (jeu du). Le but de ce jeu est de passer dix en lançant trois dés. Il y a la partie à deux joueurs et la partie avec un banquier et des pontes. Quelquefois tous les coups de dés sont décisifs ; d'autres fois on convient qu'un coup ne finira que lorsque deux dés présenteront chacun un point semblable. Chacun met un enjeu, et l'on tire au sort à qui commencera. Tant que celui qui joue passe dix, il peut conserver les dés, en tenant ce qu'on lui propose jusqu'à concurrence de sa mise.

Quand il y a un banquier, il tient les dés, et les pontes parient contre lui qu'il passera ou ne passera pas, et gagnent l'argent de leurs adversaires si leur espoir se réalise.

Si le banquier amène le point quatre, il gagne l'argent des pontes qui ont soutenu qu'il passerait, et, s'il amène le point dix-sept, l'argent des pontes qui ont parié qu'il ne passerait pas.

PHARAON (jeu du). Il jouissait de la plus grande vogue sous Louis XIV et sous Louis XV, et se jouait avec un jeu composé de cinquante-deux cartes. Les joueurs, dont le nombre est illimité, portent le nom de pontes, et sont présidés par un banquier.

Après que les cartes ont été mêlées et que le banquier a fait couper, les pontes mettent chacun sur une ou plusieurs cartes qui leur plaît l'argent qu'il veulent risquer. Lorsque le jeu est ainsi fait, le banquier tire d'abord une carte qu'il met à sa droite, et ensuite une autre qu'il met à sa gauche.

De ces deux cartes, quand elles ne forment point un doublet, la première fait gagner au banquier la mise que les pontes ont faite sur cette carte, et la seconde oblige le banquier de doubler au profit des pontes l'argent dont ils l'ont couverte.

L'avantage du banquier consiste dans le doublet et dans la dernière carte ; quand il arrive au doublet, c'est-à-dire quand deux cartes semblables, comme deux rois, deux dames, etc., sont tirées, l'une à droite, l'autre à gauche, le banquier gagne la moitié de l'argent que le ponte a risqué sur la carte arrivée au doublet.

L'avantage du banquier, quant à la dernière carte, consiste en ce qu'il est dispensé de doubler l'argent que les pontes y ont joué, quoiqu'il ait tiré celui qu'ils avaient mis sur la pénultième.

Il y a communément trois doublets dans deux tailles. Si tout le jeu était joué également, l'avantage du banquier serait de dix-sept sous trois deniers par louis ; mais, comme cette égalité n'a pas lieu, et que la probabilité des doublets et la situation de chaque jeu varient tous les coups, on ne peut apprécier au juste cet avantage.

A l'exception du cas où une carte est encore dans le jeu, il est peu de positions où le risque de tomber à la dernière carte ne soit plus grand que le désavantage d'essuyer un doublet. Le ponte peut diminuer ce désavantage en choisissant, par exemple, la carte de face ou la carte anglaise (la première que le banquier place à sa gauche). Il est moindre sur ces cartes que sur celles qui ne sont pas encore sorties.

On nomme au pharaon *sept et le va* sept fois la vade.

Lorsque le banquier met deux cartes de suite sur un même tas, il fait fausse taille.

Quand il n'y a plus que huit cartes dans la main du banquier, il l'annonce aux pontes.

RAFLE (jeu de). Avant de commencer le jeu, on convient de ce qui sera payé par chaque rafle déterminée ; tous les autres coups sont nuls. Comme l'on joue chacun à son tour, celui qui amène fréquemment des nombres impairs ne se trouve en quelque sorte pas jouer du tout. Ce jeu n'a point de partie déterminée ; on joue toujours tant que l'enjeu n'est point épuisé, et on le renouvelle pour recommencer ensuite.

Ce jeu a beaucoup de rapport avec le creps, on peut même les combiner ensemble, en attachant le pari à la rafle ; par exemple , avant d'agiter le cornet, l'on dit : « Je parie faire rafle-terne ou rafle-bezet, etc. » Si l'on adresse juste, on enlève ce qui avait été mis pour enjeu au milieu de la table, ou au pied du flambeau, ainsi que les jetons d'amende que l'on doit payer lorsqu'on se trompe. Cette amende et l'enjeu doivent être réglés à l'avance par une convention ; quand on est plusieurs personnes on joue tour à tour, ou plutôt on s'associe aux paris des joueurs. Sitôt que l'on a parlé pour annoncer le pari, il n'est plus permis de se reprendre. L'action de prendre les jetons, ou l'argent sur la table, s'appelle *rafler*.

Si vous voulez connaître le parti du joueur qui entreprendrait d'amener en un coup, avec un ou plusieurs dés, une rafle déterminée, terne, par exemple, vous considèrerez que s'il l'entreprenait avec deux dés, il n'aurait qu'un hasard pour gagner, et 35 pour perdre, parce que deux dés peuvent se combiner en trente-six manières diverses, c'est-à-dire que leurs faces, qui sont au nombre de six, peuvent avoir trente-six assiettes diverses, comme le montre la table suivante.

1,1	2,1	3,1	4,1	5,1	6,1
1,2	2,2	3,2	4,2	5,2	6,2
1,3	2,3	3,3	4,3	5,3	6,3
1,4	2,4	3,4	4,4	5,4	6,4
1,5	2,5	3,5	4,5	5,5	6,5
1,6	2,6	3,6	4,6	5,6	6,6

Ce nombre 36 étant le carré du nombre 6 des faces des deux dés, s'il y en avait trois, au lieu de trente-six carrés de 6, on aurait 216 pour le nombre des combinaisons entre trois dés ; s'il y avait quatre dés, on aurait le carré 1296, du même nombre 6, pour le nombre des combinaisons entre quatre dés ; et ainsi de suite.

En conséquence, on ne doit mettre que 1 contre 35 pour faire une rafle déterminée. Le même raisonnement démontre qu'on ne doit mettre que 3 contre 213 pour faire une rafle déterminée avec trois dés en un coup, et 6 contre 1290, ou 1 contre 215 avec quatre dés, ainsi de suite, parce que des deux cent seize hasards qui se trouvent en trois dés, il y en a trois pour celui qui a le dé, puisque trois choses se peuvent combiner 2 à 2 en trois façons, et par conséquent deux cent treize contraires à celui qui tient le dé ; et que des mille deux cent quatre-vingt-seize hasards qui se trouvent entre quatre dés, il y en a six qui sont favorables au joueur qui tient le dé, puisque quatre choses se combinent 2 à 2 en six façons, et par conséquent mille deux cent quatre-vingt-dix contraires à celui qui tient le dé.

Mais si vous désirez savoir le parti de celui qui entreprendrait de faire une rafle quelconque du premier coup avec deux ou plusieurs dés, il ne sera pas difficile de connaître qu'il doit mettre 6 contre 30, ou 1 contre 5 avec deux dés, parce que, si des trente-six hasards qui se rencontrent entre deux dés, on ôte six hasards qui peuvent produire une rafle, il reste 30. On connaîtra aussi très aisément qu'avec trois dés, il peut mettre 18 contre 198, ou 1 contre 11, parce que si des deux cent seize hasards qui se trouvent entre trois dés, on en ôte 18 qui peuvent amener une rafle, il reste 198.

QUINQUENOVE (jeu du). Les cornets et les dés sont encore les instrumens de ce jeu de hasard; le nombre des joueurs est illimité : chacun prend le cornet et les dés à son tour, en allant toujours par la droite de celui qui a commencé à jouer ; celui qui les a joue seul contre tous ; aussi est-il nommé *banquier*, et tous les autres joueurs se nomment *pontes*.

Chaque ponte met au jeu la somme que l'on a jugé à propos d'exposer, et le banquier couvre cette masse d'une somme égale ; si ce dernier amène un doublet ou les points de 3 ou de 11, qu'on appelle *hasards*, il gagne toute les mises ; si au lieu de cela, il amène les points de 5 ou de 9, nommés les *contraires*, il perd tout ce qu'il a mis au jeu, et les pontes se le partagent.

Mais lorsque le banquier amène les points de 4, de 6, de 7, de 8 ou de 10, personne ne gagne le coup ; il faut jouer de nouveau, et le coup se décidera en sa faveur, en cas qu'il ramène les mêmes points avant d'amener les *contraires* (5 ou 9) ; les pontes gagneront, si l'une de ces dernières chances arrive avant celle où ils auront risqué leur argent.

Il est, je crois, superflu d'observer combien un pareil jeu est traître.

ROULETTE (jeu de la). A la droite et à la gauche d'une grande table, sont inscrits sur le tapis trente-six numéros, depuis un jusqu'à trente-six. La moitié de ces numéros est marquée en rouge et l'autre moitié en noir ; ils sont placés de cette manière, en trois colonnes :

$$1, \quad 2, \quad 3,$$
$$4, \quad 5, \quad 6,$$

Ainsi de suite jusqu'à 36.

Des lignes les séparent l'un de l'autre : au-dessus de ces numéros sont un zéro rouge et un double zéro noir ; dans les parties latérales sont tracées trois cases, marquées ainsi d'un côté : « rouge, impair, manque, » et de l'autre « noir, pair, passe.

Au centre de la table est un cylindre que fait tourner un des banquiers ou tailleurs (ceux qui ont les fonds et dirigent le jeu). La partie supérieure de ce cylindre porte une sorte de plateau qui présente les trente-six numéros, le zéro et le double zéro, mélangés et inscrits dans de petites cases où va retomber, en s'amortissant, une boule d'ivoire que le tailleur, en même temps qu'il a fait tourner le cylindre, a lancé et fait tourner dans la partie supérieure.

Le numéro de la case où s'arrête la boule est le numéro gagnant. (Toutes les chances dépendent de ce numéro). Par exemple, si le numéro sur lequel la boule s'est arrêtée, est le cinq qui est rouge, tous les joueurs qui ont placé leur argent sur le numéro cinq ou sur la couleur rouge, ou sur le manque (les dix-huit premiers numéros étant pour manque, les dix-huit derniers pour passe), ont gagné ; tous les autres ont perdu.

Il y a beaucoup de manières d'engager son argent à la roulette, et cette malheureuse variété lui donne un attrait auquel on a peine à résister, parce que, flattant à la fois l'amour-propre et piquant la cupidité, ce jeu agit fortement sur les principaux mobiles des actions de l'homme. Aussi, quoique dangereux, l'exercice habituel de beaucoup d'autres jeux peut ne produire qu'un goût; mais à la roulette cette habitude est toujours passion, et souvent passion forcenée.

Avez-vous placé votre argent en plein sur un seul numéro et qu'il vienne à tomber, on vous paie trente-six fois votre mise; on vous la paie dix-huit fois si vous avez mis sur deux numéros voisins l'un de l'autre , et si l'un des deux tombe; on vous la paie neuf fois si vous gagnez sur un carré, et six fois si vous gagnez sur un sizain.

Vous pouvez placer votre argent sur le zéro ou sur le double zéro, comme sur les numéros.

Observez que le joueur a trente-six chances pour lui, et trente-huit contre, à cause du zéro et du double zéro, qui sont en bénéfice pour la banque.

Vous pouvez jouer sur les douze numéros d'une colonne ; si vous gagnez, vous recevez le double de votre mise.

Enfin, vous pouvez placer votre argent sur ce que l'on nomme les chances qui sont : « pair, impair, passe, manque, rouge, noir.

Quant à ce que l'on entend par les termes techniques de paroli et de martingale, voyez le jeu du Trente et quarante, le Pharaon.

TRENTE ET QUARANTE ou TRENTE ET UN (jeu du). Ce jeu, dont les joueurs sont un banquier et des pontes, a cela de particulier qu'on y joue avec trois cent douze cartes, c'est-à-dire avec six jeux entiers qu'on a mêlés ensemble.

Comme il se trouve dans les cartes deux couleurs, la rouge et la noire, on met sur le tapis deux cartons, un noir et un rouge. Les pontes, dont le nombre est illimité, font leur jeu ensuite, le lecteur est assez familiarisé avec les termes du jeu de hasard pour savoir faire son jeu et placer la somme que l'on veut risquer. Au trente et quarante, elle se place sur l'un des cartons, au gré de chaque ponte, qui met autant d'argent qu'il le juge à propos. Cet important préliminaire achevé, le banquier, dont l'emploi a été tiré au sort, mêle les cartes, les fait couper, en découvre une qu'il met à plat au milieu de la table, tenant toujours le jeu de la main gauche; il continue, de la droite, à découvrir les cartes, et à les placer l'une auprès de l'autre, jusqu'à ce que les points qu'elles présentent étant réunis, ils ne sont pas au-dessous de trente et un et ne s'élèvent pas au-dessus de quarante.

Les figures se comptent dix points, et les autres cartes autant de points qu'elles en présentent : ainsi l'as se compte un point, les deux pour deux points, les trois, de même, etc. A mesure que les cartes sont tirées, le banquier en appelle les points ; ainsi (supposons ce coup) il tire une dame, et dit dix; un as, et dit un, onze; un huit, et dit huit-dix-neuf; sept, et dit sept-vingt-six; cinq, et dit cinq-trente-un, etc.

Il y a cependant des joueurs qui tirent et posent les cartes en silence, mais il est préférable d'appeler.

Les cartes tirées en premier lieu sont pour la couleur noire, et celles qu'on tire ensuite sont pour la couleur rouge.

Si le point amené pour la couleur noire approche plus du trente et un que celui qui est amené pour la couleur rouge, les pontes gagnent une somme égale à celle qu'ils ont mise sur le carton noir, et le banquier l'annonce en disant : La rouge perd. Il tire alors ce qu'on a mis sur le carton rouge, et double ensuite ce qu'il y a sur le carton noir.

Par la même règle, si le point qui approche le plus de trente et un est amené pour la couleur rouge, le banquier l'annonce en disant : « La rouge gagne. » En ce cas, alors, il tire ce qu'on a mis sur le carton noir, et double les mises que porte le carton rouge.

Lorsque les points amenés pour la couleur rouge sont égaux à ceux amenés auparavant pour la couleur noire, il en résulte un refait, c'est-à-dire qu'il n'y a ni perte ni gain pour personne, quand les points égaux sont de trente-deux à quarante. Le refait est donc un coup nul.

Jusque-là le jeu est parfaitement égal, mais nous connaissons la marche des jeux de hasard, et nous prévoyons que cette égalité va disparaître à l'avantage du banquier : nous ne nous trompons pas. Lorsque celui-ci ayant amené trente et un pour la couleur noire, ramène encore le même point pour la couleur rouge, il tire la moitié de l'argent qu'on a exposé sur les deux cartons. Cet avantage est un objet qu'on évalue à six sous deux deniers un quart par louis.

Observez que des dix points de trente et un à quarante, les uns arrivent plus facilement que les autres : ainsi, par exemple, celui de quarante ne peut se faire que quand la dernière carte est un dix ou une figure.

Le point de trente-neuf se fait par 10 et 9. ;
Le point de trente-huit par 10, 9 et 8 ;
Le point de trente-sept par 10, 9, 8 et 7 ;
Le point de trente-six par 10, 9, 8, 7 et 6 ;
Le point de trente-cinq par 10, 9, 8, 7, 6 et 5 ;
Le point de trente-quatre par 10, 9, 8, 7, 6, 5 et 4 ;
Le point de trente-trois par 10, 9, 8, 7, 6, 5, 4 et 3 ;
Le point de trente-deux par 10, 9, 8, 7, 6, 5, 4, 3 et 2 ;
Le point de trente-un enfin, par 10, 9, 8, 7, 6, 5, 4, 3, 2 et 1.

Comme il est constant que les effets se reproduisent en raison du nombre de leurs causes, on peut établir :

Que le point 31 arrivera 13 fois ;
Tandis que celui de 32 n'arrivera que 12 fois ;
Celui de 33 n'arrivera que 11
Celui de 34 que 10
Celui de 35 que 9
Celui de 36, que 8
Celui de 37, que 7

Celui de 38, que   6
Celui de 39, que   5
Et celui de 40, que   4

Comme il faut la réunion de deux de ces points pour former un coup, et que le nombre proportionnel ci-dessus se monte à 85, le carré de cette somme est la quantité où tous les événemens doivent se reproduire, en raison du nombre des causes qui leur appartiennent.

Le trente et quarante ne comporte point de fausse taille. Si le banquier vient à se tromper en comptant, comme tous les pontes comptent avec lui, ils peuvent sur-le-champ lui faire remarquer une erreur, et une carte tirée de trop est réservée pour le coup suivant. Si deux cartes tombent accidentellement ensemble, on distingue toujours aisément celle des deux qui doit être comptée la première, et du reste, le banquier détache les cartes trop à découvert pour être soupçonné. Comme il ne craint pas la spéculation des joueurs de figures, il agit librement, et ne peut pas plus suspecter les pontes que ceux-ci ne le peuvent suspecter lui-même. On conçoit que s'il y avait fausse taille, en cas de cartes doubles, on pourrait la faire naître à chaque instant, puisque les cartes passent par toutes les mains : il serait facile de les coller ensemble exprès.

La seule circonstance où l'on pourrait faire quelque difficulté serait le cas où le banquier ne finirait pas la taille, attendu qu'il est d'usage de tailler à fond, et même de prouver évidemment que les cartes qui restent sont insuffisantes pour former un coup. N'en tirez pourtant point la conséquence qu'il y aurait fausse taille si le banquier refusait cette satisfaction aux pontes, parce que, lorsqu'il ne peut y avoir de tromperie, on ne doit prononcer aucune punition. Or, dans le cas dont il s'agit, toute tromperie est impossible, puisque l'événement est incertain, et que le nombre de cartes exigé pour le décider écarte totalement l'idée du soupçon.

A aucun jeu le banquier n'est reçu à prévaloir du saut de sa banque, pour éluder de payer en entier ce qu'il vient de perdre, parce qu'avant de tirer le coup, c'est à lui d'examiner s'il a les fonds nécessaires pour acquitter ce qu'on pourra lui gagner. Il suit de là que si la banque est insuffisante pour payer le coup, le banquier reste débiteur envers les gagnans. Au reste, il dépend de lui de régler et de limiter son jeu comme il le juge à propos, et les pontes ne peuvent l'obliger de jouer au-delà de ce qui convient.

Bien que nous ayons dit que le jeu de Trente et quarante ne compte point de fausse taille, à raison de la nature du jeu, qui rendent les pontes témoins et observateurs des fautes du banquier, néanmoins lorsqu'il arrive que celui-ci commet une erreur grave non aperçue d'abord, il est obligé ensuite, lorsqu'elle se découvre, à doubler ce que les pontes ont mis au jeu.

On joue aussi à la martingale, qui, comme l'on sait, est une manière de jouer qui consiste à jouer toujours ce que l'on a perdu.

Quand on fait paroli on met le double de ce qu'on a joué la première fois, faire *sept et le va*, c'est doubler sept fois la première mise.

Il ne nous reste plus qu'à parler du « refait du trente-et-un; » c'est un coup qui fait gagner au banquier la moitié des mises qu'ont exposées les pontes. Ce refait a lieu quand, après avoir amené trente-et-un pour la couleur noire, le même point se reproduit pour la couleur rouge ; au reste le vocabulaire explicatif récapitulera l'expression de tous ces termes de jeu.

TRE-SETTE ou TROIS-SEPT (jeu de). Ce jeu est espagnol; son nom vient de l'importance qu'il donne aux nombres sept et trois.

Ainsi que le boston et le whist, c'est un jeu de partenaires; on y joue à quatre personnes, qui forment deux associations : l'associé ou le partenaire d'un joueur se place vis-à-vis et non à côté de lui : par conséquent chaque joueur se trouve entre ses deux adversaires.

Les tables à jouer ordinaires, les paniers de reversis servent à ce jeu : on convient en commençant de la valeur des fiches et des jetons. On emploie un jeu de cartes entier, dont on supprime les huit, les neuf et les dix : il ne reste alors que quarante cartes.

Voici l'ordre des cartes au tre-sette. Le trois est supérieur au deux ; le deux à l'as ; l'as au roi ; le roi à la dame ; la dame au valet ; le valet au sept ; le sept au six ; le six au cinq ; et le cinq au quatre.

On fixe la durée du jeu à un certain nombre de coups ; on tire la donne au sort, et le donneur, après avoir fait couper à sa gauche, distribue en trois fois dix cartes à chaque joueur : les deux premières fois il en donne trois, et la dernière quatre : il peut aussi donner par quatre, et puis par trois.

Des points.—Le tre-sette admet deux sortes de points ;—1o les points d'annonce ; — 2o les points de jeu. Les premiers sont les points qui se trouvent dans le jeu de chacun, immédiatement après la distribution des cartes, et d'après les coups particuliers de ce jeu. Les seconds proviennent des levées qu'on a faites en jouant, et du nombre ainsi que de l'ordre de ces levées.

Les points d'annonce doivent se compter après qu'on a joué la première carte, et chacun à son tour, en commençant, comme à l'ordinaire, à la droite du donneur : il est défendu d'annoncer ou de fournir une carte avant l'ordre des places.

De la napolitaine.—La réunion du trois, du deux et de l'as d'une même couleur, compose la napolitaine, qui se marque trois points d'annonce.

aussi le joueur qui l'a doit l'annoncer, la montrer et la marquer tout de suite après avoir jeté sa première carte. Si la napolitaine est accompagnée de cartes qui la suivent immédiatement, comme le roi, la dame, le valet, le sept, etc., on les montre également, et l'on marque un point pour chacune. Lorsqu'on a trois trois, trois deux, trois as, on marque trois points ; et si l'on a trois sept, on en marque quatre, car on fait tre-sette, ou trois sept. Trois rois, trois dames, trois valets, trois six ou trois cinq, valent un point, et les trois six quelquefois en font compter un second.

On compte les points de jeu de la manière suivante : Dans une levée, trois figures, de quelque couleur qu'elles soient, valent un point ; les trois et les deux comptent comme les figures et se mêlent avec elles ; l'as tout seul produit un point. Les autres cartes, depuis le sept jusqu'au quatre, se comptent uniquement dans l'annonce. La totalité des cartes donne dix points et deux figures ; la dernière levée fait seule un point. La partie se gagne, comme on le pense, au moyen des points d'annonce et des points de jeu : il en faut vingt-et-un, et on obtient une fiche. Si les associés ont fait le nombre exigé avant que les adversaires en aient marqué onze, le partie est payée double par ces derniers.

Il y a cinq sortes de parties d'honneur : la *strammasette*, le *strammason*, la *callade*, le *calladon* le *calladondrion*.

Le strammasette. —Quand deux partenaires font ensemble les neuf premières levées, ils gagnent cette première partie d'honneur, sans même qu'il se trouve dans aucune un as, ou les trois figures nécessaires pour produire un point. Les gagnans reçoivent des adversaires trois fiches pour ce coup, et comptent en outre les points qu'ils ont dans leurs levées, afin de parvenir à la réunion de vingt-et-un points qui fait gagner la partie ordinaire.

Le strammason.—Quand un joueur fait seul et sans l'aide de son partenaire les neuf premières levées telles qu'elles doivent être pour gagner par *strammasette*, il gagne par strammason, et reçoit six fiches pour ce coup.

La callade.—Si deux joueurs associés font ensemble toutes les levées, ils gagnent par callade et remportent quatre fiches.

Le calladondrion.—Le joueur qui, se trouvant le premier à jouer, peut montrer une *napolitaine dixième*, c'est-à-dire suivie de sept cartes, gagne par calladondrion, et obtient seize fiches pour ce coup.

Lorsqu'on gagne par des points d'annonce seulement la partie, soit simple ou double, on ne peut conserver l'excédant de ses points pour la partie suivante ; mais, quand on gagne par des points de jeu, on peut conserver pour la partie suivante les points qui excèdent le nombre de vingt-et-un.

On peut encore demander compte de l'annonce jusqu'à ce que la première levée soit couverte ; mais il est trop tard dès qu'on a joué même la première carte de la seconde levée.

On convient quelquefois de payer une partie simple pour les *trois sept*, et une partie double pour les quatre ; mais si cette convention a été omise, les trois et quatre sept ne feront marquer que trois ou quatre points.

Manière de jouer les cartes.—Lorsqu'on est le premier et qu'on a une napolitaine, on commence par l'as. Si l'on a un trois avec le deux, et une ou deux petites cartes de la même couleur, de telle sorte qu'on ne puisse pas espérer de faire tomber là-dessus l'as et toutes les grosses cartes, on jette deux, afin d'avertir son partenaire de prendre l'as en main, s'il l'a troisième ou quatrième ; il doit l'indiquer en se défaisant d'abord d'une petite carte, puis d'une grosse de même couleur ; en mettant, par exemple, sur les deux un six ou un sept, et sur les trois un valet ou une dame ; s'il n'a pas l'as il devra jeter sur le deux la plus forte de ses cartes.

Quand on a un trois cinquième par l'as, ou sixième par le roi, on commence par le trois ; le partenaire saura par ce moyen qu'il doit jouer le deux, s'il l'a. Sinon, il y a lieu de croire que les adversaires le joueront, et toute la suite des cartes sera pour vous.

Au tre-sette, il est d'usage de *faire une invite*, c'est-à-dire d'inviter, en jouant une carte, l'associé à jouer de la manière qu'on lui indique.

Lorsqu'on joue une basse carte, comme un quatre, un cinq, un six, ou un sept, c'est une invite sur un trois, un deux ou un as. Afin d'y répondre, le partenaire prend la levée avec sa plus haute carte, et rejoue une autre carte inférieure de semblable couleur.

Quand il s'empare de la carte jouée, et qu'il rejoue dans une autre couleur que celle que vous aviez désirée, cela s'appelle *faire une contre-invite*. Cette manière de jouer a lieu lorsqu'on a une suite de cartes qu'on suppose plus étendue que celle de son associé.

Si vous avez dans la main un ou deux trois, accompagnés seulement d'une ou deux figures, ou d'une ou deux petites cartes, ne faites point d'invite, attendu que votre partenaire venant à y répondre, et ayant une suite dans cette couleur, vous ne pourriez plus le remettre en jeu.

Si vous n'avez pas de quoi faire une bonne invite, c'est-à-dire si vous n'avez pas un trois bien accompagné, ou un deux avec l'as, jouez une figure, tant pour connaître la couleur dominante du jeu de votre partenaire que pour lui procurer l'occasion de lever le deux de l'adversaire qui aura joué après vous.

Quand votre partenaire a annoncé trois trois et que vous n'avez pas une suite assez considérable pour faire une invite, vous devez jouer un deux, afin que votre adversaire le prenne, si cela lui convient.

Toute carte qu'il joue en cette situation est censée être une invite, et vous devez jouer en conséquence.

Si la première carte que joue votre associé est un roi, vous êtes conduit à lui croire l'as gardé, ou une suite considérable dans la même couleur ;

car il jouerait mal en commençant par une figure dans une couleur où il n'aurait qu'une ou deux cartes.

Lorsqu'un joueur ne craint aucune des parties d'honneur ci-dessus expliquées, et que n'ayant nul moyen de faire une bonne invite, il se trouve avoir un roi ou une dame cinquième, il doit jouer une petite carte dans cette couleur, pour tâcher de faire enlever à ses adversaires un ou deux as. Cela s'appelle *faire une fausse invite.*

Au résumé, il faut toujours commencer par les plus petites cartes; bien examiner son jeu après l'avoir reçu, afin de ne pas omettre de napolitaine et de réunion de trois; être bien attentif à se rappeler toutes les cartes annoncées et montrées, toutes les invites qu'on a faites, toutes les cartes qui sont devenues rois par l'absence de ceux-ci, et en général tout ce qui a été joué.

Les couleurs n'ont aucune importance au tre-sette, et il n'y a point d'atout.

FIN DU DICTIONNAIRE DES JEUX.